国家社会科学基金青年项目
"中国古代文人结社史"
(批准号 11CZW048)

李玉栓 著

中国古代文人结社史

中华典籍与国家文明研究丛书

上

上海古籍出版社

《中华典籍与国家文明研究丛书》编委会

主　编
查清华

编辑委员会（按姓氏笔划排列）
朱易安　李定广　李　贵
吴夏平　陈　飞　查清华
曹　旭　詹　丹　戴建国

目 录

绪论 …………………………………………………………… 1
　一、"社"义考释 ………………………………………… 1
　二、社与群、会、团、党的辨析 ……………………… 5
　三、结社的定义、形态与类型 ………………………… 8
　四、文人结社的界定 …………………………………… 14
　五、中国古代文人结社的要素 ………………………… 17
　六、中国古代文人结社的演进历程 …………………… 23

第一章　中国古代文人结社的萌芽 ……………………… 27
　一、士的形成 …………………………………………… 27
　二、文士群体的早期活动 ……………………………… 38
　三、文士群体渐具文学性 ……………………………… 42
　四、文人集会形成结社雏形 …………………………… 45
　五、士僧共社成为文人结社的先声 …………………… 49

第二章　中国古代文人结社的形成 ······ 55
一、唱和之风盛行 ······ 55
二、诗会首先名社 ······ 59
三、怡老社团首现 ······ 62
四、佛教社团继续发展 ······ 64
五、科举士子结社初露端倪 ······ 70

第三章　中国古代文人结社的发展 ······ 75
一、民间会社遍布 ······ 75
二、科举制度催生大量会社 ······ 80
三、诗社数量激增 ······ 86
四、怡老社团蓬勃发展 ······ 96
五、佛教社团取得长足进步 ······ 102
六、讲会出现并初步发展 ······ 108
七、文社渐趋成型 ······ 113
八、诗词同社为词社诞生做好准备 ······ 117

第四章　中国古代文人结社的繁荣 ······ 122
第一节　明初文人结社（洪武—永乐） ······ 124
一、动荡时局中的文人结社 ······ 124
二、明初政策对文人结社的消解 ······ 130
三、结社促进诗歌流派的兴起 ······ 132

第二节　明中期文人结社（洪熙—嘉靖） ······ 139
一、社事发展的经济基础 ······ 140
二、皇室贵族和馆阁重臣的带动作用 ······ 144

三、怡老结社率先兴盛 ················· 150
　　四、结社活动与文学流派更迭 ············· 154
　　五、讲学会社兴起并涌现高潮 ············· 167
　　六、文社正式形成并初步发展 ············· 175
第三节　明后期文人结社（隆庆—崇祯） ········· 181
　　一、文人结社出现鼎盛的社会因素 ··········· 181
　　二、政治会党的发展及其对结社的影响 ········· 194
　　三、文社极度繁盛 ·················· 206
　　四、结社促使文坛风气激变 ·············· 210
　　五、结社与地域文学的繁荣 ·············· 220
　　六、宗教结社盛行 ·················· 232
　　七、讲学会社时起时伏 ················ 239
　　八、怡老结社由高潮到衰落 ·············· 248

第五章　中国古代文人结社的新变 ············· 257
第一节　清初文人结社（顺治—康熙前期） ········ 258
　　一、严厉的禁盟政策 ················· 258
　　二、文人的自我反思 ················· 263
　　三、乱世中的遗民结社 ················ 268
　　四、清初的其他文人结社 ··············· 277
第二节　清中期文人结社（康熙中后期—嘉庆） ······ 281
　　一、不以社名的集会异常盛行 ············· 282
　　二、诗社再现兴盛 ·················· 285
　　三、女性文人结社勃兴 ················ 298
　　四、词社初兴 ···················· 314

五、清中期的其他文人结社 …………………………………… 318
　第三节　清后期文人结社（道光—宣统）………………………… 322
　　一、词社鼎盛 …………………………………………………… 323
　　二、诗社继续发展 ……………………………………………… 338
　　三、诗钟社团活跃 ……………………………………………… 345
　　四、清后期的其他文人结社 …………………………………… 361

余论　中国古代文人结社的现代转型 ………………………………… 367
　一、转型历程 ……………………………………………………… 367
　二、社事概况 ……………………………………………………… 376
　三、新变特点 ……………………………………………………… 387

附录　中国古代文人结社年表 ………………………………………… 393

主要参考书目 …………………………………………………………… 595

后记 ……………………………………………………………………… 601

绪　论

结社是中国古代一种特殊的社会活动形式，名目繁多，历史悠久。文人结社则是中古以来在特殊的社会体制、社会结构、社会文化条件下形成的一种特定人群的社会活动形式。随着文人结社的不断演进，它不仅成为一种影响文学发展的活动，更成为一种与社会经济、政治、思想等有密切关联的社会文化现象，成为我们考察中国古代社会和历史文化的一个重要视角。在阐述这一社会文化现象的历史演进过程之前，有必要对文人结社本身给予一种学理性剖析，以便能够更加深入地了解这一现象。

一、"社"义考释

"社"之本义，是指民间共同祭祀的土地之神。《说文解字》释曰："社，地主也，从示、土。"[①] 地主，即地神。据传，共工氏之子句龙因平九州岛，被后世祀以为社。《左传·昭公二十九年》云：

[①] （汉）许慎：《说文解字》卷一上，中华书局1963年影印本，第9页。按，本书所引文献首次摘引时标注全部信息，再次出现时仅标注文献名与所引文字的卷数（篇名）或页码。

"颛顼氏有子曰犁,为祝融;共工氏有子曰句龙,为后土,此其二祀也。后土为社。"《国语·鲁语上》云:"共工氏之伯九有也,其子曰后土,能平九土,故祀以为社。"《礼记》云:"勾龙官为后土,而祀于社,即土神矣。"大抵当时内祭为祖、外祭为社,社、祖本为一物,俱为奉立神主之处。如《尚书·甘誓》云"用命赏于祖,弗用命戮于社",《周礼·春官·大视》云"出师宜于社,造于祖",《墨子·明鬼》云"燕之有祖,当齐之社稷",皆将"祖"、"社"对举成文。

在使用"社"字时,视具体语境不同,从其本义生发出多种与祭祀相关的意义。一是指祭祀时设立的牌位。《论语·八佾》云:"哀公问社于宰我,宰我对曰:'夏后氏以松,殷人以柏,周人以栗。'"二是指祭祀的场所。《左传·昭公十七年》云:"日有食之,天子不举,伐鼓于社。"后来文人集会的场所也可称为社,如《(民国)东莞县志》卷三八载"凤台诗社,在道家山凤凰台"[1],《(光绪)广州府志》卷八五载"君子社,在林头村,明乡贤梁绍震故里"[2],顾宪成《又简修吾李总漕》谓"东林之社,是弟书生腐肠未断处"等[3]。三是指祭祀的活动。《尚书·召诰》云:"越翼日戊午,乃社于新邑,牛一羊一豕一。"后人所谓的"结社",一般都是将其理解为"集结起来开展活动",如方九叙《西湖八社诗帖序》云"予尝与田豫阳氏八人结社湖曲,赋诗纪游"[4],钱谦益《列朝诗集小传》云"(杭)济仕至布政使,(杭)淮至都御史,与李空同结社"[5],

---

[1] 叶觉迈:《(民国)东莞县志》卷三八,民国十年铅印本。
[2] (清)戴肇辰、史澄:《(光绪)广州府志》卷八五,清光绪五年粤秀书院刊本。
[3] (明)顾宪成:《泾皋藏稿》卷五,清刻本。
[4] (明)祝时泰等辑:《西湖八社诗帖》卷首,《丛书集成续编》第223册,新文丰出版公司1989年版,第643页。
[5] (清)钱谦益:《列朝诗集小传》丙集,上海古籍出版社2008年版,第264页。

《明史》云"李攀龙、王世贞辈结诗社,榛为长,攀龙次之"①。"社"的"牌位"之意后来渐失,而"场所"和"活动"之意却一直沿用下来,并且由于这两种意义的关系过于紧密,许多"社"字已经很难区分到底是指哪一种意义。

在上述意义的基础上,"社"字又引申出两种意义。一是引申为祭祀社神的节日,即社日。唐鲍溶《白露》诗云:"迎社促燕心,助风劳雁翼。"② 宋梅尧臣《送韩子华归许昌》诗云:"社后清明前,燕与人归来。"③ 明祁彪佳《祁忠敏公日记·感慕录》云:"庚辰岁(1640)正月十二日,还家,预文昌社。"④ 二是引申为社稷、国家。在私社兴起以前,由于祭祀的重要性,朝廷设"国社"让人民共同祭祀,人们往往将国家、朝廷视同社稷,有时则简称为"社",此意一直沿用至今。

"社"的另一主要义项是指古代乡村的基层管理单位。《左传·昭公二十五年》云:"齐侯曰:'自莒疆以西,请致千社,以待君命。'"杜预注云:"二十五家为社,千社,二万五千家。"孔颖达疏云:"《礼》有里社……以二十五家为里,故知二十五家为社也。"可知"社"作此义项时,可与"里"并称互用。盖当时将二十五家划为一里,同一里内共立一社,时间一长,则"里"、"社"可以互用,"社"因此就具有了地理范围的意义。顾炎武释云:"社之名起于古之国社、里社,故古人以乡为社。"⑤

后来,社直接衍变成一种乡村基层单位,一直沿用至明清。元世祖忽必烈至元七年(1270)颁农桑之制一十四条,其中规定:

---

① (清)张廷玉等:《明史》卷二八七,中华书局1974年版,第7375页。
② (唐)鲍溶:《鲍溶诗集》卷三,《唐六名家集》第四册,上海涵芬楼1926年刻本。
③ (宋)梅尧臣:《宛陵集》卷三二,清康熙八年刻本。
④ (明)祁彪佳:《祁忠敏公日记》,绍兴县修志委员会1947年铅印本。
⑤ (清)顾炎武:《日知录》卷二二"社"条,清乾隆五十八年刻本。

> 县邑所属村疃，凡五十家立一社，择高年晓农事者一人为之长。增至百家者，别设长一员。不及五十家者，与近村合为一社。地远人稀，不能相合，各自为社者听。其合为社者，仍择数村之中，立社长官司长以教督农民为事。①

这里的"立一社"、"合为一社"、"各自为社"之"社"，已不再仅仅是为了共同祭祀，而是便于行政管理，"社"字的意义明显不同于周之"二十五家为社"之"社"。明代的乡村虽以里甲为基本单位，但社的建制仍未完全废除。《明史·食货志一》云："太祖仍元里社制，河北诸州县土著者以社分里甲，迁民分屯之地以屯分里甲。"② 直至清初顾炎武仍云："今河南、太原、青州乡镇犹以社为称。"③《古今类书纂要》释"里社"曰："里之为言止也，居也。古者五十家为里，今以百十家为里。"④ 而"五十家为里"即指元代的每五十家为一社，里、社同义。一般来说，当时南方多以都、村分里甲，而北方则以社、屯分里甲。明嘉靖时桂萼即云："今直隶、河南等处州县以社分里甲，犹江西、湖广等处州县以村分里甲也。"⑤

"社"字涵义的演变经历了一个漫长的过程⑥，直至专指"集体性组织"、"团体"的义项时，已经到了晋代。《莲社高贤传》云："既而谨律息心之士，绝尘清信之宾，不期而至者慧永、慧持……

---

① （明）宋濂：《元史》卷九三，中华书局1976年版，第2354—2355页。
② 《明史》卷七七，第1882页。
③ 《日知录》卷二二"社"条。
④ （明）璩昆玉：《古今类书纂要》卷二《地理部·里社》，明崇祯七年刻本。
⑤ （明）桂萼：《请修复旧制以足国安民疏》，（明）陈子龙等辑：《皇明经世文编》卷一八〇，《续修四库全书》第1657册，上海古籍出版社2002年，第515页。
⑥ 除上述两种主要义项外，"社"还有两种意思：一是指母亲，古代江淮方言中呼母为"社"，读作虽。《淮南子·说山训》云："东家母死，其子哭之不哀，西家子见之，归谓其母曰：'社何爱速死，吾必悲哭社。'"一是指姓，元有社佑。此二义较少见，且与本书所论问题无甚关联，故不列。

等，结社念佛，世号十八贤。"① 此后"社"的这一义项被固定下来，并逐渐成为其主要义项之一。如唐高骈《寄鄂杜李遂良处士》云"吟社客归秦渡晚，醉乡渔去溴陂晴"②，宋岳飞"命梁兴渡河，纠合忠义社，取河东、北州县"③，元吴渭"延邑人方凤、永康吴思齐及翱开月泉吟社，遂合汐社为一"④。无论是举行正式的祭祀活动，还是建立基层行政单位，都伴随着一个共同的特征，即人口的聚集，以致后来只要是一群人聚集在一起，不论其组织性如何，都可被称为"社"，如弓箭社、果社、茶社、扁担社、赌钱社、钱行社、棋社等等，正如顾炎武所言："后人聚徒结会亦谓之社。"⑤

二、社与群、会、团、党的辨析

作为一种组织名称，群、会、团、党与社一样，都是指一定数量的成员个体的集合，因此成员聚集是他们所共有的特征。但从组织结构的角度来考察，他们并不全都是相同的。

"群"，本义指羊相聚而成的集体。《诗·小雅·无羊》云："谁谓尔无羊？三百维群！"后引申指其它同类动物（包括人）聚集而成的群。《诗·小雅·吉日》云："或群或友。"郑玄笺曰："兽三曰群，二曰友。"《礼记·曲礼下》云："大夫不掩群。"孔颖达疏曰："群，谓禽兽共聚也。"这种集合可能是随意的，成员个体与个体之间没有什么关联，其内部没有任何组织性，只要是一定数量的成员集合在一起，就可以称为"群"，包括扩展使用的"群体"、"群落"亦属此类。这种集合是最低级的集合。

---

① 撰人不详：《莲社高贤传·慧远法师》，《丛书集成新编》第100册，新文丰出版公司1985年版，第350页。
② （清）曹寅等：《御定全唐诗》卷五九八，《景印文渊阁四库全书》第1429册，台湾商务印书馆1986年版，第100页。
③ （元）脱脱等：《宋史》卷三六五，中华书局1977年版，第11389页。
④ （清）曾廉：《元书》卷九一，《四库未收书辑刊》第四辑第15册，第636页。
⑤ 《日知录》卷二二"社"条。

"会",本义指盖子。《仪礼·士虞礼》云:"命佐食启会。"郑玄注曰:"会,合也,谓敦盖也。"引申为汇合、聚会。《尚书·洪范》云:"会其有极,归其有极。"孔颖达疏曰:"集会其有中之道而行之。"后泛指有一定目的的集会。《史记·项羽本纪》云:"五人共会其体,皆是。"①《岳阳楼记》云:"迁客骚人,多会于此。"② 这种集会,是一定数量的成员因为相同利益或为实现共同目标而进行集合,因而成员个体与个体有着一定联系,其内部存在着一定的组织性,是比较高级的集合。需要注意的是,"会"后来可以指一定的团体或组织,如"商会"、"道会"等,今天的各种"学会"、"理事会"也都属于此类。而当"会"作为"团体"、"组织"之义时,其与"社"的含义已经趋于接近或相同。

"团",本义是圆。《墨子·经下》云:"鉴团景一。"后引申指一定规模的聚合体,如集团、团体等。这种团在组织结构上,与会存有相似性,同属比较高级的集合。

"党",本义指古代一种地方基层组织,五家为邻,五邻为里,五百家为党。《论语·雍也》云:"以与尔邻里乡党乎!"后指朋党或结成朋党。《左传·僖公十年》云:"(晋)遂杀平郑、祁举及七舆大夫……皆里平之党也。"《后汉书·蔡邕传》云:"初,朝议以州郡相党。"③ 现代政党兴起后,"党"成为其简称。集合成政党的成员个体与个体之间关系密切,其内部的组织结构较为严密,一般都有自己的宗旨、纲领、章程、机构等,成员的纳退比较严格,活动的开展相对长久。这种集合,是在会、团的基础上的集合,是最

---

① (汉)司马迁:《史记》卷七,中华书局1959年版,第336页。
② (宋)范仲淹:《范文正公集》卷七,《四部丛刊》景明翻元天历本。
③ (南朝宋)范晔:《后汉书》卷六〇下,中华书局1965年版,第1990页。

高级的集合①。

社，也是一定数量的成员的集合。社的集合，在组织形态上，与会、团同级，同处于群与党之间，是比较高级的集合。因此在一定的语境下，会、社、团所指的集合在形态上是相同的或相近的，现代汉语中也有"社会"②、"会社"、"社团"等词汇。在中国古代，军事型结社常用"团"来命名，而文人结社的命名则一般采用"社"或"会"。

会、社、团、党的集合是以群的集合为基础的，都包含着"群"的特征，因而"群"的意义也由上述的狭义变为广义，即不论集合的组织形态如何，都可以称为"群"，如"社群"、"党群"等。《淮南子·泛论训》云："摄威擅势，私门成党，而公道不行。"高诱注曰："党，群。"需要指出的是，成员个体的集合由最低一级的"群"发展到最高一级的"党"，其过程是极其复杂的，其界限也不是截然分开的。即使在同一层级的集合中，也会存在着集合目的的明确程度、成员关系的密切程度、活动开展的稳定程度、组织结构的严密程度等诸多方面的差异性，这涉及各级集合的形态问题。

---

① 按，中国古代的"朋党"不同于现代意义上的"政党"，其在组织机构方面远远不及现代政党之严密，因此中国古代的朋党最多只能算是政党的萌芽形态，而始终没有进化成真正意义上的"党"。《剑桥中国明代史》在谈到东林党时对此有一段阐述，可供参考："东林党不是这个用语的现代意义的政治党派。翻译为'党派'的'党'字有贬义，在意义上更接近诸如'派系'、'宗派'或'帮伙'一类的词。成员的身份没有固定的标准……因为朋党之争在发展，任何知名人物仅仅由于他政治上的同感乃至他的社会联系，就能取得成员资格，有时是在死后。"[美]牟复礼、[英]崔瑞德著，张书生等译：《剑桥中国明代史》上卷，中国社会科学出版社1992年版，第514页。

② "社会"一词有三种涵义：一是指由一定的经济基础和上层建筑构成的整体，如原始社会、奴隶社会、封建社会、资本主义社会、共产主义社会等。二是指由志趣相同者或利益相关者结合而成的组织，如《金瓶梅词话》第三十八回云："观境内所属州郡，各立社会，行结裹俵籴之法。"此时"社"、"会"为对等关系，意为"社与会"，皆指同一层级的集合。三是指春秋社日或祀日、节日举行的集会，如《二刻拍案惊奇》卷二云："山东兖州府巨野县有个秋芳亭，乃是地方居民秋收之时祭赛田祖先农，公举社会聚饮的去处。"此时"社"、"会"为偏正关系，意为"社之会"。

三、结社的定义、形态与类型
(一) 结社的定义

关于何为"结社"的问题,国际上至今尚无明确的、统一的定义。《世界人权宣言》的准备工作文件仅表明它是一个非常广泛的概念①,欧洲人权委员会曾在一份报告中对结社的概念作过评论:"它是以人们为了一个共同的目标而自愿组成的团体为前提条件的。"②日本宪法第21条所说的结社是指"特定的多数人(自然人或法人),因特定的共同目的形成持续的结合,服从有组织的意思形成的团体"③。1964年西德的《结社法》与之相近④。德国洪堡大学的克里斯蒂安·托姆夏特则认为结社"必须有两个或两个以上的人为了追求共同的目标而协同行动",并且具有"一定的组织结构和稳定性"⑤。国内关于结社的学理性研究起步较晚,对于"结社"还没有专门的界定。1998年国务院颁布施行《社会团体登记管理条例》,其中对"社会团体"作了界定:"本条例所称社会团体,是指中国公民自愿组成,为实现会员共同意愿,按照其章程开展活动的非营利性社会组织。"由于"结社"也是社会团体,这一界定暂时可以视为对"结社"的权威定义⑥。

在文史领域,从学术的角度对"结社"进行学理性探讨,目前

---

① 参见〔荷兰〕埃弗尔特·阿尔科马《结社与市民社会》,《结社理论与实践》,第68—69页。
② 《结社与市民社会》,《结社理论与实践》,第60页。
③ 〔日〕佐藤幸治:《结社的法律性质及其制约》,《结社理论与实践》,第77页。
④ 西德《结社法》将结社规定为:"不问法形式如何,多数的自然人或法人因较长期的共同目的而结合,并服从有组织的意思形成的所有团体。"《结社理论与实践》,第99页。
⑤ 〔德〕克里斯蒂安·托姆夏特:《结社问题》,《结社理论与实践》,第28页。
⑥ "结社"有动词(Associate)和名词(Association)两种词性。由于"社"与"团"属同一层级的集合,因此当"结社"作名词时,与"社团"(club)同义。西方许多学者都是在同一语境下使用这两个词,本书持此用法,所言"会社"、"社团"与作名词时的"结社"同义。

仅见谢国桢《明清之际党社运动考》、陈宝良《中国的社与会》、郭英德《中国古代文人集团与文学风貌》、何宗美《明末清初文人结社研究》等几部著作，其中除何宗美在《明末清初文人结社研究》中论及"结社是文人群的活动，但文人群的活动并非等同于结社"①，稍涉结社的学理性问题外，其他著作主要都从传统的意义上对"社"作了详略不等的阐释。目前国内可以见到的、对"结社（社团）"给予明确定义的著作是王世刚主编的《中国社团史》。王世刚认为，中国的社团习惯上是指从事社会公共活动的群众团体，具体来说，是指"由一定数量的自然人或团体、法人为了共同的目的，依法自愿成立并按照一定的原则和方式组织活动的相对稳定的群众团体"②。

综合国际、国内对结社（社团）的描述与定义，结合上述对群、会、团、党的辨析，本文将结社界定为：**两个或两个以上的成员为了相同的兴趣或利益结合起来，按照一定的原则和方式开展活动的相对稳定的群众团体**。简言之，结社就是多数人有组织的集合。

（二）结社的形态

根据定义，结社的构成至少应具备四个条件：广泛性，仅仅一个人的活动不能称为结社；目的性，无目的的结合不能称为结社；稳定性，偶然的集合不能称为结社；组织性，随意的群体聚合不能称为结社。因此，依据社员多少、社旨显晦、社时长短、社约有无等情况，可以将结社大致分为初级、中级和高级三种形态③。

初级形态的结社：成员较少，三、五人不等；结合的目的不是很明确，或者说结合意识不强烈；社事活动没有规律；没有社约。

---

① 何宗美：《明末清初文人结社研究》，南开大学出版社2003年版，第6—7页。
② 王世刚：《中国社团史·引言》，安徽人民出版社1994年版，第1页。
③ 美国普林斯顿大学的阿米·古特曼将社团分为第一级、第二级和第三级，对我们研究中国古代的文人结社有一定启示作用。参见《结社理论与实践·导言》，第7—8页。

中级形态的结社：成员稍多，十几人到几十人不等；结合目的较为明确；社事活动较有规律，且持续一段时间；有口头约定或简单的书面规定。

高级形态的结社：成员较多，规模较大，有百余人至上千人不等；结合的目的非常明确，结合的意识较为强烈；社事活动有一定规律，且持续时间较长；有较为详细的社约。

从动态的角度看，事物总是按照由低级到高级的规律向前发展，结社亦是如此。其中，初级形态的结社还存有群的特征，而高级形态的结社再向前发展就有可能演变成类似近代政党的团体。但是，这种划分仅仅是理论上的，实际上很难操作，尤其是初、中两级之间的界限，非常难以把握。在中国古代的结社中，以初、中两级形态的结社为多，特别在萌芽、发展的早期（唐以前）更是如此；而高级形态的结社则少之又少，即使到了明清时期亦不多见。

从静态的角度看，当高一级形态的结社出现时，低一级形态的结社并未消亡，而是呈现着各种形态的结社同时并存的状态。原因是，每一个结社自身也在按照由低级到高级的规律发展着，有的发展到了高级，有的发展到了中级，而有的则始终停留在初级，有的甚至刚刚结成，来不及发展就解散了。因而在同一时空中就会存在着不同形态的结社。在中国古代社团的历史进程中，明代结社的这一特征尤为明显。

我们还可以换一种比较简洁的分析方法。在构成结社的四个条件中，组织性是判断一个结社发展水平的最主要依据。我们可以将反映结社组织性的要素具体划分为社名、社长、社员、社所、社约、社会诸项，逐一加以考察，据此可以将中国古代的文人结社直接划分为完全形态的结社和不完全形态的结社两类。完全形态或者说典型形态的结社（相当于高级形态的结社），应该同时具备上述六个要素。但是由于发展水平的高低，有的结社没有社名，有的结社没有社长，有的结社没有社约，那么缺失某一或某些要素的结社，是不是就不能称为结社了呢？如果标准如此严格的话，那我们将在长达几千年的中国古代几乎找不出几个真正的结社。所以我们说，只要在总体上，它不同于无目的集合的群和组织非常严密的党，它就可以称为结社，我们可以把这些结社称为不完全形态或者非典型形态的结社（初、中两级形态的结社均属此类）。在中国古代结社史上，大量存在的都是这种不完全形态的结社。

具体到文人结社，还有两个与结社形态相关的问题需要仔细辨析——雅集与唱和。雅集，在本质上是一种活动方式，群、会、团、社、党都有可能开展雅集活动。但就像"结社"既是活动方式也是组织名称一样，假如把"雅集"也看成是组织名称，那它与结社是什么关系呢？雅集是结社的直接源头，后世大多数文人结社的活动方式也都是雅集，甚至有的结社就是一次雅集，这需要有区别地对待。如果结社只有一次雅集活动，那么雅集也就是结社，前提是这个雅集是以"社"命名的，如明代的邻霄台大社、金陵大社、午日秦淮大社等。但如果并没有以"社"命名，只是一次偶然性的雅集活动，那就不能算作结社。简单来讲，就是结社可以只有一次雅集，但仅仅一次性的雅集并不都能算作结社。唱和的情况与雅集基本类似，所不同者就是参与唱和的成员既可能有实际的聚会行为，也可能只是通过书信、征诗、邮文等方式开展活动，无论是哪一种情况，只要是以"社"命名的就可以视为结社[①]。

---

① 有鉴于此，本书所述社事标准前后略有不同，总体上以"先宽后严"为原则，即在社事萌芽与发展早期论述社事时以"从宽"为原则，雅集、唱和、聚会等皆在其中；随着社事的发展进程，结社的形态逐渐成熟，论述的标准也逐渐"从严"，尽量选择中级、高级形态的社事加以阐述，至明清时期则更加关注形态比较完备、较具代表性的社事。

(三) 结社的类型

结社，在本质上是一种社会组织。因此，结社与社会生活的联系极为密切。整个社会的活动内容大致可以划分为政治、经济、军事和文化四个方面，与此相对应，依据立社目的、活动内容以及社事功能等的不同，也大致可以将结社划分为政治型结社、经济型结社、军事型结社和文化型结社四种。

政治型结社是指以参与政治或影响政府施政行为为目的的结社。中国古代的朋党即属此类。例如东汉的党人，唐代的牛党、李党，宋代的新党、旧党，明代的阉党、东林党①、浙党、楚党、齐党等。朋党虽然可以看作是近代政党的前身，但它不同于政党。它没有纲领、章程和机构，组织性非常弱，只是成员个体因为政治利害相关或政治观点相类而在政治斗争中结合在一起，在发展水平上仍属结社这一层级。政治型结社与专制主义的君主制不相包容，所以在长达两千多年的封建社会里，中国虽然有不少朋党，却始终没有形成真正的政党。

经济型结社是指为保障或获取共同经济利益而结成的社。中国古代的行会、商帮、会馆等即属此类。例如唐代有磨行、染行等手工业行会，有马行、鱼行、丝行、绢行、药行等商业行会，亦有金银行、秤行等商业兼手工业行会②。此外，源于民间互助习俗的合会和以行善布施为宗旨的善会，因是围绕着金钱开展互助合作和赈助救济活动，故亦可归为经济型结社，如明倪元璐创设一命浮图会，用以"鼓善缘"、施赈济③；天启间泉州有一钱会，其特点是

---

① 关于东林是否属"党"，学界观点不一。参见樊树志《东林非党论》，载《复旦学报》(社会科学版) 2001 年第 1 期；李庆《"东林非党论"质疑》，载《中国典籍与文化》2004 年第 3 期等。
② 参见朱淑瑶《略论唐代行会的形成——兼谈唐代行会与欧洲中世纪行会的区别》，载《广西师范学院学报》1983 年第 1 期。
③ （明）倪元璐：《鸿宝应本》卷一六《一命浮图会疏》，明崇祯十五年刻本。按，一命浮图会在吸引有财力者入会、鼓励布施的同时，亦请僧人诵《莲华经》，"具疏白佛，条例赈主及饥民姓名，集众拈香，设斋圆满，以鼓善缘"，故此会亦可归入宗教类结社。

"人醵钱一文以聚众也"①。

军事型结社是指用武装斗争的方式以达到军事目的的结社。中国古代的义社、义会、民团、保甲等均属此类。如后晋开运元年（944），"夏四月丁未，缘河巡检使梁进以乡社兵复取德州"②；宋代"募诸色公人及城郭、乡村有勇武自愿习弓箭者，自为之社"③；明末李自成围攻开封，推官黄澍"刑牲祭关壮缪侯，与众饮血酒盟"，设义勇大社④。这些军事型的结社，一般是临时性的，一旦形势不再需要就会逐渐解散。

文化型结社是指以文化类活动为社会主要内容的结社，这种结社既是在大的文化背景下产生，反过来又会促进和丰富文化的发展。在中国古代结社史上，文化型结社是形式最为复杂、内容最为广泛、名目最为繁多的一种结社⑤。总体上，此类结社可以分为民俗型和精英型两种。民俗型结社，如进行祭祀活动的私社，进行秘密宗教活动的斋会，进行赏春踏青的岁时之会。据《月令广义》云："（武林社）有曰锦绣社，花绣也；曰绯绿社，杂剧也；曰齐云社，蹴鞠也；曰角觝社，相扑也；曰清音社，音乐也；曰锦标社，

---

① 《明熹宗实录》卷三二，台湾"中研院"历史语言研究所1968年校印本，第1615页。
② （宋）司马光：《资治通鉴》卷二八四，中华书局1956年版，第927页。
③ 《宋史》卷一九〇，第4725页。
④ （明）李光壁：《守汴日志》，清道光七年李昆等刻光绪二十四年孙叔谦补刻本。
⑤ 这是由于文化的多层涵义造成的。按照涵盖范围由大到小的顺序，目前对于"文化"涵义的理解主要有四种，依次为：一是指每个民族为了生存和发展，在长期的物质生活和精神生活中，通过体力劳动和脑力劳动所取得的各种成果的总称，此义包括物质文化和精神文化。二是指社会意识形态以及与之相适应的典章制度、政治和社会组织、风俗习惯、学术思想、宗教信仰、文学艺术等，此义专指精神文化。三是指在社会生活中与政治、经济、军事并列的精神类成果，此义是就精神文化中的一部分而言。由于政治、经济、军事、文化又属于更高一层的"文化"范畴，所以此四个方面的内容彼此间既有区别，又有联系，有时难以划分。四是指一个民族的思想基础即哲学而言，此义范围最窄。

射弩也；曰英略社，拳棒也；曰雄辩社，小说也；曰翠锦社，行院也。"① 这些会社以普通群众或低层知识分子参与为多。精英型结社则是专指高级知识分子所结的会社，又可分为文学类，如骚人词客为揣摩诗法、品鉴诗作而结成的诗社；学术类，如讲学家为砥砺学问、修身悟道而结成的讲会；宗教类，如僧人为讲颂佛法、传经布道而结成的香社；艺术类，如音乐、书画爱好者为鉴赏作品、切磋技艺而结成的丝社、画社；才娱类，如致仕老人为怡情悦性而结成的怡老会等。

政治、经济、军事、文化这四种类型的结社，有时性质非常单纯，可以截然分开。但在中国古代，这四种类型的结社往往互相交叉、界限模糊。如军事型结社，也可能会举行一些赛诗赋文的活动，同时由于它是以武装斗争的形式开展活动，一般都与时政有着某种联系。又如讲会、诗社、文社，在本质上都属于文化型结社，由于社中人员在开展活动时可能会通过"清议"来裁量公卿，抨击朝政，甚至仅以此为名而暗地里从事反抗朝廷的活动，从而又染上很浓厚的政治色彩。这是我们在考察中国古代结社的性质时需要特别注意的地方。

四、文人结社的界定

"文人"一词，初有二义：一是指有文德的先祖，如《尚书·文侯之命》云："汝肇刑文武，用会绍乃辟，追孝于前文人。"《诗·大雅·江汉》云："釐尔圭瓒，秬鬯一卣，告于文人。"此义在现代社会使用较少。二是指知书能文的人，如汉代傅毅《舞赋》云："文人不能怀其藻兮，武毅不能隐其刚。"② 清代周亮工《示

---

① （清）张玉书、陈廷敬等：《御定佩文韵府》卷五一之三，《景印文渊阁四库全书》第1020册，第150页。
② （梁）萧统编，李善等注：《六臣注文选》卷一七，《景印文渊阁四库全书》第1330册，第389页。

友》云:"文人命薄将军死,谁赋城南旧战场。"①

以"知书能文"为基本标准,现代语境下的"文人"主要有两类:一是泛指从事文化活动的人。由于"文化"的外延非常宽泛,人类在社会发展过程中所创造的一切物质财富和精神财富都可以称为"文化",因而此类文人的范畴也就相应地非常广泛,就精神领域而言,美术家、音乐家、教育家、思想家、科学家以及其他各类的专家学者,都可称之为"文人",此类文人是相对于"粗人"而言的。此类文人可以称为"文化人",是一种广义的界定。二是专指从事文学活动的人,《现代汉语词典》即将"文人"释为"会做诗文的读书人"②。除"会做诗文"的人以外,小说家、戏曲家等亦可称为"文人"。此类文人可以称为"文学人",这是一种狭义的界定。

与"文人"意义相对应,如果单从词义上理解的话,"文人结社"也会有两种解释:一是指文化人所结的社,相当于前述的精英文化型结社,此为广义的文人结社。二是指文学人所结的社,属于精英文化型结社中的文学一类,此为狭义的文人结社。

不同的学者在研究文人结社时往往采用的标准也会不一样。如郭绍虞在《明代的文人集团》中认为明代"尚有其它的结社,如讲学家的团体",与文人集团"性质不同"③,在编制《明代文人结社年表》时亦因"讲学家与书画家之结社,以性质不同,不列表内"④。陈宝良认为文化生活型会社"主要包括文人的结社、讲学会、怡老会、宗教结社、社会与庙会、风俗会社等六类"⑤,郭英

---

① (清)王士禛:《渔洋诗话》卷下,清康熙四十八年刻本。
② 中国社会科学院语言研究所词典编辑室编:《现代汉语词典》(修订本),商务印书馆1996年版,第1319页。
③ 郭绍虞:《照隅室古典文学论集》上编,上海古籍出版社1983年版,第610页。
④ 《照隅室古典文学论集》上编,第498页。
⑤ 陈宝良:《中国的社与会·绪论》,中国人民大学出版社2011年增订本,第16页。

德则将中国古代的文人集团分为"侍从文人集团、学术派别、政治朋党、文人结社和文学流派"几大类①。显然，此三位先生所界定的文人结社是狭义的。而王世刚《中国社团史》在论述明代文人结社时，除了诗社、文社等文学社团外，还包括艺术社团、讲学社团等，甚至像祁门徐春甫在京师所创的"一体宅仁医会"的医学社团也包括在内②，显然这些社团又是广义上的文人结社③。

产生这些分歧的原因主要有两点：一是对于文人结社是"文化人所结的社"还是"文学人所结的社"的理解不同。前者的理解是广义的，如王世刚先生；后者的理解是狭义的，如郭绍虞、陈宝良、郭英德三位先生。二是对于狭义的文人结社是"文学人所结的社"还是"文学性的结社"理解不同。由于文学人所结的社并非都是文学性的结社④，这就导致了不同的学者即使所采用的都是狭义的文人结社的概念，但在具体归类时仍有差异。因为文学性结社只是文学人所结的社的一部分，范围要小得多，如怡老类会社，郭绍虞、郭英德的"文人结社"包括此类会社，而陈宝良的则不包括，这说明两位郭先生是将文人结社理解为"文学人所结的社"，陈先生则是将其理解为"文学性的结社"，范围要谨严得多。同样道理，

---

① 郭英德：《中国古代文人集团与文学风貌·引言》，北京师范大学出版社1998年版，第5页。
② 《中国社团史》第三章，第143页。
③ 除上述诸家分类以外，近人胡怀琛（1886—1938）根据社事所处的社会状况将中国古代的文社（接近于本书所说的"文人结社"）分为三种性质："治世的文社"、"乱世的文社"和"亡国遗民的文社"，其中第一种是以消闲为主，第二种是以"议论时事，批评人物"为主，第三种以发牢骚为主。此可备一说。参胡怀琛《中国文社的性质》，载《越风》半月刊第22、23、24期合刊，1936年12月25日杭州出版，第8、9页。
④ 以是否具有文学性为标准，文学人所结的社又可分为三类：文学性结社、附有文学性结社和非文学性结社。文学性结社，是指结社目和社事活动皆为纯文学性的。附有文学性结社是指结社目的为非文学性的，但在具体社事中附带着文学性的活动。非文学性结社是指结社目的和社事活动皆不含有文学性。具体参见李玉栓《明代文人结社考·导言》，中华书局2013年版，第4—5页。

非文学人所结的社也可能具有一定的文学性,也就是非文学人在结社中从事文学活动,理学家在讲会中进行论文、习武者在义会中进行赛诗等等,这种情况也是屡见不鲜。

考察中国古代结社史,我们会看到,文人结社是一种特殊的文化现象,从其萌芽、发展到繁荣、流变,牵涉到社会的方方面面,它的外延实际上很难确定,无论划到哪一界限,都有一定的道理,主要是取决于研究者的视角和所从事研究工作的实际需要。就本书而言,使用的主要是狭义的"文人结社"的概念,也就是"文学人所结的社",但在具体论述过程中更加侧重于"文学性的结社",注重所论社事的文学属性,而不管其是文学人所结还是非文学人所结。当然,这也不是一成不变的,在阐述清季现代社团兴起时就对这一原则稍有放宽,主要是因为当时参与社团活动的人身份多且杂,纯粹的文人、传统的文人随着近代社会的冲击也产生了诸多变化,文人的"文学性"特征随着对时局的关注、对社会的投身和实践而不再那么突显,因而结社的"文学性"在总体上也就随之弱化。

五、中国古代文人结社的要素

如前所述,组织性是判断一个结社发展水平的最主要依据,而反映结社组织性的要素可以具体地划分为社名、社长、社员、社所、社约、社会、社作诸项,以下就中国古代文人结社的这些要素略加分析。

社名,即结社的名称。如香山九老会、洛阳耆英会、月泉诗社、复社等。在中国古代,并不是所有结社都有名称,有许多社事只有结社事实,并无结社之名。也不是所有结社的名称都是当时社员所命名的,有很多结社都是后人在记述这些社事时予以命名的。结社有无名称,反映了当时社中成员结合意愿的强烈程度和群体意识的明确程度。

社长，即结社的主盟者。如香山九老会之白居易、洛阳耆英会之文彦博、月泉吟社之吴渭、复社之张溥等。"社长"之称唐已有之，并进入民间俗语"社长乘凉轿"①中，说明已经司空见惯，至宋则也称为"社头"②。结社主盟者的产生主要有四种方式。一是自为主盟者，结社的发起人往往自然而然成为社事盟主，如白榆社之汪道昆、南社（乙）之万应隆等。二是推为主盟者，由社中成员推选为社事盟主，如南平社之龚大器、海西诗社之黄朝宾等，历代怡老类会社因为"序齿不序官"的缘故，社事主盟者一般都是推年长者为之。三是延为主盟者，延请社中成员以外的人为社事盟主，如万历间卓明卿开南屏社延汪道昆主盟，明季熊开元、孙淳诸人创复社而迎张溥入社为其主盟，清顺、康间黄登开探梅诗社而延梁佩兰主衡社诗等。四是轮为主盟者，社中成员轮流担任社事盟主，如岘山逸老会一年两会，每会由不同社员主盟；西湖八社依地立社，社会由不同社员主持等。

社员，即结社的成员。有的结社一旦成立，社员基本上就固定下来，一般不轻易吸纳新的社员，怡老类会社大都如此。有的结社社员不太固定，许多社员可能只参加过一次社事活动，如明万历间歙人汪道昆组织白榆社，相继招引屠隆、沈明臣、徐桂、章嘉祯、周天球、吕胤昌、吴稼𰻞、胡应麟等十余人先后入社，这些社员入社不久就离开社地，不可能再参加社事活动。类似白榆社这种情况在中国古代文人结社史上是比较常见的。还有些结社对社员的要求非常低，几乎无人不可以入社，如明代的午日秦淮大社，"尽四方之词人墨客，及曲中之歌妓舞女无不集也"③；宋代的荣天和诗社，

---

① （唐）李商隐：《义山杂纂》，（元）陶宗仪编：《说郛》卷七六，《景印文渊阁四库全书》第880册，第277页。
② （宋）张孝祥：《于湖居士文集》卷四〇《黄子默》，清景宋钞本。
③ （清）周亮工：《因树屋书影》卷二，清康熙六年刻本。

"质库王四十郎,酒肆王念四郎,货角梳陈二叔,皆在席下"[①],则屠户、货郎、酒保之流皆可入社。

社所,即结社的场所。历代文人所选择的结社地点,比较集中的有四种情况。一是京畿之地。作为全国的政治、军事和文化中心,总是各类文人集中的地方,因而易于结社聚会。如洛阳,唐有白居易九老会,宋有文彦博耆英会,而明代的顺天府,先后有"三杨"结社、罗璟结社、王弼结社、刘储秀结社、李先芳结社、王世贞诸人结社、"三袁"结社、钱谦益结社、张溥结社、谭元春结社、周亮工结社等,几历有明一代而未绝。各地的政权中心也往往是当地结社比较多的地方,如江西的南昌、广东的广州、河南的洛阳等。二是富庶之地。经济发达地区,物质条件比较优越,交通也相对便利,因而容易成为结社之地。如南直的苏州、扬州、松江,浙江的嘉兴、湖州,福建的福州、泉州,湖广的荆州、襄阳等地,宋元以来多为文人集聚之地,社事也相对繁荣。三是景秀之地。风景秀丽,环境幽雅,总是文人雅士们登高览胜、诗酒流连的首选之地,如福建三山、浙江岘山、江苏惠山等,其中以杭州西湖最为代表。自宋代释省常结白莲社后,西湖社事一直长盛不衰,仅有明一代,就有南屏社、西泠社、芝云社、西湖社、孤山吟社、西湖八社、西湖秋社、湖南吟社、月会、介社等。四是游冶之地。宴饮作乐、狎妓赏曲、选色征歌是许多文人集会的必备内容,有时甚至成为社事活动的主要内容而冲淡了结社的本来主题,此以南京的社事为代表。以明代为例,瀛洲雅会、青溪社、金陵大社、冶城大社、白门社、午日秦淮大社、因社、国门广业社、秦淮诗社等,一直绵延不绝。由于青溪水韵、秦淮风流的映照,南京社事的游冶色彩极

---

① (宋)吴可:《藏海诗话》,丁福保辑:《历代诗话续编》上册,中华书局1983年版,第341页。

为浓厚，顾璘首开"江左风流"，朱承綵继举金陵大社，士妓同社，声色一体，以至姚瀚大会复社诸子于秦淮河上，亦邀妓侑酒，梨园笙歌，为一时之盛。

文人结社的具体活动场所，一般以寺院、书院和私人府第居多，如宋章岵九老会举会于苏州广化寺，释省常结白莲社于西湖南昭庆寺，文彦博耆英会燕于洛阳富弼宅第，元月泉吟社会于月泉书院，明王守仁结社于余姚龙泉山寺。明代文人修建家庭园林成为风气，如邓伯凯之陶园、王鏊之小适园、王世贞之弇园、袁宏道之卷雪楼、徐咸之小瀛洲、瞿汝说之拂水山房、郑元勋之影园、郭凤跣之药栏竹坞、余懋学之不亩园、张岱之云林秘阁等，这些私家园林成为文人雅集、读书研文、赋诗饮酒的极佳之所。此外，明代社事发达，还专门修建一些结社场所，供文人集会使用，如广州的凤台诗社、番禺的东皋诗社、无锡的碧山吟社、岘山的逸老堂、西湖的湖南吟社等。

社约，即结社的规约。一个结社的规约，规定着这个结社的建社宗旨、组织形式、活动方式、成员要求等，因而最能反映这个结社的社事特点。文人制订社约，可能与各地乡约之制有着极大的关联，如衍为乡礼之制的岘山逸老会，其会约即是仿照蓝田吕氏乡约和范右谦座右戒制订而成[①]。在中国古代，并不是每个结社都有社约，有的结社根本没有任何约定，有的结社只是在开展活动时有口头约定，如明万历间汪道昆主南屏社时，鉴于第一次社集不是很成功，对集会赋诗作了一些口头约定[②]。有的结社有简单的书面规定，不过时至今日，许多都已散佚不存。今天能够见到的比较规范的文人结社社约，最早的是北宋文彦博耆英会的《会约》，此约共

[①] （明）刘麟：《逸老堂社约》，（明）张睿卿：《岘山志》卷四《社会上》，明万历四十二年刻本。
[②] （明）汪道昆：《太函集》卷七六《南屏社记》，明万历刻本。

有八条内容,对后来怡老类会社的影响颇为深远。全文如下:

> 序齿不序官;为具务简素;朝夕食各不过五味;菜果脯醢之类各不过三十器;酒巡无算,深浅自斟,主人不劝,客亦不辞,逐巡无下酒时,作菜羹不禁;召客共用一简,客注可否于字下,不别作简,或因事分简者听;会日早赴,不待促;违约者,每事罚一巨觥。①

明代文人订约现象比较多见,如海岱诗社、西湖八社、藕花社、胜莲社、武林怡老会、月会、东林社、读书社、应社、复社等都有自己的会约,而像芝泉会、证人社、伊洛社等讲学类结社因受讲会之习的影响,几乎每社必约。

社会,即结社的集会。文人结社的集会有定期和不定期的区别。不定期的集会,以明代为例,林鸿诸人"日与唱酬"②,陈亮"时时往还三山中为九老会"③,王鏊诸人"花时月夕……燕集赋诗,或联句,或分题咏物"④,杭州耆德会"白发相过,殆无虚日"⑤,洪常诸人"相结为高年诗会,每值风日佳时,辄剪蔬供馔,欢共为集"等⑥,这些结社没有固定的日期,可能日日举会,可能择期举会,当然也可能长时间没有举会。定期的文人集会在时间选择上不尽相同。有的十日一会,如三杨真率会"约十日一就阁中小集"⑦;有的每月一会,如方朴壶山文会"月必一会,赋诗弹琴,清谈雅歌以为乐"⑧,冯梦祯澹社"每月一会,茗供寂寞,随意谈

---

① 《说郛》卷七五下《洛中耆英会会约》,《景印文渊阁四库全书》第880册,第257页。
② 《列朝诗集小传》甲集,第143页。
③ (明)焦竑:《献征录》卷一〇五《陈亮传》,上海书店1987年影印本,第5050页。
④ (明)王鏊:《震泽先生集》卷一〇《送广东参政徐君序》,明嘉靖十五年刻本。
⑤ (明)田汝成:《西湖游览志余》卷二一,上海古籍出版社1998年版,第314页。
⑥ (清)胡文学:《甬上耆旧诗》卷五,清康熙十五年敬义堂刻本。
⑦ (明)焦竑:《玉堂丛语》卷七,中华书局1981年版,第232页。
⑧ (清)陈田:《明诗纪事》甲签卷一五,上海古籍出版社1993年版,第310页。

《楞严》、《老》、《庄》,间拈一题为诗"等①;有的以节日为会,如罗璟诸人"为同年宴会,定春会元宵、上巳,夏会端午,秋会中秋、重阳,冬会长至"②;有的每年只举春、秋二会,如岘山逸老会"岁二会,在春秋二社日"③,西湖八社"分春社、秋社二目"④等。

社作,即结社的作品。社作不是结社的必要要素,只有从事文学创作的社事才具备此项,而文人结社一般都会形成一定数量的作品。这些作品大量散存于社员个人的诗文集中,但也有很多被编成专门的社事总集。如唐代香山九老会有《香山九老会诗》,南宋楚东诗社有《楚东酬唱集》,元代月泉吟社有《月泉吟社诗》,明代武林怡老会有《武林怡老会诗集》,清代鲸华社有《鲸华社诗钟》等。有的社事持续时间较长,因而所结社事专集也就较多,如宋代的西湖莲社活动时间长达三十年,先后编刻过《入社诗》《西湖莲社集》《续西湖莲社集》《钱塘西湖净社录》《莲社诗盟》《白莲堂诗》《莲社诗》等社事诗集。社集作品不惟诗歌,文社发展起来之后,往往也集结有专门总集,比如明末几社先后编有《壬申文选》初集至七集;词社兴盛之后,也有专门的词集,如清代淮海词社有《意园酬唱集》、午桥词社有《淮海秋笳集》、聚红榭词社有《聚红榭诗词录》、湘江吟社有《湘江探梅唱和集》等等。这些社事专集有的是社中成员编纂的,如《香山九老会诗》就是会中年龄最小的白居易所辑;有的是社中成员的后人编纂的,如明代冯裕曾孙冯琦将其曾祖所结的海岱诗社的唱和之作编为《海岱会集》;当然,也有很多

---

① (明)吴之鲸:《武林梵志》卷三《澹社序》,明万历刻本。
② (明)黄佐:《翰林记》卷二〇,《丛书集成新编》第30册,新文丰出版公司1985年版,第480页。
③ 《岘山志》卷四《唐一庵先生请同社启》。
④ (清)纪昀:《钦定四库全书总目》卷一九二,中华书局1997年整理本,第2694页。

是后世文人特别是当地后人出于仰慕先贤、绍续文统而进行编辑的。

六、中国古代文人结社的演进历程

按事物发展的普遍规律，中国古代的文人结社也有着自身的萌芽、发展、繁荣和衰变的过程。大要言之，在约两千年的演进中，中国古代文人结社先后经历了魏晋南北朝的萌芽期、隋唐的形成期、宋元的发展成熟期、明代的繁盛期、清代的新变期直至近代以后的转型再兴期等各个阶段。在每个历史阶段，都会有一些相对突出的因素推动着文人结社向前演进，社事活动也呈现着不同的状貌。

作为结社主体的文人，是从商周时代的士逐渐演变、分化而来的。中国古代的士有着从农士到武士再到文士的演进过程，在此过程中文士群体的活动则由春秋战国时期庞杂的社会性，到秦汉时期编纂著作的学术性，再到魏晋时期作赋吟诗的文学性，文学色彩越来越浓厚。两晋南北朝时期数量众多的集会活动虽不以"社""会"为名，但却是文人结社的雏形，其中尤以兰亭雅集、金谷酒会为代表。东晋庐山白莲社由于有文人的加入，使之同时具备了宗教和文学两种属性，士僧共社由此成为中国古代文人结社的先发之声。

伴随着诗歌繁荣、诗人数量激增，隋唐五代的赠答唱和无处不在、无时不有，吟社、吟会大量涌现。中唐时期诗会首先以"社"称名，白居易的香山九老会作为怡老社团首次出现，成为文人结社史上两个具有里程碑性质的事件。佛教社事进入士大夫日常生活和诗歌创作中，社事性质由僧人主导的宗教社团开始向由士人主导的文人会社演进。随着科举制度的确立和完善，及第进士宴集庆贺和题诗留名，成为后世科举士子结社的肇源。

宋元时期民间会社遍布，为文人结社的全面兴起奠定了基础。科举制度进一步完善使宋代进入科举社会，形成庞大的科举人群，催生大量科举会社。赓承唐绪，诗社和怡老社团进入快速发展轨道，数量惊人，形态完备。释省常主盟的西湖莲社长达三十余年，编纂有十余部社诗总集，彰显出文人佛社的长足进步。讲会、文社、词社等新型社事在宋元时期不断出现并有所发展，为文人结社的繁盛作好了充分准备。

明代是中国古代文人结社的全盛期，上至王公大臣，中至才子佳人，下至贩夫走卒，无不热衷于立会起社，其数量之多、规模之巨、种类之繁皆居历代之冠，且与政治党争、八股选文、讲学思潮、文学流派、宗教风气等都有着密切关联。明代文人结社数量众多，至在"千数以上"[①]；规模庞大，动辄百人、千人；种类齐全，赋诗类、研文类是为社事大宗，怡老类、宗教类、讲学类等亦是大量涌现。明代文人结社的内容繁杂，课文与讲学并举、赋诗与谈禅共存的现象极为普遍，乃至清谈雅谑、演乐赏曲、冶游狎妓等常集一社之内。

清代的文人结社呈现出诸多新变特征。清初明遗民群体庞大，活动频繁，社事数量远远超过元初宋遗民结社。康熙中期以后，女性文人逐渐脱离男性社事而开始独立结社，以蕉园诗社为标志的女性文人结社进入实质性发展阶段，乾隆以后更是出现勃兴局面。词社自南宋后期出现雏形以后一直发展缓慢，直至清代才蔚为大观。嘉庆以后，以逞智竞诗为旨趣的诗钟社迅速形成并在京师及东南沿海地区传播开来，成为传统文人结社的重要形式之一，至清末民初更是风行于时。

晚清时期文人结社继续发展，以鸦片战争、甲午战争、庚子国难三个事件为节点，晚清时期的新型会社经历了酝酿、起步和初步形成三个阶段。科举文社退出历史舞台，传统诗词社爆发最后辉

---

① 李玉栓：《明代文人结社考·后记》，中华书局2013年版，第673页。

煌，新型会社层次不齐，女性会社异军突起，社事转型时期呈现出明显的新旧交替现象。新型会社的结社意识明晰，奉行宗旨实用，组织管理完善，中国古代的文人结社由此完成了向现代社团的转型。

第一章
中国古代文人结社的萌芽

中国古代的文人结社像其他各种事物一样,有着自身的萌芽、发展、繁荣和衰变的过程。中国古代文人结社的真正形成要到隋唐时期,但开展结社活动的"文人"却是从最早的"士"逐渐演变、分化出来的,后来的结社活动也是在士人的各种群体性活动中孕育的,到文士开展雅集唱和活动和在佛教结社影响下僧俗共同结社的时候,中国古代的文人结社已经开始萌芽。

一、士的形成

在中国古代,"士"的内涵随着社会的演进不断发生着变化,所以要想理清"文人"与"士"的关系,还需要先从士的起源说起,一步一步剖析开来。

中国是一个传统的农业古国,多数社会文化现象都可以从此追溯,在中国文化史上具有特殊地位的"士"当然也不例外。根据现有材料所提供的信息,中国古代的士最初很可能是指从事农业生产的人。《礼记·少仪》有云:"问士之子长幼。长则曰能耕矣,幼则曰能负薪。"《礼记·曲礼上》又云:"四郊多垒,此卿大夫之辱也;

地广大荒而不治,此亦士之辱也。"① 在甲骨文中,"士"字作"⊥","一"代表地,"丨"表示禾苗插入地中的形状,意即"插物地中"之人即为"士"②。可见,最早的士应当是指田间耕作之人(至少是与田间耕作有关),我们不妨称之为"农士"。

至迟至商、周时期,士在社会上已经具有一定地位,属于低等的贵族。《孟子·万章下》记载周室的班爵制称:"君一位、卿一位、大夫一位、上士一位、中士一位、下士一位,凡六等。"《礼记·王制》中也有类似记载,只不过不算"君一位"而是"凡五等"。这说明当时的士已经形成一个固定的社会阶层,其地位虽处于大夫之下,但仍然具有贵族身份。此时士的职业也发生了变化:"士为低级之贵族,居于国中(即都城中),有统驭平民之权利,亦有执干戈以卫社稷之义务,故谓之'国士'以示其地位之高。"③ 这些国士因要"执干戈以卫社稷",必然多习武事,故可称为"武士"。

《孟子·万章下》还对周室不同阶层的禄制作了解释:"大夫倍上士、上士倍中士、中士倍下士;下士与庶人在官者同禄,禄足以代其耕也。"这也就是说,当时的士是处在大夫与庶人之间的,士的内部也有等级之分,其中上等的士比较接近大夫,而下等的士则与一些有官职的庶人地位差不多。因此,作为一个社会阶层,士具有相当的广泛性,正是这种广泛性使得士阶层在社会发展的进程中发生变异成为可能。大约从春秋中期开始,随着传统社会秩序的解体,等级制度趋于崩坏,社会各阶层人员的身份不再是固定不变

---

① 按,据此二条,多数学者认为最初的"士"应当不脱农业生产,如吕思勉、杨宽、杨向奎、徐复观等皆持此观点,但也有学者认为此说殊成问题,并引《礼记·曲礼下》"问士之子,长曰能典谒矣,幼曰未能典谒也"为证。详见余英时《士与中国文化·古代知识阶层的兴起与发展》第11条注释,上海人民出版社2003年版,第57页。
② 参杨树达《积微居小学述林》卷三,中国科学院1954年版,第72页。
③ 顾颉刚:《史林杂识初编》,中华书局1963年版,第85页。

的,由于种种原因开始流动起来,而士正处于社会的中间阶层,是大夫与庶人之间的一条长长的过渡带,很容易成为人员流动的汇聚之地①。

一方面,没落的贵族会沦为士(当然更甚一步也会沦为庶人)。晋国上大夫羊舌肸的家族衰落就非常具有代表性:"晋之公族尽矣。肸闻之,公室将卑,其宗族枝叶先落,则公室从之。肸之宗十一族,唯羊舌氏在而已。"羊舌肸还对当时晋国其他公室贵族的没落情形进行了描述:

> 虽吾公室,今亦季世也。戎马不驾,卿无军行,公乘无人,卒列无长,庶民罢敝而宫室滋侈,道殣相望而女富溢尤,民闻公命如逃寇仇。栾、郤、胥、原、狐、续、庆、伯,降在皂隶。②

"栾、郤、胥、原、狐、续、庆、伯"八姓都是晋国的旧贵族,因处季世而衰落,以致"降为皂隶"。皂隶,杜预注曰"贱官也",虽仍是"官"但已处"贱",即已沦落为士。这不仅仅发生在晋国,而应当是春秋中晚期的一个普遍社会现象。以孔子为例,他的先祖是商朝开国君主商汤,西周时宋国第二代国君微仲系其十五世祖,其六世祖孔父嘉还是宋国的大夫,曾任大司马,至父叔梁纥为避战乱逃到鲁国陬邑,已降为陬邑大夫,到孔子时就沦落为"吾少也贱,故多能鄙事"(《论语·子罕》)的士了。孔子的弟子颜回是有名的贫士,但他的远祖夷父颜也是西周时邾国的第七代国君,其后十四世皆为鲁国卿大夫。他如韩非出自"韩之诸公子"、商鞅本是

---

① 参许倬云《春秋战国间的社会变动》,《历史语言研究所集刊》1956年第三十四本,第559—587页。
② (周)左丘明撰,(晋)杜预注,(唐)孔颖达疏、陆德明音义:《春秋左传注疏》卷四二"昭公三年"条,《景印文渊阁四库全书》第144册,第276页。

"卫之诸庶孽公子"① 等等，类似的例子有很多。因此晋国大夫蔡墨总结说"三后之姓于今为庶"，并将发生这种现象的原因归结为"社稷无常奉，君臣无常位，自古以然"②，说明当时的思想家们不仅看到了这种现象而且在试图解释这种现象。

另一方面，庶人也可以上升为士。庶人上升的途径以战功受赏居多："克敌者，上大夫受县，下大夫受郡，士田十万，庶人工商遂。"③ 遂，设在远郊的行政区划（一说为统辖五县的行政区划），杜预注曰"得遂进仕"，也就是这些庶人可以通过战功被赏赐到遂去为官，那就成为士了。这条材料还表明，当时的工、商也可以通过战功进入到士的阶层中。当然，处在工、商之上的农人也可以晋升为士："朴野不慝，其秀才之能为士者则足赖也。"（《管子·小匡》）意思是农人朴实不奸，他们中的佼佼者可以为士并且足可信赖。墨子主张"虽在农与工肆之人，有能则举之，高与之爵，重与之禄，任之以事，断之以令"（《墨子·尚贤上》），正是指出下层民众上升为士的根本标准是否"有能"。

原来各个阶层的人员都有可能成为士，士的数量就急遽扩大，成为极其重要的社会力量。而经过社会激荡之后重新形成的士阶层具有了一些不同于以往的特征。《吕氏春秋》有一则材料颇值注意：

> 子张，鲁之鄙家也，颜涿聚，梁父之大盗也，学于孔子；段干木，晋国之大驵也，学于子夏；高何、县子石，齐国之暴者也，指于乡曲，学于子墨子；索卢参，东方之钜狡也，学于禽滑黎。此六人者，刑戮死辱之人也。今非徒免于刑戮死辱也，由此为天下名士显人，以终其寿，王公大人从而礼之。此

---

① 《史记》卷六二、卷六八，第2146、2227页。
② 《春秋左传注疏》卷五三，《景印文渊阁四库全书》第144册，第525页。
③ 《春秋左传注疏》卷五七，《景印文渊阁四库全书》第144册，第595—596页。

得之于学也。①

这则材料透露出两点信息：一是进入到士阶层的人身份非常复杂，"鄙家""大盗""大驵""暴者""钜狡"各色人等皆可以成为"天下名士显人"，甚至我们所熟知的"鸡鸣狗盗"之徒也可以为士，再加上贵族、农人、工商业者等，士阶层原来以"武士"为主体的状况被打破了，此时的士已不可再称为"武士"。二是进入到士阶层不惟战功受赏一条路径，也有很多是"得之于学也"，上述六人就是显证。本来，武士也可能要知文，所谓"文、武人才初未尝界而为二也"②，而且文武兼备的武士会更受君王赏识，鲁僖公二十七年（前633）晋文公要选一位统御三军的元帅，赵衰推荐郤縠担任，理由是郤縠"说礼乐而敦诗书"，于是晋文公"乃使郤縠将中军"③。

但是，这样的局面随着知书识礼者的增多逐渐发生了变化：

> （讲内心之修养者）大部分人皆趋重于知识、能力之获得，盖战国时有才之平民皆得自呈其能于列国君、相，知识既丰，更加以无碍之辩才，则白衣可以立取公卿。……宁越不务农，苏秦不务工、商，而惟以读书为专业，揣摩为手腕，取尊荣为目标，有此等人出，其名曰"士"，与昔人同；其事在口舌，与昔人异，于是武士乃蜕化而为文士。④

因为凭借知识也可以立取公卿尊荣（不再依靠战功），所以就出现了很多"惟以读书为专业"的人，《荀子·大略》载"自赣（子

---

① （秦）吕不韦著，（汉）高诱注：《吕氏春秋》卷四，《景印文渊阁四库全书》第848册，第304页。
② 《史林杂识初编》，第85页。
③ 《春秋左传注疏》卷一五，《景印文渊阁四库全书》第143册，第340—341页。
④ 《史林杂识初编》，第88页。按，余英时的观点，认为"严格地说，文士并不是从武士蜕化而来的，他们自有其礼乐诗书的文化渊源"。本书认为将顾颉刚的表述中"蜕化"一词换成"分化"将更加符合由武士到文士的演进轨迹。参余英时《士与中国文化·古代知识阶层的兴起与发展》，第16—19页。

贡)、季路，故鄙人也，被文学，服礼留名，为天下列士"，《韩非子·外储说左上》则称"中牟之民弃田圃而随文学者邑之半"，前引农人中的"秀才能为士者"往往"以仕则多贤"，应当也是通过学习知识才取得晋升机会的。荀子对这种现象总结道："虽庶人之子孙也，积文学，正身形，能属于礼义，则归之卿相士大夫。"（《荀子·王制》）

当知书识礼者越来越多，士的性质就发生了变化，群体也开始分化：由文武兼备的武士分化为专事武事的武士和专事文事的文士。如果此时还是把"士"看作一个整体的话，那它就包含着武士和文士两大类，两者在相当长一段时间内并立发展，武士渐次演变为侠士、勇士，文士渐次演变为儒士、学士：

> 彼辈（武者）自成一集团，不与文士混。以两集团之对立而有新名词出焉：文者谓之儒，武者谓之侠，……古代文、武兼包之士至是分歧为二，惮用力者归儒，好用力者为侠，所业既专，则文者益文，武者益武，各作极端之表现耳。①

文的"极端之表现"就是孔子：

> 孔文子之将攻大叔也，访于仲尼。仲尼曰："胡簋之事则尝学之矣；甲兵之事，未之闻也。"②

胡簋，行礼之器，"胡簋之事"代言礼事，可以宽泛地理解为文事。因此，至少到孔子生活的时代，约在春秋、战国之际，有一批类似于孔子"甲兵之事，未之闻也"的"专业"文士已经形成，今人将他们称为"知识人阶层"：

> "士"的崛起有两种类型，在前期即春秋时期多是本属王

---

① 《史林杂识初编》，第89页。
② 《春秋左传注疏》卷五八，《景印文渊阁四库全书》第144册，第628页。

官的知识人流入诸侯之采邑，或一些本是贵族的文化人家庭衰颓降为"士"。……但在后期即春秋末到战国时期，主要则是下层平民中大量受过教育的"士"或进入诸侯大夫的机构，或独立于社会，形成一个不拥有政治权力却拥有文化权力的知识人阶层。①

而且也认为我国"古代的知识阶层始于春秋、战国之交的孔子时代。"②

如果我们仔细检讨先秦文献，会发现当时有关"士"的称谓是多种多样的。比如《墨子·杂守篇》说"有谋士、有勇士、有巧士、有使士"③，《庄子·徐无鬼》中则有知士、辩士、察士、招世之士、中民之士、筋力之士、勇敢之士、兵革之士、枯槁之士、法律之士、礼教之士、仁义之士④等，《论语》中也有"执鞭之士""辟人之士""辟世之士""志士"等称呼。之所以出现这种情况，一方面是由于进入士阶层的人身份极为复杂所致，另一方面则是进入士阶层之后不同的人从事着不同的职业，为了区分他们而采用了不同的称谓。这实际上涉及士阶层内部的分类问题。细按之，墨子、庄子的分法总不出文武二类，而孔子的分类更注重道德品行。今人范文澜将当时的士归为四大类别：

> 一类是学士，如儒、墨、道、名、法、农等专门家，著书立说，反映当时社会各阶级的思想，提出各种政治主张，在文化上有巨大贡献。……一类是策士，即所谓纵横家。这一类人长于政治，富有才能，凭口舌辩说，得大官取富贵。……一类是方士或术士，这一类人可分为两类，一等是天文、历算、地

---

① 葛兆光：《中国思想史》第一卷，复旦大学出版社1998年版，第161—162页。
② 余英时：《士与中国文化·古代知识阶层的兴起与发展》，第4页。
③ 吴毓江撰，孙启治点校：《墨子校注》卷一五，中华书局1993年版，第977页。
④ （清）郭庆藩撰，王孝鱼点校：《庄子集释》卷八中，中华书局1961年版，第834页。

理、医药、技艺等学科的专家，在文化上也有巨大的贡献；一等有阴阳、卜筮、占梦、神仙、房中术等骗取衣食的游客。最下一等是食客，这一类人数量最大，流品最杂，其中包括鸡鸣、狗盗、任侠（恶霸）、奸人、罪犯、赌徒、屠夫、刺客等无赖凶人，通过贵族将相来吸取劳动人民的血汗。①

这种分类方法合不合理姑置不论，从中我们可以看到当时"士"阶层是多么的庞杂，几乎所有从事"文"事的人都可以被称作"士"，而且这个"文"的外延还可以被无限地放大。

那么，到底什么是"士"呢？这又涉及"士"的概念问题。早在孔子时代，他就给他的学生解释过"士"：

> 子贡问曰："何如斯可谓之士矣？"子曰："行己有耻，使于四方，不辱使命，可谓士矣。"曰："敢问其次。"曰："宗族称孝焉，乡党称弟焉。"曰："敢问其次。"曰："言必信，行必果，硁硁然小人哉！——抑亦可以为次矣。"（《论语·子路》）

这种解释代表了儒家早期对于"士"的认识，其多元化的解释表明判定"士"的标准还没有统一。

到了汉代，人们开始试图界定"何如斯可谓之士"。《说文解字》释"士"曰：

> 士，事也。数始于一，终于十，从一十。孔子曰："推十合一为士。"凡士之属皆从士。

清代段玉裁对此又注曰：

---

① 范文澜等：《中国通史》第五章，人民出版社1994年版，第215页。范文澜对"士"的分类没有包括武士一类，这可能是其所论范围仅限于战国以后，其时武士已基本从"士"的概念中剔除出去，抑或出于对"士"的理解更接近于今天的概念，即"士"主要是指知识分子（包括有官职的和无官职的）。

引申之，凡能事其事者称士。《白虎通》曰：士者事也，任事之称也。故《传》曰：通古今，辨然否，谓之士。①

对于许慎与段玉裁的这些说法，历来歧解甚多，莫衷一是。综合来看，两人的说法实际上是给"士"下了三个定义：一是"推十合一为士"，二是"士，事也"，三是"通古今，辨然否，谓之士"。这三个定义是从三个不同的角度给出的，甚至定义的时代背景也有差异，难免引起后人疑窦。

"推十合一为士"，这是从字形上来解释"士"，应当是"士"的最初定义。今人多从训诂入手，认为"士"与"王"同字②，因为在甲骨文中两者是同一个字，在金文中也都是斧钺之形。对于"王"字，《说文解字》释曰："三者，天地人也，而参通之者，王也。"意思是，"王"字的三横分别代表天、地、人，中间的一竖将三者连通，意即可以贯通三者，故谓之"王"。这一说法出于孔子"一贯三为王"之说，后董仲舒发挥说"古之造文者，三画而连其中谓之王。三者，天地人也。"③"士"字的上面是"十"字，下面是"一"字，所谓"推十合一"就是将"王"字中间的"十"推出去，使上下两个"一"合成一个"一"，这就是"士"。这种从字形上所作的解释并非没有道理，"士"上再加一横就是"王"，意谓只有王可以贯通天（即"天子"），而士则不可以。

"士，事也"，这种解释是就士的职业性质而言的，应当是进入周代以后才会有的说法。但是"事"字的涵义并不是一成不变的。一开始，这个"事"字应当是专指"服事"，《论语·泰伯》曰"三

---

① （汉）许慎撰，（清）段玉裁注：《说文解字注》一篇上，上海古籍出版社1988年，第20页。
② 参徐中舒《士王皇三字之探源》，《中研院历史语言研究所集刊》第四本第四分册，台湾中研院历史语言研究所编著，江苏古籍出版社2008年版，第441—446页。
③ 《说文解字注》一篇上，第9页。

分天下有其二，以服事殷"，《左传·昭公十二年》曰"今周与四国服事君王，将惟命是从"，这是说诸侯们定期朝贡时依据各自所属的服数以事天子。后来"事"字有了官职、职务的意思，《礼记·曲礼上》曰"大夫七十而致事"，孔颖达疏"致事，致职于君"，《国语·鲁语上》曰："卿大夫佐之，受事焉"，韦昭注："事，职事也。"所谓"任事之称"，就是说担任官职的人就叫作"士"，所以"事"字在很多时候可以假借为"士"，《韩非子·八说》即曰"是无术之事也"，王先慎集解"事，当作士"，段玉裁也说"事，古假借为士"[①]。不管是服事天子还是担任官职，在本质上都有为他人服务的性质，所以"事"字还具有"侍奉"的义项，《玉篇·史部》解释说"事，奉也"，《论语·学而》曰"事父母，能竭其力；事君，能致其身"，《晏子春秋·内篇谏下·第二十四》也说"公孙接、田开疆、古冶子事景公"。至于段玉裁说"凡能事其事者称士"，则是在"士""事"同义的基础上所作的进一步引申，认为凡是能够做好本职工作的人都可以称作"士"，这个"事"倒未必一定是指官方职务，因为后来被称作"士"的人大量都是没有职务的，而他们的共同点是都做着"侍奉"性的工作。

"通古今，辨然否，谓之士"，这种说法是士阶层发展到一定阶段才会出现的，应当要到战国以后，而人们普遍使用这一说法则要等到汉代，如班固《白虎通义》、刘向《说苑》等。这是对"士"最为狭隘的定义，但也更为明确地指出了"士"与其他人群的不同之处。更准确地说，这是给"文士"下的定义，因为"贯通古今之道""识辨是非之理"显然都属于"文事"范畴。春秋、战国以后士阶层处于不断变动之中，大量进入士阶层的是贵族之衰落者与庶民之秀出者，拥有接受教育权利的贵族和通过教育得以晋升的庶民

[①] 《说文解字注》三篇下，第117页。

聚合在一起，士阶层逐步定型，并形成了所谓的"士、农、工、商"的社会结构。此时的士已经不同于以往，他们大都受过良好教育、掌握一定知识，并且从原来的社会等级关系中脱离出来，成为"士无定主"①、可以自谋职业的人，所以自战国以后养士之风可以大为盛行。到了西汉，统治者出于统治的需要，黜侠尊儒的强力措施使得侠衰儒盛：

> 及汉代统一既久，政府之力日强，儒者久已尽其润色鸿业之任务，而游侠犹不驯难制，则惟有执而戮之耳，故景帝诛周庸，武帝族郭解，而侠遂衰；举贤良，立博士，而儒亦盛。②

如此，重武之"侠"渐从"士"中消失，人们所言之"士"则多指从文之"儒"，最终形成了"士"专指"通古今，辨然否"的文士的局面。《史记》《汉书》本记有游侠之传，而范晔作《后汉书》则去之不录，嗣后正史皆仿其例，更加强化了"士"专指文士在人们脑海中的印象。

虽然说汉代以后，"士"专指文士成为一种共识，但在不同的历史时期，随着社会的政治、经济、思想等的变化，"士"所指的具体人群还是有所不同的。大略而言，秦汉时代的士主要是那些从事以儒教为中心的"吏"和"师"，魏晋南北朝时期的士是以"非汤武而薄周孔"的道家名士和心存济世的佛教高僧为代表，隋唐以后的士则多指以天下为己任的文人学士，如唐之杜甫、宋之朱熹、元之文天祥、明之顾宪成、清之曾国藩，直至近代的梁启超、康有为、鲁迅等，他们的身份可能各有差别，但其共同点是都具有"社会的良心"，敢于担当社会的责任③。所以，我们今天说中国古代

---

① （清）黄汝成：《日知录集释》卷一三，《续修四库全书》第1144册，第181页。
② 《史林杂识初编》，第85页。
③ 参余英时《士与中国文化·引言》，第4页。

的"士"实在不能简单地认为它是什么含义、它指哪些人,而需要根据具体历史时期的实际情况加以分辨①。

二、文士群体的早期活动

春秋、战国之际,随着社会的剧烈变动,社会等级制度崩塌,重新形成了一个不同于以往的士阶层。但是,士阶层的成型并不代表士群体的形成,作为一个知识阶层,士广泛地存在于社会的各个领域,直至私学兴起才使一定数量的士人聚集在一起形成一个个群体。

春秋末期以前,教育掌握在官府手中,即通常所说的"官学",而且只有士以上的阶层才享有受教育的权利。春秋末期以后,官学衰微和政府亟需知识人才的双重因素促使民间私学逐步兴起。开展私学教育的士人或者为了解决生计,或者为了扩大自己的学术影响,往往"有教无类",广收门徒,最终形成了以他们为核心的文士群体,较著者有:

以孔子为核心的文士群体:

> 孔子不仕,退而修诗书礼乐,弟子弥众,至自远方,莫不受业焉。
>
> 孔子以诗书礼乐教,弟子盖三千焉,身通六艺者七十有二人。②

孔子被公认为中国文士第一人,是最早开办私学、招收生徒的,据传他的弟子有三千多人,杰出者也有七十二人,足见这一群体的

---

① 本书所说的"文人",在强调其"文"的特征的同时,更加注重其"文学"属性,因此可以说"文人"是"文士"的一部分,其外延要比"文士"小得多。正因为如此,本书所关注的"文人结社"是以文学性或者附有文学性的社事为主,而将先秦文士群体的形成看作是文人结社的渊源,将汉魏士人初具文学色彩的活动视为文人结社的萌芽。
② 《史记》卷四七,第1914页、1938页。

规模。

以墨子为核心的文士群体：

> 慕义从风，而为之服役者不过数十人。（《淮南子·主术》）

墨子本来"学儒者之业，受孔子之术"，后因"其礼烦扰而不说，厚葬靡财而贫民，服伤生而害事"（《淮南子·要略》），转而建立自己的学说，并以儒家学说为攻击对象。他的群体虽没有孔子的规模大，人数多的时候也就"百八十人"，但是这个群体的组织纪律性极为严明："墨子服役者百八十人，皆可使赴火蹈刃，死不还踵。"（《淮南子·泰族》）

以孟子为核心的文士群体：

> 彭更问曰："后车数十乘，从者数百人，以传食于诸侯，不以泰乎？"（《孟子·滕文公下》）

孟子是继孔子之后的又一位儒家领袖，以其为核心的文士群体虽不如孔子群体规模大，但也有"从者数百人"。

诸子学派的这些群体在本质上属于学术团体，但除了教授学问以外，还有其他各种活动。孔子经常率领生徒出游列国，推行他的政治主张，先后到过卫、陈、蔡、楚等地，最后又回到鲁国。墨子也曾率众游学，到过齐、卫、楚等国，并推荐门生学徒到各诸侯国从政以推行自己的主张，甚至还参与到各诸侯国之间的战争中去，如公输盘为楚造云梯即将攻宋，墨子不仅派遣禽滑厘等弟子三百人赴宋守城，而且自己还亲自前往楚国奉劝楚王休战。孟子群体的活动相对单纯一些，主要是周游列国以推行儒家学说，先后游说过齐威王、宋王偃、滕文公、梁惠王等，而且由于出游时从者人数过多以致他的学生彭更都要质疑他是不是太过分了。这些活动虽然有些驳杂，但它们是文士群体形成初期开展的集体活动，在加强群体内部联系、增强群体对外影响方面起着重要作用，诸子学派的各家学说正是藉此得以扩散和为人所知，这给后代开展结社活动的文人在推行社事主张方面提供了很好的借鉴。

与此同时，各国诸侯意识到士——这个新兴阶层的重要作用，将大量的士人召集到自己门下，为己所用。齐桓公欲图霸天下，问策于管仲，管仲所献计策中就有纳士一条："为游士八十人，奉之以车马衣裘，多其资币，使周游于四方，以号召天下之贤士。"（《国语·齐语》）齐桓公照此施政最后得以雄霸天下。卿大夫中也有养士的，如晋国的下军佐栾盈就是其中一例。进入战国时期，文士数量急遽增多，而等级制度的崩塌、传统社会关系的松动又使他们成为自由职业者，或为谋生、或为求仕、或为施才，这些文士常常主动寻找雇主，成为他们的门客。同时由于战事激烈，社会动荡不定，国君、大夫也纷纷召纳天下之士以备使用，于是整个社会形成一种养士之风。如燕昭王即位之后为报齐国之仇欲招贤者："乐毅自魏往，邹衍自齐往，剧辛自赵往，士争趋燕。"当时最以养士著称者当属"四公子"："当是时，魏有信陵君，楚有春申君，赵有平原君，齐有孟尝君，皆下士喜宾客以相倾。"[①] 其中，孟尝君田文：

> 孟尝君在薛，招致诸侯宾客及亡人有罪者，皆归孟尝君。孟尝君舍业厚遇之，以故倾天下之士。食客数千人，无贵贱一与文等。[②]

信陵君魏无忌：

[①] 《史记》卷三四、卷八五，第1558页、2510页。
[②] 《史记》卷七五，第2353—2354页。

> 为人仁而下士，士无贤不肖皆谦而礼交之，不敢以其富贵骄士。士以此方数千里争往归之，致食客三千人。①

平原君赵胜也是"宾客盖至者数千人"，春申君黄歇则有"客三千余人"②。

战国四公子所养之士多达"数千人""三千人"，其说或许夸张，但其数量之多肯定无疑。如此众多的门客，并非全部都是文士，他们的身份异常复杂，所怀才能亦各有异，类若孟尝君门下的鸡鸣狗盗之徒也常充斥其间，这是由卿大夫们养士的政治、军事目的决定的。其中，信陵君门客的一些活动值得注意：

> 当是时，公子威振天下，诸侯之客进兵法，公子皆名之，故世俗称《魏公子兵法》。③

《魏公子兵法》的成书说明当时这些门客的活动除政治、军事、外交以外也会涉及文事，虽然这些文事只是与现实斗争密切相关的领域。

后来吕不韦的门客群体将这种文事活动进一步推向学术性质：

> 吕不韦以秦之疆，羞不如，亦招致士，厚遇之，至食客三千人。是时诸侯多辩士，如荀卿之徒，著书布天下。吕不韦乃使其客人人著所闻，集论以为八览、六论、十二纪，二十余万言。以为备天地万物古今之事，号曰《吕氏春秋》。④

《吕氏春秋》是我国第一部体例完整、规模庞大的学术著作，是由一人组织、多人协作完成的合编性著作，其在学术史上有着很高的地位，而它的编撰方式也对后来文士的群体性活动产生了巨大影

---

① 《史记》卷七七，第 2377 页。
② 《史记》卷七六、卷七八，第 2365 页、2395 页。
③ 《史记》卷七七，第 2384 页。
④ 《史记》八五，第 2510 页。

响，自此合多人之力撰写著作既可成为养士之主召士养士的目的，也可成为所养文士的群体活动方式，当这种群体活动的内容由学术转向文学时，离文人结社的诞生也就不远了。至西汉初期，淮南王刘安的门客活动开始同时具备学术和文学的双重性质，汉魏以后文学开始了独立的步伐，这些文士群体活动的文学色彩越来越浓厚，文人结社也即将破茧而出。

三、文士群体渐具文学性

承接春秋战国的养士之风，汉初藩王招贤纳士，网罗人才，士人群体的规模不亚于前。《汉书·淮南王传》云："淮南王安为人好书，鼓琴，不喜弋猎狗马驰骋，亦欲以行阴德拊循百姓，流名誉。招致宾客方术之士数千人。"[①] 所不同的是，原先养士的政治因素是主要目的，秦汉以后政治因素虽仍占据着重要地位，但娱乐的因素开始逐渐加重。为了达到娱乐的目的，群体的核心人物就经常借助于文学创作来开展活动，因而文学性越来越浓厚。《汉书·地理志》载：

> 汉兴，高祖王兄子濞于吴，招致天下之娱游子弟，枚乘、邹阳、严夫子之徒兴于文、景之际。而淮南王安亦都寿春，招宾客著书。而吴有严助、朱买臣，贵显汉朝，文辞并发，故世传《楚辞》。[②]

士人群体开始向比较专业的文人群体过渡。王逸《招隐士章句序》云：

> 昔淮南王安，博雅好古，招怀天下俊伟之士，自八公之徒咸慕其德而归其仁，各竭才智，著作篇章，分造辞赋，以类相

---

① （汉）班固：《汉书》卷四四，中华书局1964年版，第2145页。
② 《汉书》卷二八下，第1668页。

从，故或称小山，或称大山，其义犹《诗》有《小雅》《大雅》也。①

据《汉书·艺文志》载，刘安赋有八十二篇，其门下群臣亦赋有四十四篇，可见当时他们是经常聚会作赋的。《盐铁论》记载当时的盛况是："日者，淮南、衡山修文学，招四方游士。山东儒墨咸聚于江淮之间，讲议集论，著书数十篇。"②

这种侍从文人群体的文学性在梁园作家群体身上体现得尤为明显。《汉书》载梁孝王"招延四方豪杰，自山东游士莫不至"，集于梁园的文人有枚乘、邹阳、司马相如、羊胜、路乔如、公孙诡、韩安国等，他们"皆善属辞赋"③，经常即景咏乐，染翰成章：

> 岁将暮，时既昏，寒风积，愁云繁。梁王不悦，游于兔园。乃置旨酒，命宾友，召邹生，延枚叟。相如未至，居客之右。④

梁园文人宾主相得，文酒高会，是后世所艳羡称道的最早文人群体之一。梁园，在今河南省商丘市，当时初建时命为兔园，有游猎之意，因是梁孝王所建，故又称梁园，南朝诗人谢惠连游梁园作有名篇《雪赋》，故此称雪苑。此后慕名游居梁园的文人骚客多不胜数，如杜甫、高适、王昌龄、李商隐、秦观等皆是，李白更是在此流连长达十年之久，所赋《梁园吟》也成为千古名篇。流风余韵至明末清初侯方域诸人结雪苑社而未尝消歇，成员贾开宗《雪苑会业引》云："余惟雪苑，自汉梁孝王征枚乘、枚皋、司马相如、吾邱寿王

---

① （汉）王逸：《楚辞章句》卷一二，《景印文渊阁四库全书》第1062册，第73页。
② （汉）桓宽：《盐铁论》卷二，上海古籍出版社1974年版，第16页。
③ 《汉书》卷四七、卷五一，第2208页、2365页。
④ （晋）谢惠连：《雪赋》，《六臣注文选》卷一三，《景印文渊阁四库全书》第1330册，第299页。

之俦宴集赋雪，今千五百余年，风流未泯。"①

时至魏晋，文学开始步入自觉发展的时代，文人群体的文学性特征更为凸显，其中以建安七子为代表。刘勰《文心雕龙·时序》云：

> 自献帝播迁，文学蓬转，建安之末，区宇方辑。魏武以相王之尊，雅爱诗章；文帝以副君之重，妙善辞赋；陈思以公子之豪，下笔琳琅；并体貌英逸，故俊才云蒸。②

钟嵘《诗品序》则云：

> 降及建安，曹公父子，笃好斯文。平原兄弟，郁为文栋。刘桢、王粲，为其羽翼。次有攀龙托凤，自致于属车者，盖将百计。彬彬之盛，大备于时矣。③

曹氏父子既凭借着优越的政治地位，又仰仗着非凡的文学才华，几乎网罗尽当时的知名文人，成为盛极一时的邺下文人群体。在数以"百计"的邺下文人中，"七子"之名最著。曹丕《典论·论文》云：

> 今之文人，鲁国孔融文举，广陵陈琳孔璋，山阳王粲仲宣，北海徐幹伟长，陈留阮瑀元瑜，汝南应玚德琏，东平刘桢公幹，斯七子者，于学无所遗，于辞无所假，咸以自骋骥骡于千里，仰齐足而并驰，以此相服，亦良难矣。④

邺下文人群体虽在政治、经济上仍然依附于曹氏集团，但已经能够

---

① （清）贾开宗：《遯园全集·文集》卷二，清道光九年贾供信重刻本。
② （南朝梁）刘勰：《文心雕龙》卷九，中华书局 2000 年版，第 540 页。
③ （南朝梁）钟嵘著，曹旭集注：《诗品集注》卷上，上海古籍出版社 2011 年，第 20 页。
④ （魏）曹丕：《典论·论文》，《六臣注文选》卷五二，《景印文渊阁四库全书》第 1331 册，第 361 页。

自由进行文学创作，文学色彩极其浓厚，而他们所共同体现出来的"志深而笔长""梗概而多气"① 的创作风格则被后世誉为建安风骨。

当我们跳过漫长的时间轴线，将邺下文人群体与春秋战国时的诸子群体、公卿养士群体乃至于秦汉时期的吕不韦群体、刘安群体进行比较时，就能够明显地看到士人群体是如何一步一步演化成文人群体的，他们所开展的活动的文学属性是怎样一点一点增强的。

四、文人集会形成结社雏形

随着文学自觉程度的加深，文人群体渐渐脱离政治核心，其在生活方式上更为自由。逍遥林泉，寄情山水，饮酒鼓琴，赋诗属文，成为许多文人的主要生活内容。那些爱好相尚、志趣相投之人逐渐形成了大大小小的文人群体。如《魏氏春秋》云：

> （嵇康）与陈留阮籍、河内山涛、河南向秀、籍兄子咸、琅邪王戎、沛人刘伶相与友善，游于竹林，号为七贤。②

《晋书·刘琨传》云：

> （琨）年二十六，为司隶从事。时征虏将军石崇河南金谷涧中有别庐，冠绝时辈，引致宾客，日以赋诗。琨预其间，文咏颇为当时所许。秘书监贾谧参管朝政，京师人士无不倾心。石崇、欧阳建、陆机、陆云之徒，并以文才降节事谧，琨兄弟亦在其间，号曰"二十四友"。③

《晋书·王羲之传》云：

> 羲之雅好服食养性，不乐在京师，初渡浙江，便有终焉之

---

① 《文心雕龙》卷九，第541页。
② （晋）陈寿著，（南宋）裴松之注：《三国志》卷二一《魏书》，中华书局1964年版，第606页。
③ （唐）房玄龄等：《晋书》卷六二，中华书局1974年版，第1679页。

> 志。会稽有佳山水，名士多居之，谢安未仕时亦居焉。孙绰、李充、许询、支遁等皆以文义冠世，并筑室东土，与羲之同好。①

《梁书·武帝本纪》云：

> 竟陵王子良开西邸，招文学，高祖（萧衍）与沈约、谢朓、王融、萧琛、范云、任昉、陆倕等并游焉，号曰八友。②

阮籍诸人由于"相与友善"、王羲之诸人由于"同好"而相互结纳，完全是同志式的结合。至于"二十四友"、"竟陵八友"虽仍是围绕着政治中心集合起来，但是宾主之间的关系已经有所变化，都是以"友"相称。同时，这两个集团也开展文学活动，并取得一定成就。如竟陵八友，《南齐书·萧子良传》云：

> 子良少有清尚，礼才好士，居不疑之地，倾意宾客，天下才学皆游集焉。善立胜事，夏月客至，为设瓜饮及甘果，著之文教。士子文章及朝贵辞翰，皆发教撰录。③

八友中，沈约、谢朓、王融的文学成就都很高，他们自觉运用声律作诗，促进了中国古典诗歌由古体向近体的发展，是"永明体"的代表作家。

这些文人群体时常举行规模不等的集会，谈玄论道，联吟共咏。他们的风流雅集既是中国古代文人结社的直接源头之一，也成为后世文人结社的主要形式和内容。其中，对后世影响最大的是晋永和九年（353）农历三月初三的兰亭修禊之会。王羲之《三月三日兰亭诗序》云：

---

① 《晋书》卷八〇，第2098—2099页。
② （唐）姚思廉：《梁书》卷一，中华书局1973年版，第2页。
③ （南朝梁）萧子显：《南齐书》卷四〇，中华书局1972年版，第694页。

第一章 中国古代文人结社的萌芽

> 永和九年（353），岁在癸丑，暮春之初，会于会稽山阴之兰亭，修禊事也。群贤毕至，少长咸集。此地有崇山峻岭，茂林修竹，又有清流激湍，映带左右，引以为流觞曲水，列坐其次。是日也，天朗气清，惠风和畅，娱目骋怀，信可乐也。虽无丝竹管弦之盛，一觞一咏，亦足以畅叙幽情矣。①

所谓修禊事，是一种祓除疾病、祈禳福祉的习俗。《周礼》即云："如巫掌岁时，祓除疾病。禊者，洁也。"宋阮阅释曰："上巳日于流水上洗濯，祓除去宿垢，故谓之祓禊。禊者，洁也。"② 古人在每年三月上旬巳日，集聚水边洗濯，以祓除不祥，后来祓除不祥之意渐褪，人们集聚水边主要是为了宴饮、赋咏和嬉戏。这种习俗在当时非常流行，反映于文学作品的如杜笃《祓禊赋》、成公绥《洛禊赋》、张协《洛禊赋》、夏侯湛《禊赋》、阮瞻《上巳会赋》、周庾信《三月三日华林园马射赋》、孙绰《三日兰亭诗序》、颜延之《三日曲水诗序》、王融《三日曲水诗序》等③。晋废帝还曾颁《祓禊诏》昌之："三日临流杯池，依东堂小会。"④ 王羲之诸人修禊兰亭，名流荟萃，与者多达四十余人⑤。聚会本为欣赏山水，饮酒赋诗，在方式上采取了当时流行的流觞赋诗的形式，即流觞所至，即

---

① （清）严可均：《全上古三代秦汉三国六朝文》之《全晋文》卷二六，中华书局1958年版，第1609页。
② （宋）阮阅编著，周本淳校点：《诗话总龟》后集卷二六，人民文学出版社1987年，第167页。
③ 参张英、王士禛等《御定渊鉴类函》卷一八"三月三日五"条，《景印文渊阁四库全书》第982册，第411—423页。
④ 《全上古三代秦汉三国六朝文》之《全晋文》卷一一，第1522页。按，东堂小会在晋武帝时业已存在，为天下同庆所设。晋武帝《东堂小会诏》云："江表初平，天下同其欢豫，王公卿士各奉礼称庆，其于东堂小会，设乐使加于常。"见《全上古三代秦汉三国六朝文》之《全晋文》卷六，第1492页。
⑤ 兰亭集会的人数不确，《世说新语·企羡》引《临河叙》谓四十一人；宋施宿《会稽志》卷一〇引《天章碑》载四十二人；唐张彦远《法书要录》卷三所列各人姓名，中有支遁，为《天章碑》所无。

席赋诗。此次集会,王羲之、谢安、孙绰等十一人成四言、五言诗各一首,郗昙等十五人各成诗一首,谢胜等十五人不能赋诗,则"罚酒各三斗"①。所成诗三十七首,编为《兰亭集》。

兰亭修禊之集,既不名社,亦不名会,但已经具备结社雏形,在文人结社史上影响深远。元王恽"约二三知友,晏集林氏花圃,所有事宜略具真率旧例,各人备酒一壶,花一握,楮币若干,细柳圈一,春服以色衣为上,其余所需尽约圃主供具。秉兰续咏,办追洧水欢游,禊饮赋诗,修复兰亭故事"②,修禊之会与士大夫优游林下的真率之会渐次融合。元至正间,刘仁本治师余姚,"作雩咏亭于龙泉左麓,仿佛兰亭景物,集名士赵俶、谢理、朱右、天台僧白云以下四十二人,修禊赋诗"③。元末明初高启、张羽等结北郭诗社,宴集绿水园,"平居寡良会,艰哉况兹时。幸逢金闺英,中筵接光仪。名园过修禊,景丽春阳熙"④,虽在乱世,仍有修禊之举。明秦瀚复修碧山吟社,"春社临芳墅,青林变渚禽。题襟思汉上,修禊继山阴"⑤,清初朱鹤龄有《禊日石湖社集》诗,诗中有"祓除无异永和年,玉雪遗坡赏倍妍"句⑥,皆受兰亭修禊之风的影响。而阮元诸人则在兰亭举行秋禊,"嘉宾在坐,簿领既彻,游情共驰,再扬曲水之波,展修秋禊之礼"⑦,修禊之风已经扩展到秋季。

兰亭雅集之际,文人之间的集会大兴。会稽谢灵运"与族弟惠

---

① (晋)王羲之:《临河叙》,《全上古三代秦汉三国六朝文》之《全晋文》卷二六,第1609页。
② (元)王恽:《秋涧集》卷七〇,《景印文渊阁四库全书》第1201册,第64—65页。
③ 《列朝诗集小传》甲前集,第44页。
④ (明)高启:《高太史大全集》卷六《绿水园宴集》,四部丛刊景明景泰刊本。
⑤ (明)钱宪:《秦从川邀入吟社》,《明诗纪事》戊签卷一二,第1594页。
⑥ (清)朱鹤龄:《愚庵小集》卷五《禊日石湖社集》,《景印文渊阁四库全书》第1319册,第48页。
⑦ (清)阮元:《揅经室集》四集卷二《兰亭秋禊诗序》,清道光阮氏刻本。

连、东海何长瑜、颖川荀雍、泰山羊璿之,以文章赏会,共为山泽之游"①。盐官顾越"无心仕进,因归乡,栖隐于武丘山,与吴兴沈炯、同郡张种、会稽孔奂等,每为文会"②。昭明太子慨叹"昔时文会,长思风月之交;今日言离,永叹参商之隔"③。李爽、张正见、贺彻、阮卓、萧诠、王由礼、马枢、孙登、贺循、刘删等为"文会之友",后有蔡凝、刘助、陈暄、孔范亦预其中,"皆一时之士也",他们"游宴赋诗,勒成卷轴"④,盛传一时。鲁悉达虽仗气任侠,然"雅好词赋,招礼才贤,与之赏会"⑤。江总年少有名,张缵诸人雅相推重,结成"忘年友会"⑥。这些文人集会,像兰亭修禊之会一样,已经具备结社雏形,或者说就是初级形态的结社,只是尚无具体社名、会名而已。

五、士僧共社成为文人结社的先声

佛教传入中国后,在发展过程中衍生出各种各样的法会。据相关记载,仅梁武帝时就设有水陆法会、无遮会、盂兰盆会等。水陆法会,俗称水陆道场,会日设斋,诵经礼佛,超度亡灵。相传此会创自梁武帝:"梁武帝梦神僧告知曰:'六道四生,受苦无量,何不作水陆大斋以拔济之?'"于是梁武帝"遣迎《大藏》,积日披觉,创立仪文",斋日"亲临地席,诏(僧)祐律师宣文",自此"常设此斋,流行天下"⑦。无遮,没有遮隔,意即包容广大、众生平等,不分僧俗贵贱。此会始于梁武帝"中大通元年(529)六月,都下疫甚,帝于重云殿为百姓设救苦斋,以身为祷。九月癸巳,幸同泰

---

① (南朝梁)沈约:《宋书》卷六七,中华书局1974年版,第1774页。
② (唐)李延寿:《南史》卷七一,中华书局1975年版,第1753页。
③ 《御定佩文韵府》卷六八之一,《景印文渊阁四库全书》第1023册,第8页。
④ (唐)姚思廉:《陈书》卷三四,中华书局1972年版,第468—469页。
⑤ 《陈书》卷一三,第199页。
⑥ 《陈书》卷二七,第344页。
⑦ (宋)释志磐:《佛祖统纪》卷三三,大正新修大藏经本。

寺，设四部无遮大会"，"十月己酉，又设四部无遮大会，道俗五万余人"。此后中大通五年（533）又"幸同泰寺，设四部大会"，大同元年（535）"幸同泰寺，设无遮大会"① 等。据萧子显称，参与无遮大会的皇子、王侯、百官等有六百九十八人，僧正、义学僧等一千人，其余僧尼、优婆塞优婆夷、道士女冠、白衣居士以及波斯国使、于阗国使等，凡有三十一万九千六百四十二人②。盂兰盆会，又称盂兰盆戒、盂兰盆供、盂兰盆节等。每年七月十五日佛教徒会举行施斋、诵经、放灯、水陆道场等各种活动，以为追荐祖先。据《佛祖统纪》卷三七所载，此会亦始于梁武帝。此外还有八斋戒会，亦名八关斋戒会、八关大会等。八戒，是指在家修行之人须要遵守的八条戒律，即不杀生、不偷盗、不淫欲、不妄语、不诒语、不眠坐高广华丽之床、不装饰打扮和观听歌舞、不食非时之食。梁简文帝就曾举行过此会，并专门定有十条"八关斋制"③。这些法会对入会之人的身份一般没有过多限制，奉佛者皆可与之，因而在佛教界和社会上产生广泛影响，为佛教结社的出现积累了社会条件。

根据现有材料，僧侣结社最早出现于东晋时期，大部分集中于公元500至580年之间④，也就是南北朝的后期，这在敦煌遗书中有着大量记载。僧侣结社一开始只是纯粹的宗教社事，他们借鉴自汉代以来形成的私社的地域关系和组织形式，专门成立佛社以便进行教义宣传、教化大众、募金造像、建立寺院等，因此当时的佛社

---

① （清）朱铭盘：《南朝梁会要》"崇佛教"条，上海古籍出版社1984年版，第239—240页。
② （南朝梁）萧子显：《御讲摩诃般若经序》，《全上古三代秦汉三国六朝文》之《全梁文》卷二三，第3086页。
③ （南朝梁）简文帝：《八关斋制序》，《全上古三代秦汉三国六朝文》之《全梁文》卷一二，第3018页。
④ 参见陈宝良《中国的社与会·绪论》，第8页。

也多称为邑、邑义、邑会、法义等。参加佛社的成员主要有两类人：一是出家的僧尼沙弥，一是世俗的平民百姓。如萧子良"招致名僧，讲语佛法，造经呗新声，道俗之盛，江左未有也"①，释法贞"与僧建齐名，时人目建为文句无前，目贞为入微独步，贞乃与建为义会之友，道俗斯附，听众千人"②。可以说，僧俗共社从一开始就是佛社的鲜明特点，这是由成立佛社的宗旨和主要活动内容决定的。

佛教传入中国的早期，少有士人推崇。魏晋以后，佛教徒为弘传佛法，广泛研读中国典籍，特别是儒道之书，在援儒入佛、引道入佛之后创立各种新说以迎合中国民众，如支愍度的"心无义"说、竺法雅等的"格义"说、支遁的"色义"说等，于是佛义与儒理、道德有所融通，为士人接纳佛教扫除了理论上的障碍。一些僧徒还利用佛教般若学说与其时盛行的中国本土玄学的天然相通之便，参与到名士们的清谈活动中，而士人们为追求"名士"之风也都乐于与僧人一起谈玄论道、纵酒放诞，于是士人与僧人的亲暱、聚谈乃至合流成为一时风尚。乐广与竺叔兰酬对，董昶、阮瞻、谢鲲等与支孝龙结为知交，长安弟子为释道安赋诗引誉，晋元帝、王导、庾亮等与竺道潜相与友善，类似例子比比皆是。在这样的氛围中，士人与僧人起会结社也就成为可能。

在与士人交往的僧侣中，支遁是极为著名的一位。支遁精通佛玄，雅好老庄，又善于清谈，时贤名士都争相与之游，在其周围形成了一个颇具规模的论学群体，支遁也因此被尊称为支公、林公。综合《晋书》《高僧传》以及《世说新语》等的记述，这个群体有名可稽者有殷浩、殷融、许询、郗超、孙绰、袁弘等十余人，尤以王

---

① 《南齐书》卷四〇，第698页。
② （唐）释道宣：《续高僧传》卷六《释法贞传》，（南朝梁）释慧皎等：《高僧传合集》，上海古籍出版社1991年版，第154页。

洽、王濛、王羲之、谢安、谢朗等王谢子弟为多,即使是大名士谢安也曾与他"出则渔弋山水,入则言咏属文"①。支遁还专门邀请僧俗好友 24 人集于吴县土山举行八关斋会:"闲与何骠骑(名充)期,当为合八关斋,以十月二十二日,集同意者在吴县土山墓下。三日清晨为斋始,道士、白衣二十四人,清和肃穆,莫不静畅。至四日朝,众贤各去。"支遁赋诗描述集会情形:"建意营法斋,里仁契朋俦。相与期良晨,沐浴造闲丘。穆穆升堂贤,皎皎清心修。窈窕八关客,无楗自绸缪。"②土山集会只是当时众多集会中的一个,且属佛教的八戒斋会,所可指称者,此会是由僧人发起、僧俗共同参与,这样一种方式在以后相当长时期内都是士僧结社的基本模式,并且集会赋有诗作,亦可归为文人会社。

士人与僧人共同结社最为著称者当属庐山白莲社。东晋太元十一年(386),释慧远隐庐山,建东林寺,与一众僧俗同修净土,结为白莲社:"法师慧远以(后)秦乱来归于晋。……时晋室微,而天下奇才多隐居不仕。若彭城刘遗民,豫章雷次宗,雁门周续之,新蔡毕颖之,南阳宗炳、张士民、李硕等,从远游,并沙门千余人结白莲社。"③莲花,在中国文化中象征出污不染的高洁品格,在佛教中则形容佛祖面容之美,皆有美义,至于此社为何以此为名,释道诚解释说:"彼院多植白莲,又弥陀国以莲华分九品次第接人,故称莲社,有云嘉此社人不为名利淤泥所污,喻如莲华,故名之。"④释慧皎《释慧远传》对白莲社的社事活动记载较为详细:

(慧远)于是率众行道,昏晓不绝。释迦余化,于斯复兴。

---

① 《晋书》卷七九,第 2072 页。
② (晋)支遁:《土山会集诗三首并序》,张富春:《支遁集校注》卷上,巴蜀书社 2014 年版,第 126 页、137 页。
③ (元)释念常:《佛祖历代通载》卷七,《北京图书馆古籍珍本丛刊》第 77 册,书目文献出版社 1995 年版,第 86—87 页。
④ (宋)释道诚:《释氏要览》卷上,大正新修大藏经本。

> 既而谨律息心之士,绝尘清信之宾,并不期而至,望风遥集。……乃于精舍无量寿像前,建斋立誓,共期西方。……骨命整衿法堂,等施一心,亭怀幽极,誓兹同人,俱游绝域。①

入社之人无论僧俗俱称"同人",为了能够"同修净土""共期西方",他们"建斋立誓""整衿法堂"。按照今天对结社的定义,"两个或两个以上的成员为了相同的目的集合起来,并按照一定的规则开展活动的相对稳定的团体"②,白莲社显然是一个非常标准的结社。

从性质上看,白莲社是一个半僧半俗、僧俗合一的社团,它的创立宗旨和活动内容都是宗教性的,所以在本质上还是一个佛社。不过,据《庐山记》记载,在参与社事活动的"千余人"中,核心成员有十八位,后世称为"庐山十八贤":

> 远公与慧永、(慧)持、昙顺、昙恒、竺道生、慧叡、道敬、道昺、昙诜、白衣、张野、宗炳、刘遗民、张诠、周续之、雷次宗、梵僧佛驮耶舍十八人者,同修净土之法,因号白莲舍〔社〕。③

在这十八人中,除慧永、慧持等僧人外,清河张野张诠、南阳宗炳、彭城刘遗民、雁门周续之、豫章雷次宗等,或研经,或讲学,或擅画,或著文,皆系世俗文人。《莲社高贤传》则称他们为"名儒":"不期而至者,慧永、慧持、道生、昙顺、僧叡、昙恒、道昺、昙诜、道敬、佛驮邪舍、佛驮跋陀罗,名儒刘程之、张野、周续之、张诠、宗炳、雷次宗等结社念佛,世号十八贤。"④ 而据相

---

① (梁)释慧皎:《高僧传》卷六,《高僧传合集》,第38页。
② 《中国古代的社、结与文人结社》,第177页。
③ (宋)陈舜俞:《庐山记》卷二《叙山北篇》,《景印文渊阁四库全书》第585册,第21页。
④ 《莲社高贤传·慧远法师》,《丛书集成新编》第100册,第350页。

关文献记载,当时的著名诗人陶渊明、谢灵运等也曾受邀甚或参与过白莲社的活动。《莲社高贤传》专门列有"不入社诸贤传",其中"陶渊明"条载:"时远法师与诸贤结莲社,以书招渊明,渊明曰:'若许饮则往。'许之,遂造焉。""谢灵运"条载:"(谢)至庐山,一见远公,肃然心伏,乃即寺筑台,翻《涅槃经》,凿池植白莲,时远公诸贤同修净土之业,因号白莲社。"① 谢灵运也曾为慧远撰写诔文,称颂其时盛况云:"于是众僧云集,勤修净行,同法餐风,栖迟道门,可谓五百之季仰绍舍卫之风,庐山之崄俯传灵鹫之旨,洋洋乎未曾闻也。"②

由于有文人的加入,使得白莲社的意义超出了一个宗教社团的范畴,不仅对当时正在兴起的佛社以及后来的宗教结社影响巨大,而且肇开了士人与僧人共同结社的先河,是目前可见记载的第一个有文人参与的以"社"命名的社事团体,因此成为中国古代文人结社的先声。正如六百年后释赞宁所言:"晋宋间有庐山慧远法师,化行浔阳,高士逸人辐辏于东林,皆愿结香火。时雷次宗、宗炳、张诠、刘遗民、周续之等共结白莲华社,立弥陀像,求愿往生安养国,谓之莲社。社之名始于此也。"③ 白莲社成为后世僧侣和文人共同追慕的早期社事之一,历代不乏追继者,宋代释省常结有西湖莲社、明代冯梦祯结有胜莲社、清代陈瑚结有莲社等,形成了一个贯穿时空的"莲社"系列,而以"莲社"为题材的诗歌、文章、绘画、书法等也是多如车斗,以至成为中国文化史上一个颇具影响的母题。

---

① 《莲社高贤传》,《丛书集成新编》第100册,第356页。
② (南朝宋)谢灵运:《庐山远法师诔并序》,《全上古三代秦汉三国六朝文》之《全宋文》卷三三,第2619页。
③ (宋)释赞宁:《大宋僧史略》卷下"结社法集"条,大正新修大藏经本。

第二章
中国古代文人结社的形成

隋唐五代是中国古代文人结社的形成期。这一时期,文人雅集持续增多,伴随着诗歌繁荣、诗人数量激增,赠答唱和无处不在、无时不有,吟社、吟会大量涌现。中唐时期诗会首先以"社"称名,香山九老会作为怡老社团首次出现,成为文人结社史上两个具有里程碑性质的事件。佛教社事进入士大夫日常生活和诗歌创作中,社事性质由僧人主导的宗教社团开始向由士人主导的文人会社演进。随着科举制度的确立和完善,及第进士宴集庆贺和题诗留名,成为后世科举士子结社的起源。这一时期文人结社在总体上处于生成阶段,大量存在的主要还是集会活动,明确以"会""社"称名的社事也大都属于初级形态。

一、唱和之风盛行

中国的唱和风习由来已久,《诗经》即有"叔兮伯兮,倡予和汝"(《箨兮》)民间唱和场景的描述,到了汉代则成为朝廷君臣应作之事,已经上升到"君臣位事之体"[①] 的高度,汉武帝就曾筑柏

[①] 《汉书》卷二一,第958页。

梁台，与群臣赋诗联句，后人称为"柏梁台诗"，又因其一韵到底、全押平韵的特殊格式被称为"柏梁体"。如前所述，魏晋南北朝时期，文人士大夫开展诗歌唱和相当普遍，形成了大大小小的雅集赋诗活动。进入隋唐以后，文人绍续此风。隋炀帝杨广为晋王时就"好文雅，招引才学之士诸葛颖、虞世南、王胄、朱瑒等百余人以充学士"①，多有应制、奉和、同题之作。五代时，后唐李从荣喜为诗，"自谓章句独步一时"，"与从事高辇等更相唱和"②，诗作集为《唱和集》。

唐代诗歌繁荣，诗人数量庞大，唱和活动更是普遍，这可以从海量存在的和答、寄赠、酬和、送别、次韵以及应制、奉和等唱和类诗歌上见其状貌。这些唱和诗歌有很多还被编纂成集，如《龙池集》《名公唱和集》《集贤院诸厅壁记诗》《谢亭诗集》《高氏三宴诗集》《断金集》等，仅《新唐书·艺文志》就载有 22 种此类诗集，而据今人考订，则有 60 余种③。透过这些诗集，可以看到当时唱和之风的盛行程度。概而言之，唐人唱和大致有三种情况。

一是诗人个人与其他众多友人的唱和。如赵志，与多人进行酬答、寄赠、奉和，诗歌收在《赵志集》中。

二是二三友人小范围内的唱和。如王维与裴迪，裴均与杨凭，秦系与刘长卿，王涯与令狐楚、张仲素等等，皆有酬唱赠和，作品辑为《辋川集》《荆潭唱和集》《秦刘唱和诗》《元和三舍人集》等。其中，尤为著称者莫过于白居易与元稹、刘禹锡之间的唱和活动，作品辑有《元白往还诗》《元白唱和集》《因继集》《刘白唱和集》《三

---

① （唐）魏徵：《隋书》卷五八，中华书局 1982 年版，第 1423 页。
② （宋）薛居正：《旧五代史》卷五一，中华书局 1976 年版，第 693 页。
③ 参见傅璇琮《唐人选唐诗新编》（陕西人民教育出版社 1996 年版）、陈尚君《唐人编选诗歌总集叙录》（载《唐代文学丛考》，中国社会科学出版社 1997 年版）、巩本栋《唐五代唱和诗词总集叙录》（载《西南大学学报》2013 年第 4 期）、岳娟娟《唐代唱和诗研究》（复旦大学出版社 2014 年版）等。

州唱和集》《彭阳唱和集》《杭越寄和诗集》《吴蜀集》《汝洛集》等十余种。据统计，除了与三人之外者唱和的作品，仅刘白之间的唱和就有152组，元白唱和有111组，元刘唱和有3组①。以《刘白唱和集》为例，文宗大和二年（828）春，时裴度为相，与白居易、刘禹锡、张籍、崔群等人宴游曲江，叠为唱和，分别有"杏园联句""春池泛舟联句""花下醉中联句""西池落泉联句"等，直至次年春，白居易将其与刘禹锡唱和诗中的"纸墨所存者，凡一百三十八首"编成《刘白唱和集》二卷，而"其余乘兴扶醉，率然口号者，不在此数"②。

三是一定规模的文人群体的唱和。这些唱和是数量不等的诗人在一段时间内集聚在一定地点开展的赋诗活动，活动成果往往集结成集会总集③。按照文人群体的身份地位，可分为三类。其一是宫廷诗人群体的唱和活动。如贞观中，太宗与弘文馆学士、朝中群臣宴游唱和，今存《翰林学士集》，列名者17人，存诗51首。景隆间，中宗设立修文馆，召集诗人入馆开展集会赋诗活动，与者武平一编有《景龙文馆记》十卷，列名者65人，今存诗词赋等370多首（篇）。其二是地方诗人群体的唱和活动。广德元年至大历五年（763—770），薛兼训任浙东观察使，辟鲍防为从事，士人"登会稽者如鳞介之集渊薮"④，多次进行宴集联唱，如"松花坛茶宴联句""寻法华寺西溪联句""云门寺小溪茶宴院中诸公""秋日宴严长史宅""入五云溪寄诸公联句"等，这些集会活动各有赋诗，合编成

---

① 白高来、白永彤编著：《白居易元稹刘禹锡唱和诗编年集·凡例》，白山出版社2009年版，第1页。
② （唐）白居易：《刘白唱和集解》，（清）董诰等编：《全唐文》卷六七七，中华书局1983年版，第6920页。
③ 贾晋华：《唐代集会总集与诗人群研究·导论》，北京大学出版社2015年版，第3—5页。
④ （唐）穆员：《鲍防碑》，《全唐文》卷七八三，第8190页。

总集《大历年浙东联唱集》二卷，列有姓名者 57 人。大历八年至十二年（773—777），颜真卿任湖州刺史，与当地诗人、文士、僧道及其弟子多所唱和，其"饯别之文及词客唱和之作"① 辑为《吴兴集》十卷，列名者 95 人，今存诗词文等近 90 首（篇）。其三是幕府诗人群体的唱和活动。如大中十年至咸通元年（856—860），徐商镇襄阳，温庭筠、温庭皓兄弟与韦蟾、余知古等人入其幕中，段成式辑诸人相互酬和及往来之文为《汉上题襟集》十卷，今存诗赋书简等 80 首（篇）。咸通十年至十二年（869—871），崔璞任苏州刺史，皮日休为从事，与陆龟蒙、郑璧、魏朴、张贲等本郡诗人、江南诗人、流寓诗人数次举会联句，作品辑为《松陵集》十卷："往体各九十三首，今体各一百九十三首，杂体各三十八首，联句、问答十有八篇在其外，合之凡六百五十八首"，"其余则吴中名士，又得三十首"，"除诗外，有序十九首"，"总录之，得十通，载诗六百八十五首"②。唐代游幕盛行，因而此类诗人群体数量众多，如浙东诗人群、湖州诗人群中有很多都是幕僚诗人，由此产生的集会诗集也就甚为可观，如《华阳属和集》《寿阳唱咏集》《渚宫唱和集》《岘山唱和集》《盛上唱和集》等。直至唐末其风未消，避居西蜀的文人还集聚于王建幕府，相互和酬作了大量诗文。

除此以外，唐人还常常围绕同一主题开展群体性赋诗活动。这种赋诗与通常意义上的"唱和"不同，一般是参与者就同一人物、同一事物或同一事件共同赋诗，可能是其中一位诗人先有诗作然后其他诗人和作，也可能是大家一同作诗并无先后之别，更谈不上有"唱"有"和"的双向互动。略举几例。天授二年（691），发十道存抚使，以李嗣真等为之，"阁朝有诗送之"，编为《存抚集》十卷

---

① （唐）殷亮：《颜鲁公行状》，《全唐文》卷五一四，第 5230 页。
② （唐）皮日休：《松陵集序》，《续古文苑》卷一二，清嘉庆刻本。

行世，其中"杜审言、崔融、苏味道等诗尤著"①。景云二年(711)，睿宗诏道士司马承祯问学，及放还作诗送之，太子李隆基和朝中群臣一并和之，"当时朝廷之士，无不属和，凡三百余人，徐彦伯编而叙之，谓之《白云记》"②。贞元间，刘太真、柳浑等访顾况宣平里环堵之宅，"乃赋六言诗以纪会，既明日，属文之士翕然而和之"，作品编为《贞元朝英六言诗》一卷，"举国传览，以为盛观"③。这样的赋诗活动往往参与人员众多，而且多为帝王、朝臣、显贵、才人、名士等，由此产生的社会影响也比其它类型的唱和活动大得多，他们与上述唱和活动一道为诗社的诞生作好了充分铺垫。

二、诗会首先名社

诗词唱和往往是通过宴饮、品茗、游赏、登临等方式开展的，因此文人间同时同地的集会活动也就随之大量增加。"初唐四杰"之一杨炯在药园"请诸文会之游，共纪当年之事"，在族人的宅中举会"盖因文会，共记良游，人赋一言，同裁四韵"④，又尝宴集崇文馆、宴集皇甫兵曹宅等。刘孝孙与虞世南、蔡君和、孔德绍、庾抱、庾自直、刘斌等"登临山水，结为文会"。孟浩然在张记室的宅中举行宴集："甲第金张馆，门庭车骑多。家封汉阳郡，文会楚材过。"⑤道士吴筠善著述，"在剡与越中文士为诗酒之会，所著歌篇传于京师"⑥。杨师道每次退朝以后，"必引当时英俊，宴集园池，而文会之盛，当时莫比"⑦。这些"文会""诗酒之会"多为临

---

① （宋）王溥：《唐会要》卷七七，中华书局1955年版，第1414页。
② （后晋）刘昫：《旧唐书》卷一九〇，中华书局1975年版，第5027页。
③ （唐）刘太真：《顾著作宣平里赋诗序》，《全唐文》卷三九五，第4017页。
④ （唐）杨炯：《晦日药园诗序》、《宴族人杨八宅序》，《全唐文》卷一九一，第1928页、1929页。
⑤ 《御定全唐诗》卷三三、卷一六〇，《景印文渊阁四库全书》第1423册、1424册，第426页、464页。
⑥ （唐）权德舆：《吴尊师传》，《全唐文》卷五〇八，第5164页。
⑦ 《旧唐书》卷六二，第2383页。

时性聚集，有时候甚至是即兴而为，从组织形态的角度考察，他们与魏晋时期的文人雅集颇为类似，但是他们的活动形式更为多样，内容更为丰富，总体数量也更为庞大，同时许多集会都专门编有集会诗集，这就比魏晋时期向前更进了一步，他们与"结社"的距离只是差一个以"社"命名而已。

随着唱和、集会的炽盛，以"社"称名的纯文学性社团开始出现。这个时间大约为中唐时期。戴叔伦《卧病》诗云："门掩清山卧，霉苔积雨深。病多知药性，客久见人心。众鸟趋林健，孤蝉抱叶吟。沧洲诗社散，无梦盍朋簪。"① 戴叔伦主要生活于玄宗、肃宗、代宗、德宗四朝，完全属于唐朝中期，《卧病》末句明确提到了沧州诗社。关于这个诗社，因为记载材料太少，具体情况目前还无从知晓，或许只是戴氏在沧州这个地方与友人举行过一次集会赋诗活动，多年以后他回忆起当时的美好场景而命之为"社"。但是，"诗"与"社"二字由此正式组合使用，成为各种文人结社中最先以"社"命名的社事类型，"诗社"之名第一次出现在中国社团史、中国文学史和中国诗歌史上，这是一件非常值得注意的事情②。

中唐以后除了有"诗社"之称外，也出现了"吟社"的称谓。

---

① 《御定全唐诗》卷二七三，《景印文渊阁四库全书》第 1425 册，第 579 页。
② 按，另有材料显示，似乎早在初唐时期"诗社"之名即已出现。《（万历）吉安府志》卷一二载："相山，在城隍岗，山一名西原，平衍幽旷，步入即有林壑思致。唐杜审言司户吉州，尝置相山诗社。"同书同卷又云："诗人堂，在西原能仁寺侧，唐司户杜审言结诗社于此。"《（康熙）江西通志》卷九亦载："唐杜审言司户吉州，结相山诗社。"明代庐陵（今江西吉安）人陈嘉谟也有《郡西能仁寺，唐吉州司户杜审言诗社也……万历庚辰秋九月，议置会田各馔，兹会复振，凤间子赋诗志喜，予感而和之》诗。杜审言是"诗圣"杜甫的祖父，"文章四友"之一。根据陈冠明《杜审言年谱》（载《杜甫研究学刊》，2001 年第 3 期），杜审言是在武周圣历元年（698）被贬为吉州司户参军，次年被罢官归，若确有相山诗社，那就应当在圣历元年、二年（698、699）之间，是迄今为止见诸文献记载的最早的诗社。但这些记载都是后世特别是明清时期的文献，《（万历）吉安府志》之前并未见有这一说法，而明代文人结社已经非常成熟，万历时期又是文人结社特为盛行之时，"诗社"一词进入当地文献并不奇怪，甚至不排除修志者借先贤名士以彰显属地文统的可能性，因此具体情况还有待进一步考证。

这两个名称完全可以等同互用。例如高骈《寄鄂杜李遂良处士》云"吟社客归秦渡晚，醉乡渔去溇陂晴"，《途次内黄马病寄僧舍呈诸友人》诗云："好与高阳结吟社，况无名迹达珠旒。"① 高骈吟社因其声名显赫及其幕府势力强大而在当时影响甚大，以至新罗诗人崔致远也欲投其中，他在《初投献太尉启》中描述当时的情景是"间生贤哲，年当五百之期；广集英豪，客满三千之数"②，这当然有些夸张，但也能看到当时的盛况。之所以出现这种局面，与唐代的游幕之风密切相关。中唐以后，士子入幕越来越多，幕府为文人集聚提供了契机，同在幕府之中，或闲谈，或送别，或赏乐，都会以宴集聚饮、吟诗作赋的形式开展，因而很容易催生出诗人社团，高骈所说的这个吟社，应该就是由他的幕府诗人们组成的社团。

除"诗社""吟社"外，"诗会""吟会""文会"等也频繁出现在诗歌作品中。翻开《全唐诗》，这样的例子比比皆是。如孟浩然《同曹三御史行泛湖归越》"泛湖同逸旅，吟会是思归"，钱起《太子李舍人城东别业与二三文友逃暑》"美景惜文会，清吟迟羽觞"，卢纶《题贾山人园林》"连春诗会烟花满，半夜酒醒兰蕙香"，孟郊《送陆畅归湖州因凭题故人皎然塔陆羽坟》"昔游诗会满，今游诗会空"，贾岛《送汲鹏》"夏夜言诗会，往往追不及"，李群玉《寄长沙许侍御》"三年文会许追随，和遍南朝杂体诗"，李洞《叙事寄荐福栖白》"前朝吟会散，故国讲流终"③，等等。特别是在中唐以后诗人的吟咏中，这些称谓非常多见。明代廖道南在《楚纪》卷二三

---

① 《御定全唐诗》卷五九八，《景印文渊阁四库全书》第1429册，第100页。
② （清）陆心源编：《唐文拾遗》卷四一，清光绪刻本。
③ 《御定全唐诗》卷一六〇、卷二三八、卷二七九、卷三七九、卷五七一、卷五六九、卷七二二，《景印文渊阁四库全书》第1424册、1425册、1425册、1426册、1428册、1428册、1430册，第454页、300页、637页、632页、660页、638页、251页。

中说:"唐至元和诗社丛兴。"① 如果将"吟社""吟会""诗会""文会"等都看作是"诗社"的不同称谓的话,那么廖道南所说就并非虚言。

三、怡老社团首现

会昌五年（845）三月二十四日,白居易与胡、吉、刘、郑、卢、张等六贤,在白居易所居的履道坊"合尚齿之会,七老相顾,既醉且欢,静而思之,此会希有,因各赋七言六韵诗一章以记之"。至是年夏,"又有二老,年貌绝伦,同归故乡,亦来斯会,续命书姓名年齿,写其形貌附于图右,与前七老题为《九老图》"②。这就是社团史上著名的香山九老会,也称洛阳九老会、洛中九老会、香山尚齿会等。

据白居易记载,香山九老会先有七人:胡杲,安定人,前怀州司马,年八十九;吉旼,冯翊人,卫尉卿致仕,年八十六;刘真,广平人,前磁州刺史,年八十七;郑据,荥阳人,前龙武卫长史,年八十五;卢真,范阳人,前侍御史内供奉,年八十五;张浑,清和人,前永州刺史,年七十七;白居易,太原人,刑部尚书致仕,年七十四。后增二人:李元爽,洛中遗老,年一百三十六;禅僧如满,年九十五。虽与会而不及列者有二人:狄兼谟,秘书监;卢真,河南尹。会中皆为高年,是真正的尚齿之会,狄兼谟、卢真二人"以未七十",没有达到年龄门槛,故"虽与会而不及列"③。

会中诸人均赋有诗作,白居易辑为《香山九老会诗》一卷。据诸人诗歌,九老会的集会活动内容十分丰富。以第一首胡杲诗歌

---

① (明)廖道南:《昭文外纪前篇》卷二三,明嘉靖二十五年何城李桂刻本。
② (唐)白居易等:《香山九老会诗》卷首《香山九老会诗序》,《丛书集成续编》第113册,第379页。按,后世关于香山九老会的记载材料甚多,如宋周密《齐东野语》卷二〇、元陶宗仪《说郛》卷七五下等,明清时期更多,其中乾隆时期编修《四库全书》即有收录,附于《高氏三宴诗集》之后。
③ 《香山九老会诗》卷首《香山九老爵里纪年》、《香山九老会诗序》,第379页。

为例:

> 闲居同会在三春,大抵耆年是出群。霜鬓不嫌杯酒兴,白头似爱玉炉薰。徘徊玩柳心犹健,老大看花意却勤。瓷落满斟扳酪酊,香囊高挂甚氤氲。搜神得句题红纸,望景长吟对白云。今日交情何不替,齐年同侍圣明君。①

从诗中描绘来看,他们所开展的活动有饮酒、玩柳、看花、赏景、赋诗、题写等,而且玉炉熏烟、香囊高挂,非常注意游乐氛围的营造。白居易则集中于对诸老风采、集会情状的抒写:

> 七人五百八十四,拖紫纡朱垂白须。囊里无金莫嗟叹,樽中有酒且欢娱。吟成六韵神还壮,饮到三杯气尚麤。鬼峨狂歌教婢拍,婆娑醉舞遣孙扶。天年高迈二疏传,人数多于《四皓图》。降却三山五天竺,人间此会且应无。②

大和三年(829)至武宗会昌六年(846),白居易以分司或致仕官员的身份居于东都,与洛阳闲官文士进行了频繁的宴游唱和活动,作品辑为《洛如集》《洛中集》《洛下游赏宴集》等。香山九老会结于白居易闲居洛阳的最后时期,第二年白居易即与世长辞,所以在他的诗中充溢着任心自在、适意超脱的意味,是其中隐逸思想的诗化表达。

以社团史的视角考察,香山九老会的出现至少有三个方面的意义。首先,它是中国社团史上第一个怡老社团。此前或有耆老雅集,然未见有专名。此后以怡老养老、崇德尚齿为宗旨的老年文人结社逐步发展起来,无数耆英雅老都以香山九老会为追慕效仿对象,使之成为怡老社事的滥觞。其次,它是僧俗共社的进一步发

---

① 《香山九老会诗》,第380页。
② 《香山九老会诗》,第380页。

展。禅僧如满的加入,使得香山九老会变成了僧俗共会,而且是僧侣进入到世俗文人的社事中,社事主体和主导都是世俗文人,它的本质是属于世俗文人的社事,这就较东晋白莲社的僧俗共社、以僧为主的宗教性社团有了进一步的发展。最后,它是中国社团史上第一个形态较为完备的文人结社。香山九老会有明确的社地(履道坊)、社员较为固定(7人、2人、2人)、举行过社会(会昌五年三月二十四日)、结撰有社作(《香山九老会诗》),特别是它有专门的社名(香山九老会),而且是会中成员自己命名,这些都说明它与一般的唱和、集会有所不同。至于作为结社要素之一的"社长",虽未有明言,但既然集会之地在白氏居所,那么白居易至少是召集者或主持者,也已具有"社长"的影子。因此,可以说香山九老会已经具备了较为完备的结社形态,它的出现在中国古代文人结社史上意义深远。

四、佛教社团继续发展

唐代诗歌臻于极盛,僧人作诗也成为一种普遍现象,以致有"诗僧"之谓[①]。据《中国历代僧诗总集》,所收晋唐五代诗僧超过四百人[②],仅逊于数量最高的清代,足见诗僧之众。当时的文人对此已有所关注,如刘禹锡就概括江左诗僧说:"世之言诗僧多出江左。灵一导其源,护国袭之。清江扬其波,法振沿之","独吴兴昼公能备众体","昼公后,澈公承之"[③]。白居易则评价道宗诗歌:"上人之文为义作,为法作,为方便智作,为解脱性作,不为诗而作也。知上人者云尔,恐不知上人者,谓为护国、法振、

---

① 按,目前所见"诗僧"一词最早出现在释皎然五言律诗《酬别襄阳诗僧少微》的诗题中,其后较为多见,如司空图《寄赠诗僧秀公》、释齐己《勉诗僧》等。
② 参沈玉成、刘宁主编:《晋唐五代僧诗》,杨镰总主编:《中国历代僧诗总集》,广陵书社2017年版。
③ (唐)刘禹锡著,卞孝萱校订:《刘禹锡集》卷一九《澈上人文集纪》,中华书局1990年版,第240页。

灵一、皎然之徒与？"①

僧人与诗人的交游在两晋已经开始，嗣后渐多，见诸记载的僧人如支遁、慧远、惠休等，诗人如王羲之、谢灵运、鲍照等，其交多在"诗文之相投，而非在玄理之契合"②。一至唐代，唱和之风盛行，僧人亦不例外。释广宣任职内供奉，与令狐楚唱和，著有《僧广宣与令狐楚唱和诗》一卷，而《全唐诗》收其诗十七首，全部为应制、赠答、联句之类的唱和之作。释灵澈从严维学诗，从大历初开始，五十年中游住何山、长安、庐山、洪州、越州、汀州、湖州、宣州诸地，与韦应物、刘长卿、皇甫曾、权德舆、卢纶、柳宗元、刘禹锡、白居易、吕温等一众名士皆有过从，所赋唱酬诗篇门人汇为《僧灵澈酬唱集》十卷，涵盖了灵澈大半生的交游状况："自大历至元和，凡五十年间，接词客文人唱酬，别为十卷"③。释虚中与孙昉为"唱和俦侣"，又参与廖图诸人的唱和："（廖图）与同时刘昭禹、李宏皋、徐仲雅、蔡昆、韦鼎、释虚中，俱以文藻知名，赓唱迭和。"释齐己"时寓诸宫，相去图千里，而每诗筒往来不绝"④。齐己还与无本上人结社赋诗"往年吟月社，因乱散扬州"⑤，因唐末战乱而散。更著者莫过于"唐代僧诗之冠"⑥释皎然，其生于湖州、长于湖州，而立受戒出游，天命再归湖州，与陆羽、张志和、颜真卿等风月湖上，唱和杼山，所与咏者不下三十人，作品多收录于《杼山集》（又名《昼上人集》《皎然

---

① （唐）白居易著，朱金城笺校：《白居易集笺校》卷二一《题道宗上人十韵并序》，上海古籍出版社1988年版，第1445页。
② 汤用彤：《隋唐佛教史稿》，武汉大学出版社2008年版，第37页。
③ 《刘禹锡集》卷一九《澈上人文集纪》，第240页。
④ 孙映逵校注：《唐才子传校注》卷一〇，中国社会科学出版社2013年版，第643页、645页。
⑤ 《御定全唐诗》卷八四〇，《景印文渊阁四库全书》第1431册，第270页。
⑥ 其说见自宋代严羽："释皎然之诗，在唐诸僧之上。"（宋）严羽著，郭绍虞校：《沧浪诗话校释》，人民文学出版社1983年版，第188页。

诗集》），仅联句一类就有五十余首，约占所传唐人联句的三分之一①。僧人与诗人的酬唱在诗人的作品中也多有反映，仅《刘禹锡集》中就专门收有《送僧诗》二十四首②，他如王维《寄崇梵僧》、刘长卿《寄普门上人》、元稹《寄昙嵩寂三上人》、司空图《寄赠诗僧秀公》、韦庄《东林寺再遇僧益大德》以及下文所举诸多例句，可见士僧交游联吟在唐代特别中唐以后已是十分普遍，这为佛教社团的发展提供了主体条件。

随着佛教中国化的进程，佛教在中国的普及度和民众对佛教的接受度都越来越高，虽在唐初已现废佛之论，但终唐之世除少数最高统治者外，其他大都对佛教采取包容、扶持和干预的政策，因而佛教在唐代出现了繁荣局面，从皇宫到民间都充溢着浓厚的崇佛奉佛氛围。唐代宗尝在七月望日"于内道场造盂兰盆，饰以金翠"，"又设高祖已下七圣神座"，"是日，排仪仗，百僚序立于光顺门以俟之，幡花鼓舞，迎呼道路，岁以为常"③。大历七年（772）宋州刺史"以俸钱三十万设八关大会，饭千僧于开元伽蓝"，州长史"设一千五百人为一会"，镇遏团练官健副使"设五百人为一会"，耆寿百姓则"设五千人为一会"，"法筵等供，仄塞于郊坰；赞呗香花，喧填于昼夜"④。又有富豪之家设无遮斋大会，"通衢间结彩为楼阁台殿，或水银以为池，金玉以为树，竞聚僧徒，广设佛像，吹螺掣钹，灯烛相继"⑤。

由此，魏晋以来形成的佛社与传统的私社、民间的会社以及新兴的行会等进一步合流，僧俗合一的结社就越来越多。当时对这一

---

① 参见樊庆彦《皎然联句创作的变革意识及其潜蕴的诗学思想》，载《中国文学研究》2020年第2期，第38—44页。
② 《刘禹锡集》卷二九，第389—404页。
③ 《旧唐书》卷一一八，第3418页。
④ （唐）颜真卿：《有唐宋州官吏八关斋会报德记》，《全唐文》卷三三八，第3425页。
⑤ （唐）苏鹗：《杜阳杂编》卷下，《景印文渊阁四库全书》第1042册，第623页。

类结社的称呼多种多样，有"僧社""东林社""西方社""香社"等。唐诗中有很多这方面的咏颂，皇甫冉《酬袁补阙中天寺见寻》"东林初结社，已有晚钟声"①，张登《招客游寺》"招取遗民赴僧社，竹堂分坐静看心"，权德舆《酬灵彻上人以诗代书见寄》"更喜开缄销热恼，西方社里旧相亲"，刘禹锡《送鸿举游江西》"钟陵八郡多名守，半是西方社中友"，陆龟蒙《奉和袭美夏景无事因怀章来二上人次韵》"还闻拟结东林社，争奈渊明醉不来"，李涉《游西林寺》"如今再结林中社，可羡当年会里人"，等等。有些诗句虽然没有明确使用"僧社""东林社"这些名称，但通过诗意也能够推断出来是佛教结社。如陈羽《洛下赠彻公》"天竺沙门洛下逢，请为同社笑相容"，赵嘏《叙事献同州侍御》"却应归访溪边寺，说向当时同社僧"，司空曙《题凌云寺》"云生客到侵衣湿，花落僧禅覆地多。不与方袍同结社，下归尘世竟如何"② 等。诗题、诗句中的"彻公""同社僧""天竺沙门""凌云寺""僧禅""方袍"等字眼，都明确显示这些诗歌所吟咏的是佛教社事。虽然未必真正有结社，诗人只是借社名以歌所咏之人事，但这足以证明佛教会社在唐代已经广泛进入士人的生活和诗歌创作中，同时也表明唐人对结社一事的认可和接受，他们的社盟意识已经出现甚至比较明晰。

在唐代僧俗合一的社事中，白居易的香火社特为人所熟知。会昌中，白居易"请罢太子少傅，以刑部尚书致仕，与香山僧如满结香火社，每肩舆往来，白衣鸠杖"③。香山，地处洛阳城南，本称龙门东山，盛产香葛，印度高僧地婆诃罗示寂后葬于此，武则天登

---

① （唐）皇甫冉：《皇甫冉诗集》卷三，四部丛刊三编景明本。
② 《御定全唐诗》卷三一三、卷三二一、卷三五六、卷六二五、卷四四七、卷三四八、卷五五〇、卷二九二，分别见于《景印文渊阁四库全书》第 1426 册、1426 册、1426 册、1429 册、1427 册、1426 册、1428 册、1425 册，第 117 页、176 页、460 页、282 页、755 页、374 页、498 页、733 页。
③ 《旧唐书》卷一六六，第 4356 页。

基，敕名香山寺，遂为专称。白居易居于洛阳时，爱香山清幽，游赏龙门以为常事。又崇奉佛教，捐重资重修香山寺，并撰有《修香山寺记》《香山寺新修经藏堂记》等。他还将自己在洛阳十余年所赋诗歌编为《洛中集》十卷，藏于香山寺内。白居易一生情场未能如愿，仕途又常失志，只得"顺适所遇，托浮屠死生说忘形骸"，以醉吟先生自居，放纵诗酒，谈禅咏古，到了晚年更是"酷好佛，亦经月不荤，称'香山居士'"。早在元和十年（815）被贬江州，白居易就"居庐阜峰下，作草堂烧丹"①，就有礼佛崇道的倾向。好友写信问候他"江州司马平安否，惠远东林住得无"，又劝慰他"莫漫拘牵雨花社，青云依旧是前途"②。所谓"雨花社"，是佛教讲经会社的比喻说法，说明白居易在江州时就参加过庐山的法会。在离开江州多年之后，他还在回忆当时庐山法会的情景："一别东林三度春，每春常似忆情亲。头陀会里为逋客，供奉班中作老臣。清净久辞香火伴，尘劳难索幻泡身。最惭僧社题桥处，十八人名空一人。"③ 晚年居于洛阳，与香山寺僧结社也就在情理之中。

"香火社"之称似不是社事专名，因为"香火"是佛事中极为常用的一个词汇，佛教门徒所结的会社也都可以叫"香火社"，而且白居易在自己其它诗文中也经常使用，比如"散斋香火今朝散，开素盘筵后日开""本结菩提香火社，共嫌烦恼电泡身"④ 等。因此，"香火社"应该只是一个通行说法，就像"净社""净土社"一样，并不是对社事的专门称谓。社中如满也是九老会成员之一，白

---

① 《唐才子传校注》卷六，第363页、364页。
② （唐）杨巨源：《寄江州白司马》，《御定全唐诗》卷三三三，《景印文渊阁四库全书》第1426册，第247页。
③ 《白居易集笺校》卷一九《春忆二林寺旧游因寄朗满晦三上人》，第1222页。
④ 《白居易集笺校》卷三二《五月斋戒罢宴彻乐闻韦宾客皇甫郎中饮会亦稀又知欲携酒馔出斋先以长句呈谢》、卷四一《唐江州兴果寺律大德凑公塔碣铭》，第2153页、2630页。

居易与他的交往甚为密切,称其"为空门友",还专门为他写真作赞①,辞世时则遗命葬于香山寺如满塔侧,可见二人交谊之厚,以致宋人认为白氏为其法嗣②。值得注意的是,会昌年间,武宗信奉道教,推行"灭佛"政策,而香火社的成立正在此间,再联系白居易"请罢太子少傅,以刑部尚书致仕"的行为,社事的含义似乎就不仅仅在于佛教层面。

佛社是佛门僧徒和世俗士人共为订结,参禅念经、研习佛理等佛事活动是其重要内容,但在诗歌繁盛的总体背景下,唐代的佛社大多有游赏、品茶、赋诗乃至宴饮活动,正如齐己《勉诗僧》所言"道性宜如水,诗情合似冰。还同莲社客,联唱绕香灯"③,道性和诗情合一方能成为真正的"诗僧",而联唱和点灯共同构成诗僧生活的内容。有时候甚至佛事只是偶一为之,更多的还是像普通的文人会社一样开展活动,如白居易所结的香火社:"卜居履道里,与香山僧如满等结净社,疏沼种树,构石楼,凿八节滩,为游赏之乐,茶铛酒杓不相离。"④ 这体现出佛教结社在发展过程中由僧人主导向士人主导演变的阶段性特征。

唐末以后,文人士大夫与僧人共同立会结社仍常有发生。如释栖隐避乱入庐山,"与贯休、处默、修睦为诗道之游,沈颜、曹松、张凝、陈昌符皆处士也,为唱酬之友"⑤,李中与庐山僧结社"山阳旧社终经梦,容易言归不可留"⑥,李遵勖、杨亿、刘筠"常聚

---

① 《白居易集笺校》卷七〇《醉吟先生传》、卷七一《佛光和尚真赞》,第3753页、3789页。
② 参见(宋)释道原《景德传灯录》卷一〇"前洛京佛光寺如满禅师法嗣"条,《四部丛刊》三编景宋本。
③ 《御定全唐诗》卷八四〇,《景印文渊阁四库全书》第1431册,第268页。
④ 《唐才子传校注》卷六,第363页。
⑤ (宋)释赞宁、释智轮:《宋高僧传》卷三〇,《高僧传合集》,第568页。
⑥ (五代)李中:《碧云集》卷上《送庐□僧归山阳》,《续修四库全书》第131册,第186页。

高僧论性宗，遵勖命画工各绘其象成图，目曰禅会"①等。而以修持简易、口诵佛号为主的净土宗在民间流传渐广，使得佛社规模比以前更大，如释延寿之弥陀会、释延庆之净社，结纳僧俗成员都达到了上万人。有些佛社还成为后世诗社的渊薮，如大中年间，释宗亮出为明州（宁波古称）国宁寺住持，"恒与沙门贯霜、栖梧、不吟数十人，皆秉执清奇，好迭为文会，结林下之交"②。宗亮能诗，曾有集行世，他与沙门贯霜等人所结文会成为宋代以后宁波月湖吟社、月湖诗社的主要源头。

五、科举士子结社初露端倪

科举制度源于汉魏，初创于隋，确立于唐，宋元以降日臻繁密，在一千多年里都是朝廷最为主要的人才选拔制度。唐承隋制，李渊建唐不久，即于武德四年（621）诏令开科取士：

> 武德辛巳岁四月十一日，敕诸州学士，及早有明经，及秀才、俊士、进士，明于理体，为乡曲所称者，委本县考试，州长重覆，取其合格，每年十月随物入贡。③

自此每年一考，成为定例，终唐未更。此为常科。另有朝廷根据需要可临时举行科考，是为制科。所考科目以明经、进士二科为重，参考人数也最多。武周、玄宗诸朝重视以文取士，"天宝十三载（754）始试诗赋"④，自此进士地位不断抬升，中唐以后渐为入仕正途："虽位极人臣，不由进士者不以为美，其推重谓之白衣卿相，以白衣之士即卿相之资也，重之如此。"⑤有唐一代，进士开科262

---

① 《御定佩文韵府》卷六八之一，《景印文渊阁四库全书》第1023册，第9页。
② 《宋高僧传》卷二七，《高僧传合集》，第553页。
③ （五代）王定保：《唐摭言》卷一《统序科第》，清嘉庆学津讨原本。
④ （宋）高承：《事物纪原》卷三，清惜阴轩丛书本。
⑤ （宋）祝穆：《古今事文类聚》前集卷二六《仕进部》，《景印文渊阁四库全书》第925册，第408页。

科，登科人数达 6 600 余人①。及第者，不仅可以进入仕途，"一登龙门，则声价十倍"②，而且亲戚、友朋、邻里争相庆贺，整个社会投以艳羡，可谓名利双收。因此，科举考试在士人心目中的地位越来越高，诗人孟郊《登科后》诗云"昔日龌龊不足夸，今朝放荡思无涯。春风得意马蹄疾，一日看尽长安花"③，正道出登科后的喜不自胜。

每次科考放榜后，及第人员会聚集在一起进行一些庆祝活动："唐制，礼部放榜后，敕下之日，醵钱于曲江，为闻喜宴。"④ 醵，为众人合钱以聚饮食，说明当时大家是自发自愿自费的，纯属民间性质。闻喜宴设在曲江，后常设杏园，故又称曲江宴、杏园宴："杏园，在曲江池西，长三十里，唐进士赐宴于此。"⑤ 据《国史补》言，曲江大会本为下第举人所举，"其筵席简率，比之幕天席地"，其后渐加侈靡，"皆为上列所据，向之下第举人不复预矣"⑥。宴会之日，不仅登科之人欢聚互庆，上至皇帝，中至公卿士大夫，下至倡优商贾，毕集观瞻，热闹非凡：

> 曲江宴，唐初设以慰下第举人，其后弛废，而进士会同年于此。开元时，立为令典，造紫云楼于江边。至期，上率宫嫔垂帘观焉，命公卿士庶人酺，各携妾伎以往。倡优缁黄，无不毕集。……是日，商贾皆以奇货丽物陈列，豪客园户争以名花布道。进士乘马，盛服鲜制，子弟仆从随后，率务华侈都雅，推同年俊少者为探花使，有匿花于

---

① 参见刘海峰、李兵《中国科举史》附录一《历代登科表》，东方出版中心 2006 年版，第 444 页。
② （唐）李白：《与韩荆州书》，《全唐文》卷三四八，第 3531 页。
③ 《御定全唐诗》卷三七四，《景印文渊阁四库全书》第 1426 册，第 597 页。
④ 《事物纪原》卷三。
⑤ （明）李贤等：《大明一统志》卷三二，三秦出版社 1990 年版，第 566 页。
⑥ 《事物纪原》卷三。

家者罚之。①

宴饮之余,新科士子一一赋诗,以示纪念。所赋诗歌大都表达及第之后的心情,如徐寅《曲江宴日呈诸同年》"金榜连名升碧落,紫花封敕出琼宫",曹邺《杏园即席上同年》"岐路不在天,十年行不至。一旦公道开,青云在平地"等,也有参加之后追忆赋诗的,如白居易登第次年又作新诗《酬哥舒大见赠》:"去年与哥舒等八人同登科第,今叙会散之意"②。

至唐末五代,闻喜宴仍举办不辍,且渐为官制。《五代会要》载:"天成二年(927)十二月敕:'新进士及第有闻喜宴,今后逐年赐钱四百贯'。"③ 既有上赐,则已属官办性质。入宋,则明令官员介入主持。《册府元龟》载:"甲戌(974)诏曰:'起今后,每年新及第进士及诸科举人闻喜宴,宜令宣徽院指挥排比。'先是,礼部每年及第人闻喜宴,皆自相醵,敛以备焉。帝以优待贤隽,故有是命。"④ 后改为琼林宴,至明则沿为恩荣宴。

除聚宴以外,还会进行题诗留名活动:"进士题名,自神龙之后,过关宴后,率皆期集于慈恩塔下题名"⑤。慈恩寺为唐高宗在原废寺遗址上所建,亦在曲江之侧,去杏园未远,士子宴集之后则往此题诗,寺内建有塔,"雁塔在慈恩寺中,唐时进士题名于上"⑥。《国史补》载进士及第后,"列书其名于慈恩寺塔,谓之题

---

① (清)沈青峰等:《(雍正)陕西通志》卷七三,《景印文渊阁四库全书》第555册,第407—408页。
② 《御定全唐诗》卷七〇九、卷五九二、卷四三六,《景印文渊阁四库全书》第1430册、1429册、1427册,第169页、66页、329页。
③ (宋)王溥:《五代会要》卷二二,上海古籍出版社1978年版,第359页。
④ (宋)王若钦、杨亿等:《册府元龟》卷六四二,《景印文渊阁四库全书》第913册,第468—469页。
⑤ 《唐摭言》卷三《慈恩寺题名游赏赋咏杂纪》。
⑥ 《大明一统志》卷三二,第567页。

名会"①。据刘禹锡《嘉话录》称，"慈恩题名起自张莒，本于寺中开宴，偶题其同年，人因为故事"②。白居易一举中第，也曾赋诗云"慈恩塔下题名处，十七人中最少年"③。雁塔题名和曲江宴会，除会昌年间短暂取缔外，终唐未止，并为后世所袭，以成永制。明人倪岳曾对此有过梳理：

> 惟进士之有题名，其所由来久矣。盖自唐神龙间，杏园宴罢，皆题名于慈恩寺塔。至宋熙宁以来，闻喜宴罢，即立题名石刻。元复因之，遂为永制。国朝进士释褐之初，赐恩荣宴于礼部，立题名石于太学。礼意之隆，超越前古。④

题名之际，不免登塔远眺，临风赋诗。天宝年间，杜甫、岑参、高适、储光羲等一众诗人就曾游寺登塔，所赋《同诸公登慈恩寺塔》流传于时。它如萧至忠《奉和九月九日登慈恩寺浮图应制》"登高凌宝塔，极目遍王城"，欧阳詹《早秋登慈恩寺塔》"因高欲有赋，远意惨生悲"，卢宗回《登长安慈恩寺塔》"九重宫阙参差见，百二山河表里观"，杨玢《登慈恩寺塔》"莫上慈恩最高处，不堪看又不堪听"⑤等，或感怀，或豪迈，或悲凉。有时皇帝也会亲临寺院，与群臣唱和，如景龙二年（708）九月九日，中宗"幸慈恩寺，登浮图，群臣上菊花寿酒，赋诗"⑥，随仕众学士皆一一奉和。这些赋诗未必全部是在曲江宴后，但这恰恰表明了慈恩寺及寺中雁塔作

---

① （唐）李肇：《唐国史补》卷下，明津逮秘书本。
② 《事物纪原》卷三。按，关于雁塔题名始自何人，说法不一，可参唐人《登科记》、韦询《刘宾客嘉话录》、王定保《唐摭言》卷三、张礼《游城南记》、钱易《南部新书》卷乙等。
③ （清）陈鸿墀纂：《全唐文纪事》卷六二，上海古籍出版社1987年版，第776页。
④ （明）倪岳：《青溪漫稿》卷一六《溧阳县学进士题名记》，清武林往哲遗著本。
⑤ 《御定全唐诗》卷一〇四、卷三四九、卷四九〇、卷七六〇，分别见于《景印文渊阁四库全书》第1424册、1425册、1427册、1430册，第74页、382页、836页、479页。
⑥ （宋）计有功：《唐诗纪事》卷三，上海古籍出版社1987年版，第26页。

为唐代盛世的标志在唐人心目中的地位。

会宴曲江、题名雁塔于私可以起到人际交往、扩展人脉的作用，于公则可彰显君恩、歌咏盛世，因而成为每次科考放榜之后的一件大事，为历代所继承，由此衍生出了同年会、乡会乃至文会、文社等科举士子的结会立社。宋人赵昇就说"进士及第，各集乡人于佛寺作题，名乡会，此起于唐之慈恩寺塔也"[①]。

[①] （宋）赵昇：《朝野类要》卷一"题名"条，清武英殿聚珍版丛书本。

第三章
中国古代文人结社的发展

宋元是中国古代文人结社的发展与成熟期。民间会社遍布，为文人结社的兴起奠定了基础。科举制度的完善使宋代进入科举社会，形成庞大的科举人群，催生大量科举会社。赓承唐绪，诗社和怡老社团进入快速发展轨道，数量惊人，形态完备。佛教社团长足进步，出现了西湖莲社这样的典型社事。讲会、文社、词社等新型社事不断出现并有所发展。宋元文人结社在数量、规模、种类、组织结构等各个方面都有了显著发展，社事形态趋于成熟，为文人结社的全面繁盛作好了充分准备。

一、民间会社遍布

两宋商品经济空前繁荣，坊市界限打破，不仅城中闹市店铺林立，城外关厢也多有散布，形成了数量众多的新兴行业。各个行业大都有着自己的行会，其时称为团行，或者团、行、市等。南宋《梦粱录》的记载甚为详细："市肆谓之团行者，盖因官府回买而立此名，不以物之大小，皆置为团行，虽医卜工役，亦有差使，则与当行同也"；"其中亦有不当行者，如酒行、食饭行，而借此名"；"有名为团者,如城西花团、泥路青果团、后市街柑子团、浑水闸鲞鱼团";"又有名为行者,如官巷方梳行、销金行、冠子行、城北鱼行、城东蟹行……";"更有名为市者,炭桥药市、官巷花市、融和市、西坊珠子市、修义坊肉市……";又有"名为作分者,碾玉作、钻卷作、箆刀作、金银打钑行腰带作……","大抵杭是行都之处,万物所聚,诸行百市,自和宇门杈子外至观桥下,无一家不买卖者,行分最多,且言其一二"①。据统计,隋代洛阳丰都市内有120行,唐代长安东市有220行②,而据《西湖老人繁胜录》记载,当时"京都有四百四十行"③,远超前代,因此耐得翁就慨叹"大抵都下万物所聚,如官巷之花行所聚花朵,冠梳领抹极其工巧,古所无也"④。

这些团行本为工商经济团体,在规范经营、便利交易、接洽雇佣等同时,出于广告宣传、促进买卖尤其是祈求生意兴隆的目的,他们也会非常积极地参与当地的各种赛会活动。正月十六日,北宋东京除"宫观寺院皆放万姓烧香,如开宝、景德大佛寺等处,皆有乐棚作乐燃灯"外,"诸坊巷、马行、诸香药铺席、茶坊、酒肆,灯烛各出新奇,就中莲华王家香铺灯火出群,而又命僧道场打花钹,弄椎鼓,游人无不驻足"⑤。南宋杭州更是每遇神圣诞日,诸行市户俱有社会,如在东岳大帝诞辰三月二十八日,"诸行铺户献异果名花、精巧面食","舟车道陆,络绎往来,无日无之"⑥。团行组织凭借着经济实力参与各种迎神送神的赛会活动,对民间会社之风的盛行有着巨大的助推作用。

除工商团行以外,其他各行各业也都有自己的行会组织,一般

---

① (宋)吴自牧:《梦粱录》卷一三,《景印文渊阁四库全书》第590册,第105页。
② 古俊贤编著:《中国社团发展史》第五章,当代中国出版社2002年版,第91页。
③ (宋)西湖老人:《西湖老人繁胜录》,古典文学出版社,1956年版,第125页。
④ (宋)耐得翁:《都城纪胜》"诸行"条,《景印文渊阁四库全书》第590册,第3页。
⑤ (宋)孟元老:《东京梦华录》卷六,《丛书集成新编》第96册,第623页。
⑥ 《梦粱录》卷二,《景印文渊阁四库全书》第590册,第25页。

称之为会或社。《梦粱录》记载当时杭州的会社情况:

> 武士有射弓踏弩社,皆能攀弓射弩,武艺精熟,射放心亲,方可入此社耳。更有蹴鞠、打球、射水弩社,则非仕宦者为之,盖一等富室郎君风流子弟与闲人所习也。奉道者有灵宝会,每月富室当供持诵《正一经》卷……每遇神圣诞日,诸行市户俱有社会,迎献不一,如府第内官以马为社,七宝行献七宝玩具为社,又有锦体社、台阁社、穷富赌钱社、遏云社、女童清音社、苏家巷傀儡社、青果行献时果社、东西马塍献异松怪桧奇花社,鱼儿活行以异样龟鱼呈献豪富子弟,绯绿清音社、十闲等社有内官府第以精巧雕镂筠笼养畜奇异飞禽迎献者,谓为可观。①

此外,还有钱燔社、庚申会、斗宝会、茶汤会等。周密《武林旧事》卷三"社会"条也对杭州会社记载详细:"二月八日为桐川张王生辰,霍山行宫朝拜极盛,百戏竞集,如排绿社(杂剧)、齐云社(蹴鞠)、遏云社(唱赚)、同文社(耍词)、角觝社(相扑)、清音社(清乐)、锦标社(射弩)、锦体社(花绣)、英略社(使棒)、雄辩社(小说)、翠锦社(行院)、绘革社(影戏)、净发社(梳剃)、律华社(吟叫)、云机社(撮弄)。"② 它如耐德翁《都城纪胜》、西湖老人《西湖老人繁胜录》、孟元老《东京梦华录》等都有类似记载,统计下来仅有名称的会社就有七八十种。

在这些种类繁多的会社中,有一些属于艺文类会社。如绯绿社表演杂剧,因演出服装大红大绿而名;遏云社表演唱赚,用同一宫调中的若干支曲子组成套数进行歌唱;同文社表演耍词,一边说唱一边舞蹈;律华社表演吟叫,模仿市井叫卖之声。其它还有清音社

---

① 《梦粱录》卷一九,《景印文渊阁四库全书》第590册,第159—160页。
② (宋)周密:《武林旧事》卷三,《景印文渊阁四库全书》第590册,第200页。

表演清乐、雄辩社表演小说、绘革社表演影戏等。这些文艺会社往往与曲、诗、词以及讲唱文学等有着密切关联，虽主要是由民间艺人组成，表演各种技艺以娱乐市井大众，但其中可能也会有文人参与，而有些民间艺人本身就是"文人"。

书会就是宋元时期这样一种特殊的行会。书会由戏曲、说话艺人组成，其中进行底本创作的文人被称为才人或先生。资料显示，至迟在南宋时书会已然出现。宋末元初南戏剧本《张协状元》开篇即有"这番书会，要夺头名"，说明当时已有书会之间相互竞演的情形。元代书会兴盛，尤大都、杭州、扬州为夥，较著者如玉京书会、元贞书会、古杭书会、武林书会、九山书会等。这些书会中往往有一二领袖人物，如玉京书会的关汉卿、白朴，元贞书会的马致远，武林书会的萧德祥，九山书会的史九敬先、刘一捧等。同时围绕着这些领袖人物，在书会中还集聚着一大批才人、艺人，如玉京书会，仅锺嗣成《录鬼簿》所载的燕赵才人"自金之解元董先生，并元初汉卿关已斋叟已下"就有"百五十一人"①。各家书会为招揽观众，经常在勾栏瓦舍中对台唱戏，竞相演出。杂剧《蓝采和》的《梁州曲》即云"俺俺俺做场处见景生情，你你你上高处舍身拼命，咱咱咱但去处夺利争名。若逢对棚（即对台），怎生来装点的排场盛？倚仗着粉鼻凹五七并，依着这书会社恩官求些好本令"，正是对当时书会竞演的生动描述，而要想竞演胜出夺得魁元，就要依靠所有演员的倾力表演和书会才人编写出动人的剧本。才人书会本质上是一种行业组织，有着较为固定的编演人员和演出场所，活动目的多为盈利谋生，与文人结社并不相同，但他们的演出在市民中广受欢迎，本

---

① （元）贾仲明：《书录鬼簿后》，（元）锺嗣成：《录鬼簿》卷首，《续修四库全书》第1759册，第142页。

身又属于艺文类团体，许多文人直接参与其中，因此对结社立会之风的兴盛和文人结社的发展都有着促进作用。

宋元时期的民间风俗之会也是十分兴盛。每逢祭祀社神之日特别是春秋二社必定举行盛大集会，此不待言。以驱邪、禳灾、求雨为目的的神庙集会洎唐至宋已具规模，仅苏州一地就有东岳庙、夫差庙、春申君庙、伍员庙、圣姑庙、卜将军庙、三高祠、灵济庙、黄姑庙等。每逢特殊时日都会在这些庙宇中举行敬神娱神、迎神送神之会，上至地方官员下至担夫贩妇均参与其中，期间举办社火活动，"或骑或步，或为仙佛，或为鬼神，鱼龙虎豹，喧呼歌叫"[1]。而岁时节令之会更是应接不暇。正月人日，杭州有煎饼会，列为赏心乐事之一[2]。三月，"每于此月当牡丹盛开之际"，京城朝贵士庶"各出其花于门首及廊庑间，名曰斗花会"[3]。四月，成都士女在浣花溪百花潭泛舟，"置酒高会，设水戏渡"[4]。八月社日，杭州举行糕会[5]。十月，北方天寒，开封有暖炉会，"沃酒及炙胾肉于炉中，围坐饮啖"[6]。元代亦是如此。如六月避暑就常常举会："初伏日会监司，中伏日会职官以上，末伏日会府县官，皆就江渎庙设厅"；"初，文潞公建设厅，以伏日为会避暑，自是日以为常"；"赵清献公使限钱，但为初伏会"[7]。

在这些民间会社中，一方面文人会有参与其中。如谜社："隐语则有南北垕斋、西斋，皆依江右谜法，习诗之流萃而为

---

[1] （元）吕思诚：《灵瞻王庙碑》，（清）胡聘之：《山右石刻丛编》卷三八，清光绪二十七年刻本。
[2] 《武林旧事》卷一〇，《景印文渊阁四库全书》第590册，第286页。
[3] （宋）金盈之：《醉翁谈录》卷三《京城风俗记》，《续修四库全书》第1166册，第202页。
[4] （明）陈耀文：《天中记》卷五，《景印文渊阁四库全书》第965册，第198页。
[5] 《武林旧事》卷一〇，《景印文渊阁四库全书》第590册，第288页。
[6] （元）俞希鲁：《（至顺）镇江志》卷三"暖炉"条，清道光二十二年丹徒包氏刻本。
[7] （元）费著：《岁华纪丽谱》，民国景明宝颜堂秘笈本。

斋。"① 酒社："酒社我为敌,诗坛子有功""得以诗酒社,终身鱼稻乡"②。茶社："太学生每路有茶会,轮日于讲堂集茶,无不毕至者,因以询问乡里消息。"③ 至有镜社一类："王希默简淡无他好,惟以对镜为娱,整饰为须,终日无倦","居长洲,结亲友之蓄异镜者数人,间日会聚乐饮,各出镜传玩评品,抵掌极欢而罢,乡人目曰镜社。"④ 另一方面,一些粗识文字、略懂诗理的底层民众也试图加入文人会社："元祐间,荣天和先生客金陵,僦居清化市,为学馆,质库王四十郎、酒肆王念四郎、货角梳陈二叔皆在席下。"贩夫走卒、引车卖浆之人都可以加入诗社以"为平仄之学"。又有北方诗社,更是"一切人皆预焉",且不乏佳作者:"屠儿为《蜘蛛诗》,流传海内","'不知身在网罗中'亦足为佳句也"⑤。

这些文人与底层民众交织的会社,与遍布各行各业的工商行会、带有文艺性质的民间艺人会社、才人书会以及形形色色的节日会社,使得整个社会都弥漫着结社立会的氛围,加之唐五代以来形成的结社形式和习惯,入宋以后文人结社的大踏步发展也就有了历史基础和现实背景。

二、科举制度催生大量会社

科举制度发展至宋代更加完善,殿试的增设、"三元"之名的确定、废诗赋重经义、唱名赐第、三年一次考试等,各种规式越发细密,特别是弥封、誊录之法的实行,极大地增加了科考的公平

---

① 《都城纪胜》"社会"条,《景印文渊阁四库全书》第590册,第9页。
② (宋)苏轼:《东坡全集》卷四《元日次韵张先子野见和七夕寄莘老之作》、卷一一《乘舟过贾收水阁收不在见其子三首》,《景印文渊阁四库全书》第1107册,第94页、181页。
③ (宋)朱彧:《萍州可谈》卷一,《丛书集成新编》第117册,第107页。
④ 《天中记》卷四九,《景印文渊阁四库全书》第967册,第379页。陶穀《清异录》卷三、王鏊《姑苏志》卷六〇亦有此载。
⑤ (宋)吴可:《藏海诗话》,《历代诗话续编》上册,第341页。

性，加之朝廷优渥文士，这就吸引了大量文人走上科举从政的道路，形成了"读书人人有分"①的社会风气。据统计，宋代科举取士共115 427人，平均每年361人，这一数字是唐代的5倍、元代的30倍、明代的4倍、清代的3.4倍②，堪为历代之冠。而据毛佩琦《中国状元大典》，北宋有进士51 660名，南宋45 640名，两宋320年仅所取进士就有97 000余人，平均每年超过300人③，无论是总数还是年均数皆为历代之首。无怪乎叶梦得慨叹"本朝以科举取士，得人为最盛"④。可以说，宋代是一个真正的"科举社会""进士社会""白衣举子社会"⑤，由此形成了一个以科举为中心的特定人群，包括赴考者、登科者、落第者，登科之人也包括青云直上者、宦海沉浮者、仕途蹇涩者。相较唐代而言，宋代更大规模的科举群体所形成的游宦、贬谪以及以文酒诗会为中心的交往过从，"就成为宋代作家们的主要生存方式"⑥，也因此催生了各种各样的集会活动。

首先是朝廷举办的闻喜宴、琼林宴等官办之会。唐代已经形成惯例的曲江宴会、雁塔题名，到宋代仍被延续。开宝八年（975），太祖"赐新及第进士王嗣宗等钱百千，令宴乐"，太平兴国二年（977），太宗"亲试吕蒙正以下并赐及第，仍赐宴开宝寺，兼降御制诗二首赐之"⑦，至太平兴国八年（983），闻喜宴改为琼林宴，

---

① （宋）施德操：《北窗炙輠》卷上，清刻奇晋斋丛书本。
② 张希清：《论宋代科举取士之多与冗官问题》，《北京大学学报》1987年第5期，第106页、107页。
③ 刘海峰、李兵：《中国科举史》附录一《历代登科表》，东方出版中心2004年版，第447—458页。
④ （宋）叶梦得：《石林燕语》卷三，中华书局1984年版，第41页。
⑤ 钱穆：《中国历史研究法》，三联书店2001年版，第46页。
⑥ 王水照：《北宋洛阳文人集团与地域环境的关系》，《文学遗产》1994年第3期，第76页。
⑦ 《事物纪原》卷三。

这一年"进士始分三甲，自是锡宴就琼林苑"①，至景德二年（1005），"赐宴于琼林苑，自此为定制"。至于题名，则移至桂籍堂："宋朝之制，进士中第必赐名于桂籍堂，其事以唐人题名慈恩寺为始。"② 而且宋代帝王吸取唐代朋党教训，多施防弊之政，特设殿试，使所有登科之人都成为"天子门生"，以革除师生结党的可能性，与此同时也给登科士子极大隆遇，以示皇恩。太宗"留意斯文，每进士及第，赐闻喜宴，必制诗赐之，其后累朝遵为故事"③。仁宗"赐进士王尧臣等闻喜宴于琼林苑中，使赐御诗，又人赐御书《中庸》篇各一轴，自后遂以为常"④。除赐宴琼林之外，还会期集于兴国寺、相国寺。治平二年（1065）二月，英宗下诏："南省合格进士已降敕及著白襕重戴丝鞭，其进士二十四日于兴国寺东经藏院，诸科于相国寺东经藏院期集。"⑤

其次是士人群体的合醵之会。此种集会古已有之，唐代士人仿而为之："唐制，礼部放榜后，敕下之日，醵钱于曲江，为闻喜宴。"⑥ 至宋不辍："唱第之后，醵钱于曲江，为闻喜之饮。"⑦ 不仅登科士子为醵，"京师百司胥吏，每至秋，必醵钱为赛神会，往往因剧饮终日"⑧，乃至馆阁重臣亦莫能外："（苏）舜钦欲因其举乐，而召馆阁同舍，遂自以十千助席，预会之客亦醵金有差"⑨。这种醵合之会，大多是临时起意，所以比较随意，参与之人也比较随

---

① 《宋史》卷一五五，第3607页。
② 《事物纪原》卷三。
③ （宋）陈岩肖：《庚溪诗话》卷上，吴文治主编：《宋诗话全编》，江苏古籍出版社1998年版，第2786页。
④ （宋）王应麟：《玉海》卷三四，江苏古籍出版社、上海书店1987年版，第636页。
⑤ （清）徐松：《宋会要辑稿·选举二》，中华书局1957年版，第4250页。
⑥ 《事物纪原》卷三。
⑦ （宋）王栐：《燕翼贻谋录》卷一，中华书局1981年版，第4页。
⑧ 《石林燕语》卷五，第68页。
⑨ （宋）魏泰：《东轩笔录》卷四，《景印文渊阁四库全书》第1037册，第433页。

机，在组织形态上与偶然性的文人雅集相类，只是活动费用是由众人分摊。

再次是登科士子的同年之会。"同年"，是同一年登科之人的相互称谓，唐时已较常用。以《全唐诗话》所见，陈通方"登正元进士第，与王播同年"、"施肩吾与之（崔毂）同年，不睦"、秦韬玉准敕及第"以书谢，新人呼同年"、王涣"自左史拜考功员外，同年李德邻自右史拜小戎"① 等等，而"同榜及第聚会，则曰同年会"②。同科进士通过闻喜宴、琼林宴及期集相识之后，在以后的宦途中也会利用各种机会私下相聚，这种聚会的规模可能不比前者，但数量要多得多，是宋代同年会的主要形式。大中祥符五年（1012）进士蒋堂，"出镇余杭，以礼节用酒会同年，屯田郎中刘公，都官员外郎关公、葛公，观察推官张君五人，有唱和同年会燕之诗"③。此为相邀而聚也。大中祥符八年（1015）进士滕宗谅、魏兼访同年范仲淹，范仲淹赋《滕子京魏介之二同年相访于丹阳郡》诗云"长江天下险，涉者利名驱。二公访贫交，过之如坦途"，"相见乃大笑，命歌倒金壶。同年三百人，太半空名呼"④。此为寻访而聚也。宝元元年（1038）进士祖无择，与同科进士沈逊在金陵相逢，两人聚会畅饮，祖无择赋《途次金陵逢同年沈五判官》诗云"数载天涯别，年来不定居。扁舟忽相值，孤抱信何如"，沈逊亦赋有《和同年祖择之韵》诗"官下频无况，天涯每得书。旧怀长惋叹，此会合踌躇"⑤。此为不期而聚也。唐宋时期的同年会，一般

---

① （宋）尤袤：《全唐诗话》卷二、卷四、卷五、卷五，明津逮秘书本。
② 《朝野类要》卷五"同年乡会"条。
③ （宋）陈襄：《古灵先生文集》卷一一《同年会燕诗序》，《北京图书馆古籍珍本丛刊》第 87 册，书目文献出版社 1998 年版，第 95 页。
④ （宋）范仲淹：《范仲淹全集》卷三，四川大学出版社 2002 年版，第 51 页。
⑤ （清）厉鹗辑撰：《宋诗纪事》卷一八，上海古籍出版社 1983 年版，第 444 页、445 页。

规模都不是很大，二三人、六七人不等，也较少有固定的集会地点、集会时间，其进一步的发展要等到明代以后。

最后是备考士子所结的互助之会。为了参加科举考试，从维持生计到购书延师，从院塾游学到赶赴考场，从考试之资到落第再试，都需要大量经费支撑，而一介书生常年读书，不事生产，贫寒之人更无常产，要想实现科举及第的人生梦想，首先就要解决经济来源问题。解决的方式，概而言之，约有四种：一是政府设置太学、州学、县学及书院等，二是地方乡绅设立举子庄、贡士庄以及一些义田、义庄等，三是士人个人寄宿于寺院僧堂，四是士人之间筹资互助。受民间经济互助会社的启发，宋代备考士人常常会结成互助之会，如"庐山白鹿洞游士辐辏，每冬寒，醵金市乌薪为御冬备，号黑金社"①，就是集资购买薪炭以度寒冬的互助组织。这些组织常常会制订一些规约，美其名曰"义约"："是举以义为劝，亦惟相期于功名之会而已"，"诸君联翩青云，致身富贵，其毋忘韭盐时；后车十乘，从者数百，其毋忘聚粮时；一贵一贱，升沉不齐，其毋忘同盟时"，"能守是约，斯可谓义"②。据说义约是始自新喻人谢谔："贡士有义约，自艮斋先生谢谔始行之江西"③。因此在江南西路义约甚多，如南昌、丰城、新建"三邑合约，萃费以给东上，名三洲义约"，瑞州"为义者盛，岁大比，自三邑共为约、各邑自为约外，又有所谓同气义约者，昉于陈，继于蔡，今复有邹"④，抚州有崇仁义约，新淦有青云义约、魁星义约等⑤，仅宜丰

---

① （清）陈元龙：《格致镜原》卷五〇，《景印文渊阁四库全书》第1032册，第49页。
② （宋）洪咨夔：《平斋文集》卷二九《楚泮荣登义约序》，《景印文渊阁四库全书》第1175册，第301页。
③ （明）解缙、姚广孝等编：《永乐大典》卷八六四七，《四库全书存目丛书补编》第66册，齐鲁书社2001年版，第146页。
④ （宋）姚勉：《雪坡舍人集》卷三八《邹氏同宗义约序》，民国豫章丛书本。
⑤ 事见楼钥《攻媿集》卷七〇《跋抚州崇仁县义约》、文天祥《文山先生文集》卷九《新淦曾叔仁义约籍序》等。

姚勉《雪坡舍人集》一书中就有《新昌义约序》《古洪三洲义约序》《乙卯词赋义约序》《词赋义约序》《瑞州经赋义约序》等数种，可窥一斑。义约之丰，致有分科之约，按照科举考试的科目相互结约，如上举"乙卯词赋义约""词赋义约"等皆属此类。又有合科之约，如又新义约即是将词赋、明经二科合而为一："词赋明经，今世皆进士。士诣春官，合为约，义也；分而二之，有计多寡牟利心，非义矣。今复合，名约曰又新，'龙门客又新'之义也，亦分者又合之义也。"① 这种互助之会，在科举较为发达的江南东路、两浙西路、两浙东路、广南东路等其它地区也十分普遍②，例如福建的过省会和万桂社是为典型。真德秀对万桂社事载述甚详，藉此可以看到当时社中情形，兹引述于下：

> 林君彬之以万桂社规约示余，余叹曰："尝知饥者可以语耒耜之利，尝知寒者可以论蚕织之功，否则以为漫然而已。"忆余初贡于乡，家甚贫，辛苦经营，财得钱万。囊衣笈书，疾走不敢停，至都则已愈矣。比再举，乡人乃有为所谓过省会者（人入钱十百八十，故云），偶与名其间，获钱凡数万，益以亲友之贶，始舍徒而车，得以全其力于三日之试，遂中选焉。故自转输江左，以迄于今，每举辄助钱二十万，示不忘本也。吾乡去都，十日事尔，其难若是，则温陵之士，其尤难可知也。林君此约，其为益又可知也。盖纾其行以养其力，一也；无怵迫以养其心，二也；无匄贷以养其节，三也。一举而三益俱焉，此余所以深有取也。然吾乡与约者几千人，林君为此二十年矣，同盟仅三百有奇，濂溪杨公所以叹其不如莆之盛也。林君其思所以广之，使与者愈多，则获者愈厚，余所谓三益者，

---

① 《雪坡舍人集》卷三八《瑞州经赋义约序》。
② 参周扬波《宋代士绅结社研究》第二章，中华书局 2008 年版，第 53—58 页。

庶乎其可望也。①

可见当时的经费来源一是众人合醵，二是官绅捐资，社事规模则大者可致千人，小者也有上百人，与民间经济互助之社一般无二。

三、诗社数量激增

唐末以后，诗人结社多称"吟社"，或径称"诗社"。如廖融"唐末隐南岳，与逸人任鹄、凌蟾、王正己、王元共结吟社，自号衡山居士"②，南唐孙鲂"及吴武王据有江淮，文雅之士骈集，遂与沈彬、李建勋为诗社"③。

入宋以后，由于朝廷的右文政策使得文人地位抬升，他们往往集政治、军事、经学（理学）、文学（诗词文）于一身，同时科举考试的取士规模也远超唐代，文人群体和文学人口日益扩大，由此也带动诗词类结社大步向前发展。据有学者统计，宋代诗社共有80多家，甚或达到300多家④，数量大幅增加，已经可以与社事繁盛的明代相颉颃。而从相关文献记载来看，宋代大多数有影响的文人，北宋周敦颐、王安石、范仲淹、苏轼、黄庭坚等，南宋陆游、辛弃疾、范成大、杨万里、周必大、刘克庄等都曾有过结社行为。例如，林逋《寿阳城南写望怀历阳故友》"吟罢骚然略回首，历阳诗社久离群"，范仲淹《次韵和刘夔判官对雪》"含毫看不足，诗社好生涯"⑤，苏轼《次前韵答马忠玉》"河梁会作看云别，诗社何妨

---

① （宋）真德秀：《西山文集》卷二七《万桂社规约序》，《景印文渊阁四库全书》第1174册，第415—416页。
② （清）裘君弘：《西江诗话》卷一，《续修四库全书》第1699册，第421页。
③ （宋）马令：《南唐书》卷一三，《景印文渊阁四库全书》第464册，第313页。
④ 分见欧阳光《宋元诗社研究丛稿》（广东高等教育出版社1998年版）、陈小辉《宋代诗社研究》（江西人民出版社2014年版）。按，二书所收诗社均包括一般意义上的耆英会、真率会、尚齿会、九老会等怡老类社团。亦可参本书所附《中国古代文人结社年表》。
⑤ 傅璇琮等编：《全宋诗》卷一〇七、卷一六六，北京大学出版社1991年版，第1228页、1880页。

载酒从"①，辛弃疾《江神子》"咫尺西风诗酒社，石鼎句，要弥明"②，汪藻诗篇一出"便为诗社诸公所称"③，刘克庄《题唐察院诗卷》"未应径欲投吟社，谏草长留御榻傍"，直至宋末元初方回仍有《喜冯伯田至》"山城风物非他日，诗社交朋不数人"④，等等。与他们结社之人或为乡贤缙绅，或为同年幕僚，或为为官之时的当地士人。这种情况也与明清时期基本相仿。

北宋的诗社，最早可以追溯到宋太宗淳化初年（990）释省常在杭州昭庆寺主盟的西湖白莲社。社事采用以诗缔盟的方式开展活动，在长达三十年的时间里，编刻过《入社诗》《西湖莲社集》《续西湖莲社集》《钱塘西湖净社录》《莲社诗盟》《白莲堂诗》《莲社诗》等多部社团诗集，因而显示出了浓厚的文学色彩，以致于一些学者将其作为北宋最早的诗社。景祐年间安徽的九华诗社，虽名为"诗社"，但因是僧人招募主盟，社事状况与西湖莲社相类，立社宗旨主要还是为了弘法传教，本质上仍然属于宗教性质的会社。

就目前所见资料来看，宋代纯粹的诗社是宋神宗元丰七年（1084）贺铸的彭城诗社。贺铸《读李益诗》序云："甲子（1084）夏，与彭城诗社诸君分阅唐诸家诗，采其平生，人赋一章，以姓为韵。"⑤ 彭城，今江苏徐州古称。元丰五年（1082）八月贺铸领宝丰监钱官到徐州，元祐元年（1086）正月离任⑥，在此期间与当地士人结为诗社。贺铸《彭城三咏》序云："元丰甲子（1084），予与彭城张仲连谋父、东莱寇昌朝元弼、彭城陈师中传道、临城王适子

---

① 《东坡全集》卷一九，《景印文渊阁四库全书》第1107册，第288页。
② 唐圭璋编：《全宋词》第三册，中华书局1965年版，第1957页。
③ （宋）张世南：《游宦纪闻》卷三，中华书局1981年版，第23页。
④ 《全宋诗》卷三〇四四、卷三四九六，第36306页、41675—41676页。
⑤ （宋）贺铸：《庆湖遗老诗集》卷二，《景印文渊阁四库全书》第1123册，第218页。
⑥ 参夏承焘《贺方回年谱》，《唐宋词人年谱》，商务印书馆2017年版。

立、宋城王犴文举,采徐方陈迹分咏之。"① 贺铸《庆湖遗老诗集》中收有《题张氏白云庄》《招寇元弼兼呈白云庄张隐居》《留别张白云谋父》《部兵之狄丘道中怀寄彭城社友》等诸多吟咏之作。嗣后,结社风起。元祐初(1086),邹浩调任颍昌府教授,与故人苏京及崔鸥、裴仲儒、胥述之相盟结社,"先后唱酬,以是弥年",后苏京秩满,"裒所谓唱酬者,与众自为之者,与非同盟而尝与同盟唱酬者,共得若干篇,名之曰《颍川集》"②。大观四年(1110)、政和元年(1111)间,洪州徐俯与洪刍、洪炎、苏坚、苏子庠、潘淳、吕本中、汪藻、向子諲等人结社豫章,"为同社诗酒之乐"③。重和元年(1118)至宣和二年(1120),吴县叶梦得镇许昌,与韩璹、韩宗质、韩宗武、王实、曾诚、苏迨、苏过诸人结为诗社,"相从于西湖之上,辄终日忘归,酒酣赋诗,唱酬迭作,至屡返不已"④,作品辑为《许昌唱和集》。此外,曲周李若冰、崇仁欧阳彻、瑞安许景衡等均结有社⑤,难以一一枚举。

宋室南渡,结社之风不衰反盛。"靖康之难"发生以后,大量官员文士渡江,南宋结社迅速高涨,"诗社""结社""入社""社中"等词语频繁出现在诗人的诗歌作品及其所作序跋中。如郭印《再和〈宋南伯〉》"寄语社中友,休苦钓时名"⑥,周紫芝《次韵吴思道赠姑溪道人》"闻与道人新结社,懒云今不是常参"⑦,吴芾《和左达功春日见寄二首》"酒社知谁在,诗盟阻重寻"⑧,等等。

---

① 《庆湖遗老诗集》卷一,《景印文渊阁四库全书》第1123册,第199页。
② (宋)邹浩:《道乡集》卷二七《颍川诗集叙》,明成化六年刻本。
③ (宋)张元幹:《芦川归来集》卷九《苏养直诗帖跋尾》,清钞本。
④ (元)陆友:《陈眉公订正研北杂志》卷上,民国景明宝颜堂秘笈本。
⑤ 参《宋元诗社研究丛稿》下编。
⑥ (宋)郭印:《云溪集》卷四,《景印文渊阁四库全书》第1134册,第29页。
⑦ (宋)周紫芝:《太仓稊米集》卷五,《景印文渊阁四库全书》第1141册,第31页。
⑧ (宋)吴芾:《湖山集》卷五,《景印文渊阁四库全书》第1138册,第487页。

他如乐备、范成大、马先觉等结诗社,曹邍结豫章诗社,曾原一、绍定中与戴石屏结江湖吟社,赵芇江结东嘉诗社①,等等。

整体而言,北宋、南宋的诗社呈现着不同的分布规律。从社事总量上看,北宋共有诗社104家,南宋有206家,几乎是前者的两倍。这应当与党禁政策的松弛有一定关系。党争是宋代政治非常突出的事件,对于文学的影响既深且巨,凡今所论"荆公体""江西诗派""诚斋体"等皆不脱党争的影子②。北宋先后经过熙丰变法、元祐更化、崇宁党禁等,直至北宋灭亡而未消歇,南宋党争集中表现在和战之争、道学与反道学之争,也是一直到南宋灭亡。正因为如此,朝廷一直是禁止联结朋党的,但南渡之际,处于战乱之中的朝廷无暇及此,党禁政策有所松弛,由此会吟结社之风遂开。正如周必大所言"禁锢初开,诗社勃兴"③。

从时间分布上看,北宋诗社在英宗之前的百余年间仅有二十多家,英宗之后的六十余年间则有七十多家,特别是从神宗朝开始陡然增多,可见宋代诗社是从北宋中期开始兴起。这种情况当与王安石的变法相关。熙丰变法改变了宋初以来的羸弱局面,国力显著增强,即所谓"熙宁、元丰之间,中外府库,无不充衍"④,从而为诗人们结社吟唱提供了良好的社会条件。南渡以后诗社迅速增多,之后历朝社事数量一直居高不下,直到咸淳以后因元兵南侵、战乱动荡,失去了稳定的社会环境,结社之风才有所衰歇。

从地域分布上看,北宋诗社河南最多,其次是江苏和安徽,南宋诗社浙江最多,其次是江西、福建和江苏,而整个两宋时期以浙

---

① 参《江西诗社宗派研究》第三卷《宋诗之演变与江西诗社宗派之产生》、《宋元诗社研究丛稿》下编。
② 参沈松勤《宋代政治与文学研究》上篇,商务印书馆2010年版。
③ (宋)周必大:《文忠集》卷四六《跋百醉夫赵士暕诗卷》,《景印文渊阁四库全书》第1147册,第384页。
④ 《宋史》卷三二八,第10568页。

江居首，计有七十余家，占全部诗社的近四成。形成此种格局的因素有很多，突出的有二。一是政治文化中心的统领地位和辐射作用，故此北宋以河南、南宋以浙江诗社最多。二是江南地区的人文荟萃、山水秀美以及集会传统使得诗社比较集中在长江以南地区，浙江、江西、江苏、福建合计有一百七十多家，除去社事地点未可考知者，占整个两宋诗社的七成，即使是在北宋，江苏、浙江、江西、福建以及安徽南部等也有相当数量的结社①。两宋诗社非常显著地集中于江南地区，此后元明清三代这种"南多于北"的文人结社的总体格局就未再有改变。

两宋时期的结社还相对集中在一些特定城市，比如浙江的杭州和宁波。宋代杭州诗社称盛，无出其右，苏轼、陈师道、陆游、周必大、杨万里、史达祖、费士寅、周密、杨缵、汪元量等都曾在此结社，计有二十家诗社，历来为论者所重②。其中最为著称的就是西湖诗社，宋人灌圃耐得翁记述说："文士则有西湖诗社，此社非他社集之比，乃行都士夫及寓居诗人，旧多出名士。"③ 吴自牧亦云："文士有西湖诗社，此乃行都缙绅之士及四方寓流儒人，寄兴适情赋咏，脍炙人口，流传四方，非其它社集之比。"④ 宁波的结社主要是在月湖（亦名西湖）及其周边。唐僧宗亮与诸沙门率先结文会于此，宋初云门僧重现住明州（宁波古称）雪窦寺近三十年，门徒甚众，亦好为诗，进一步扩大宁波的人文影响。北宋嘉祐年间钱公辅知明州，疏浚月湖，筑堤造亭，离职后赋《众乐亭诗》二首，又邀请朝臣好友进行酬和，先后有王安石、司马光、郑獬、陈舜俞、邵必、吴充、张伯玉等十五人和诗二十首，邵亢撰写《众乐亭记》，刻为《众乐亭诗刻》

---

① 此处相关数据引自陈小辉《宋代诗社研究》第二章《北宋诗社》、第三章《南宋诗社》。
② 参《宋代诗社研究》第三章，第137页。
③ 《都城纪胜》"社会"条，《景印文渊阁四库全书》第590册，第9页。
④ 《梦粱录》卷一九，《景印文渊阁四库全书》第590册，第159页。

石碑，千年之后残碑仍保存在天一阁中。众乐亭酬唱因一众名士的参与成为北宋较有影响的雅事之一，也是宁波文人唱和之始，清代宁波人全祖望即云"吾乡湖上故迹，得见于诸宿老集中者，盖自是亭始"①。自此文人学士荟萃明州，酬唱结社代不乏人，一至明清，更是诗社林立，繁盛无比②。河南洛阳、开封，江苏南京、苏州，江西南昌等地与杭州、宁波相仿，社事也很集中，它们都是"京畿之地、富庶之区、文明之邦与开放之域"③，在政治、经济、地理环境、人文传统等方面具有显著优势，吸引着骚客词人汇聚于此进行结社唱和。

宋代诗社中最引人关注者莫过于江西诗社。"江西诗社"之名最早出自北宋末年吕本中的《江西诗社宗派图》，但社中成员是否确曾共同结社，一直存有争议。因为吕本中所列二十五人，并非限于江西一省，或为河南，或为山东，或为江苏；师承亦并非一家，或师杜甫，或师储、韦，或师"二苏"。经过考证，吕本中所言之"江西诗社"或许指的是吕氏本人曾经参与过的豫章诗社。豫章，本即江西南昌古称。张元幹《苏养直诗帖跋尾》云：

> 往在豫章，问句法于东湖先生徐师川（俯）。是时，洪刍驹父、弟炎玉父、苏坚伯固、子庠养直、潘淳子真、吕本中居仁、汪藻彦章、向子諲伯恭，为同社诗酒之乐。予既冠矣，亦获攘臂其间。大观庚寅（1110）、辛卯（1111）岁也。④

除张氏所列诸人外，洪朋、谢逸、李彭等与豫章诗社成员生活于同时、活动于同地，他们的诗文集中也有许多与社中成员的交游唱和

---

① （清）全祖望：《鲒埼亭集外编》卷一八《重修众乐亭记》，清嘉庆十六年刻本。
② 可参《天一阁·月湖历代诗词汇编》，宁波出版社2020年版。是书辑录自北宋至民国时期吟咏月湖和天一阁的诗词一千多首。
③ 曾大兴：《中国历代文学家之地理分布》第十一章第二节《文学重心的"四大节点"及其成因》，商务印书馆2013年版，第556页。
④ 《芦川归来集》卷九。

之作,应当也都参与过豫章诗社的活动①,因此与上列诸人一起被吕本中列入《江西诗社宗派图》中。不论江西诗派成员是否曾经共同结社,在当时人们已经以社集目之。史弥宁即云:"诗禅在在谈风月,未抵江西龙象窟。尔来结习莲社丛,谁欤超出行辈中?"②张孝祥亦云:"前日为子默作江西后社字,茫然莫知所谓。……敛然心服,真可作社头矣。"③吕本中则是更为明确的借用其时已经盛行的文人结社来为他的诗歌流派树帜立论,更易于被时人认可和接受。自吕本中造出"江西诗社"一词,后人遂递相袭用,如南宋周必大"江西诗社,山谷实主夏盟,四方人材如林,今以数计未为多也"④,陆九渊"由是江西遂以诗社名天下"⑤,金元好问"论诗宁下涪翁拜,未作江西社里人"⑥。

与江西诗社紧密相连的是江西诗派。"江西诗派"得名于《江西诗派诗集》。它是宋代唯一一个自称"流派"的文学流派,也是第一个有文献可查的将"派""社""诗"三者集于一身的文学流派。吕本中编辑《江西诗派诗集》,首次标举江西诗派旗帜,从此在中国诗歌史上诗就有了派别之称。宋陈振孙云:"诗派之说,本出于吕居仁。"⑦清厉鹗亦云:"自吕紫微作西江诗派,谢皋羽序睦州诗派,而诗于是乎有派。"⑧

宋、金对峙时期,金地也有诗会,如正大初,赵闲闲与陈正

---

① 参《宋元诗社研究丛稿》下编,第189—194页。
② (宋)史弥宁:《友林乙稿·赋桂隐用王从周镐韵》,《景印文渊阁四库全书》第1178册,第104页。
③ 《于湖居士文集》卷四〇《黄子默》。
④ 《文忠集》卷四八《跋杨廷秀赠族人复字道卿诗》,《景印文渊阁四库全书》第1147册,第402页。
⑤ (宋)陆九渊:《象山先生全集》卷七《与程师》,《四部丛刊》景明嘉靖本。
⑥ (金)元好问:《遗山先生文集》卷一一,《四部丛刊》景明弘治本。
⑦ (宋)陈振孙:《直斋书录解题》卷一五,清武英殿聚珍版丛书本。
⑧ (清)厉鹗:《樊榭山房集》文集卷三《查莲坡蔗塘未定稿序》,《四部丛刊》景清振绮堂本。

叔、潘仲明、雷希颜、元裕之诸人"作诗会,尝赋《野菊》"①。入元,其风不衰,如至元二十四年(1287)王恽"征贤合友,禊饮林氏花圃,寻盟而至者凡一十二人",至元三十一年(1294)王明之"置酒潭上,邀翰林诸公为一日之娱"②等等,在这样的氛围当中,诗社得以继续发展。

元代诗社主要集中在元初和元末。在元初的一二十年里,承继宋代遗风,诗社较多。入元,括苍王镃弃印绶,归隐湖山,"与尹绿坡、虞君集、叶柘山诸人结社赋诗"③。至元中后期,丰城熊升与陈焕在龙泽山倡诗会,"一会至二百人,衣冠甚盛,觞咏率数日乃罢","邻郡闻之,争求其韵,赓和愿入社"④。浦城谢翱避地浙东,往来鄞越之间,与友人"盟诗社",名曰汐社⑤。至元末,上饶徐耕道与"宗族乡党相倡和,命诗社曰明远,并主邻社香林"⑥。丰城甘果"与邑人蔡黻、熊坦等十人结社龙泽山中"⑦。元朝初期出现了大量遗民,致有"古之遗民,莫盛于宋""两汉而下,忠义之士至南宋之季盛矣"⑧的说法,这一时期的诗人结社也大都带有遗民色彩。

在元初的文人结社中,影响最大的当推月泉吟社。《钦定四库全书总目》云:

---

① (金)刘祁:《归潜志》卷八,中华书局1983年版,第90页。
② 《秋涧集》卷四二《上巳日林氏花圃会饮序》、《玉渊潭谯集诗序》,《景印文渊阁四库全书》第1200册,第540页、547页。
③ 《宋诗纪事》卷八〇,第1934页。
④ (元)赵文:《青山集》卷六《熊刚申墓志铭》,《景印文渊阁四库全书》第1195册,第81页。
⑤ (宋)何梦桂:《潜斋集》卷六《汐社诗集序》,清钞本。方凤《存雅堂遗稿》卷三《谢君皋羽行状》亦有载。
⑥ (元)戴表元:《郯源集》卷一七《徐耕道迁葬碣》,清宜稼堂丛书本。
⑦ (元)揭傒斯:《揭文安公全集》卷一三《甘景行墓志铭》,四部丛刊景旧钞本。
⑧ (清)邵廷采:《思复堂文集》卷三《宋将作监簿修竹先生传》、《宋遗民所知录》,浙江古籍出版社2012年版,第198页、199页。

> （吴渭）入元后退居吴溪，立月泉吟社。至元丙戌、丁亥间（1286、1287），赋《春日田园杂兴》诗，限五七言律体，以岁前十月分题，次岁上元收卷，凡收二千七百三十五卷。延致方凤、谢翱、吴思齐评其甲乙，凡选二百八十人，以三月三日揭榜。①

吴渭将中选的 280 人中前 60 人诗作共 74 首编次成集，刊为《月泉吟社诗》，前有约文、题意、誓文、诗评等，其中约文云：

> 本社预于小春月望命题，至正月望日收卷，月终结局。请诸处吟社用好纸楷书，以便誊副而免于差舛。明书州里姓号，以便供赏，而不致浮湛。切望如期差人来问，浦江县西地名前吴吴知县位（渭）对面交卷，守回标照应，俟评校毕，三月三日揭晓，赏随诗册分送。此固非足浼我同志，亦姑以讲前好求新益云。②

可见，月泉吟社虽然只是一次文人征诗活动，带有赛诗会的性质，但它有明确的社名、专任的社长、固定的社所，社事活动也有一定程序：出题征诗、收卷品评、第次奖赏、编裒刊行，以社团史的眼光来看，月泉吟社在社事形态上已经非常成熟，为明清时期的文人结社提供了模板。

元代文人群体众多，以致对文学格局有着重大影响，如宋遗民文人群、元初中期馆阁文人群、西域文人群、浙东文人群、铁崖文人群等③，至后期东南地区形成割据局面，文人名士争相趋附，一时之间雅集会社卓为频繁。临川饶介豪于诗，"尝大集诸名士，赋

---

① 《钦定四库全书总目》卷一八七，第 2625 页。
② （宋）吴渭：《月泉吟社诗》卷首，《景印文渊阁四库全书》第 1359 册，第 619 页。
③ 参邱江宁《元代文人群体的地理分布与文学格局》，中华书局 2021 年版。

《醉樵歌》"①,张简、高启、杨基居前三甲。天台刘仁本仿王羲之兰亭雅集,"合瓯越来会之士,或以官为居,或以兵而戍,与夫避地而侨,暨游方外者",凡四十二人,"同修禊事","仍按图取晋人所咏诗,率两篇。若阙一而不足者,若二篇皆不就者,第各占其次补之。总若干首,目曰续兰亭会"②。吴县缪思恭任嘉兴路同知,组织南湖诗会,"与会分韵者一十有四人",越二年曹睿"复集诸公于景德寺","亦一十有四人"③,日以文酒酬唱,作品辑为《至正庚辛唱和诗》一卷。在这些集会中,以顾瑛玉山雅集声名最著。顾瑛"早擅文章,又爱通宾客,四方名士无不延致于玉山草堂"④,集会时"随兴所至,罗樽俎,陈砚席,列坐而赋,分题布韵,无问宾主",所作"歌行比兴,长短杂体,靡所不有"⑤。《四库全书总目》收有《玉山名胜集》,提要云:"考宴集唱和之盛,始于金谷、兰亭;园林题咏之多,肇于辋川、云溪;其宾客之佳,文词之富,则未有过于是集者。"又收有《草堂雅集》,提要称"自陈基至释自恢,凡七十人","元季诗家,此数十人括其大凡"⑥。亲预其事者杨维桢亦云:"《草堂雅集》之出于家而布于外也,集自余而次,凡五十余家,诗凡七百余首"⑦。而据今人考订,"与顾瑛交游唱和,参与玉山雅集者,多达百人,今存诗篇,在5 000首以上"⑧,或谓

---

① (清)赵翼:《廿二史劄记》卷三〇"元季风雅相尚"条,清嘉庆五年湛贻堂刻本。
② (元)刘仁本:《续兰亭序》,李修生主编:《全元文》第60册,江苏古籍出版社2004年版,第319—320页。
③ (清)朱彝尊:《静志居诗话》卷二,人民文学出版社1990年版,第42页。《檇李诗系》卷六载有《庚辛唱和诗》。
④ 《钦定四库全书总目》卷一八八,第2636页。
⑤ (元)李祁:《云阳集》卷六《草堂名胜集序》,《景印文渊阁四库全书》第1219册,第691页。
⑥ 《钦定四库全书总目》卷一八八,第2636页。
⑦ (元)杨维桢:《东维子集》卷七《玉山草堂雅集序》,《景印文渊阁四库全书》第1221册,第440页。
⑧ 杨镰:《顾瑛与玉山雅集》,《西南民族大学学报》2008年第9期,第136页。

大小雅集70余次、前后共计160余人①。元亡明兴，朱元璋谪迁吴中富民于濠梁，顾瑛偕往，一代胜事遂消歇于无形。

泰定以后，元廷朝政混乱，各地起义接连不断，其他地方也都形成大大小小的割据政权，与东南地区相似，文人们或者依附割据政权，或者采取避世远祸之态，得以集聚一地，登临唱和。如孙蕡诸人结南园诗社、方朴诸人结壶山文会、高启诸人结北郭诗社、徐津诸人结澄江诗社等。清人赵翼称"元季士大夫好以文墨相尚，每岁必联诗社"，"自南宋遗民故老，相与唱叹于荒江寂寞之滨，流风余韵，久而弗替，遂成风会"②，正指出元代文人结社在元初和元末的两度兴盛以及两者之间的关联性。而这些元季社事往往成为明初文人结社的肇端，甚或对整个明代文人结社的分布格局也有一定影响。

四、怡老社团蓬勃发展

自唐代白居易等香山九老会开端，至宋怡老社团密集出现。据今人考订，宋代怡老类社团约在五十家左右③，仅据周密《齐东野语》一书就载有多例：

> 宋至道九老，则集于京师。张好问、李运、宋祺、武允成、吴僧赞宁、魏丕、杨徽之、朱昂、李昉，然此集竟不成。
>
> 至和五老则杜衍、王涣、毕世长、朱贯、冯平。时钱明逸留钥睢阳，为之图象而序之。
>
> 元丰洛阳耆英会凡十有二人。富弼、文彦博、席汝言、王尚恭、赵丙、刘凡、冯行己、楚建中、王谨言、王拱辰、张问，司马光用唐狄兼谟故事预焉。温公序之，图形妙觉僧舍，

---

① 邱江宁：《元代文人群体的地理分布与文学格局》第三章，第680页、681页。
② 《廿二史劄记》卷三〇"元季风雅相尚"条。
③ 参《宋元诗社研究丛稿》下编、《宋代诗社研究》第八章。前者考订怡老社团十余家，后者补考四十余家。

其后又改为真率会云。

吴兴六老之会,则庆历六年(1046)集于南园。郎简、范锐、张维、刘余庆、周守中、吴琰。时太守马寻主之,胡安定教授湖学,为之序焉。

吴中则元丰有十老之集,为卢革、黄挺、程师孟、郑方平、闾丘孝终、章岵、徐九思、徐师闵、崇大年、张诜,米芾元章为之序焉。①

兹按时间顺序略述几例。

北宋天圣二年(1024),丞相李昉致仕,欲与宋琪、杨徽之、释赞宁等九人结九老会,"会蜀寇作乱,朝廷出师不果而罢"②。庆历中,徐祐屏居于吴,"时叶公参亦退老于家,同为九老会,晏元献(殊)、杜正献(衍)皆寓诗以高其趣"③,虽称九老,实际与会仅五人。至和三年(1056),祁国公杜衍退居睢阳,与王涣、毕世长、朱贯、冯平结为五老之会,"吟醉相劝,士大夫高之",欧阳修闻而叹慕④。元丰元年(1078)浦城章岵出任苏州太守,期间与徐师闵、元绛、程师孟、闾丘孝终等人"相与继会昌洛中故事,作九老会",章岵"置酒何乐,会诸老于广化寺",又"赋诗为倡,诸公皆属而和之,以为吴门盛事"⑤。南宋绍兴间,赵子昼寓居衢州,程俱与其相约继举九老会,并赋诗云"相期勉继耆英会,留与衢城作画屏"⑥。绍兴十一年(1141),舒州朱翌因事忤秦桧,被贬韶

---

① (宋)周密:《齐东野语》卷二〇,中华书局1983年本,第367—368页。此处摘引时将原文中所注官职、年龄等尽皆略去。
② (宋)王禹偁《小畜集》卷二〇《右街僧录通惠大师文集序》,《景印文渊阁四库全书》第1086册,第197页。
③ (宋)龚明之:《中吴纪闻》卷二,《丛书集成新编》第95册,第30页。
④ (宋)王闢之:《渑水燕谈录》卷五,《景印文渊阁四库全书》第1036册,第496页。
⑤ 《中吴纪闻》卷四,《丛书集成新编》第95册,第56页。
⑥ (宋)程俱:《北山小集》卷一〇《与叔问预约继九老会》,四部丛刊续编景宋写本。

州，与郭侯、释仲晚议举真率会，赋诗云"尺书相与盟真率，岭海风流似洛京"①。嘉定十五年（1222），春社次日，建阳刘燫等十三人举尊老会于西山精舍，赋诗云"休谈洛社遗风旧，且颂仙游庆事新"②。宋元之际，平江鲁仕能、仕行兄弟与邑人吴钘、逸士方采等结九老会，"每岁值菊金蓉锦之时，择山水胜处更迭主会"③。

与诗社状况相似，怡老社团北宋时以洛阳为夥，南宋时以宁波为盛。宁波自众乐亭酬唱之后，耆老唱和之风遂开。元丰、元祐间，慈溪舒亶先迁居锦里桥，后罢官亦居四明几二十年，唱和月湖之滨，"则有若丰清敏公、鄞江周公、懒堂舒氏，而寓公则陈忠肃公、景迁晁公之徒预焉"④。至南宋绍兴中，鄞人王珩、蒋璿、顾文、薛朋龟、汪思温"归老于乡，俱年七十余"，为五老会。稍后，王、薛辞世，济南王次翁致仕后寓居明州，复与蒋、顾、汪三人及高闶、吴秉信等嘉慕依风，"议为八老会"⑤，谓为八仙人。淳熙间，四明有尊老会，"乡老十人皆年八十"⑥，右丞相史浩罢相闲居，参与其事。又有五老会、六老会，史浩为赋《五老会致语口号》《六老会致语》。绍熙间，汪大猷致仕归乡，举有真率会，"为作真率集，率以月为期"，"一乡有善士，收拾略不遗"⑦，辞世后其甥楼钥继续主盟会事。清代鄞人全祖望留心当地社事，载述甚详："建炎而后，汪太府思温、薛衡州朋龟、王宗正珩，相与为五老之

---

① （宋）朱翌：《灊山集》卷二《同郭侯僧仲晚至武溪亭议真率会》，清知不足斋丛书本。
② （宋）刘燫撰，（明）刘梗编：《云庄集》卷一《壬午春社之明日，讲尊老会于西山之精舍，庞眉皓首，奕奕相照，真吾邦希阔之盛事，辄成口号一首，并呈诸耆寿，且以坚异日恬退之约云》，《景印文渊阁四库全书》第1157册，第334页。
③ （清）曾国荃：《（光绪）湖南通志》卷三四"平江县"条，清光绪十一年刻本。
④ 《鲒埼亭集外编》卷二五《句余土音序》。
⑤ （宋）楼钥：《攻媿集》卷七五《跋蒋亢宗所藏钱松窗诗帖》，清武英殿聚珍版丛书本。
⑥ （宋）史浩：《鄮峰真隐漫录》卷四七《最高楼》题注，清乾隆刻本。
⑦ （宋）楼钥：《约同社往来无事形迹次韵》，《全宋诗》卷二五四九，第29547页。

会","乾道、淳熙之间,丞相魏文节公杞、史文惠公浩并归田,张武子、朱新仲、柴张甫皆其东阁之彦,寓公则王季彝、葛天民之徒预焉","庆元、嘉定而后,杨文元公、袁正献公、楼宣献公,寓公则吕忠公,多唱和于史鸿禧碧沚馆中","同时高疏寮、史友林,别有诗坛,则从事于苦吟者也","史枢密宅之兄弟,偕郎婿赵侍郎汝楳辈,在湖上又为一社","咸淳而后,甬上之士不见用,礼部尚书高衡孙、军器少监陆合、知汀州汪之林而下四十余人,一月为一集"。即使到了宋亡以后,仍然"遗老自相唱酬","深宁王公为主盟,陈西麓尤工诗,寓公则舒阆风、刘正仲之徒咸预焉","已而有陈子翚、郑奕夫、徐本原、章垒诸君嗣之","其后则郑以道、蒋敬之、王遂初称继霸焉",此可谓"宋元三百年间,吾乡社会之略也"①。

如果说宁波怡老社团多为本地士人或寓居当地者所立,地域色彩比较浓厚的话,那么洛阳的怡老社团因有文彦博、富弼、司马光等朝中重臣的主盟在当时全国的影响要大得多,其政治色彩较为浓厚。元丰三年(1080),文彦博因反对王安石变法而退居洛阳,与范镇、张宗益、张问、吏炤结为五老会,文彦博赋《五老会诗》称颂云"四个老儿三百岁,当时此会已难伦","喜向园林同燕集,更缘尊酒长精神"②。五年(1082)富弼致仕,"慕唐白乐天九老会,乃集洛中公卿大夫年德高者为耆英会",预会者十三人,"诸老须眉皓白,衣冠甚伟,每宴集,都人随观之"③。次年,文彦博再与程珦、司马旦、席汝言作同甲之会,"四人三百十二岁,况是同生丙午年。招得梁园同赋客,合成商岭采芝仙"④。其后,司马光"与

---

① 《鲒埼亭集外编》卷二五《句余土音序》。
② (宋)文彦博:《潞公集》卷七《五老会》,明嘉靖五年刻本。
③ (宋)邵伯温:《邵氏闻见录》卷一〇,中华书局1983年版,第104—105页。
④ 《潞公集》卷七《奉陪伯温中散程、伯康朝议司马、君从大夫席于所居小园作同甲会》。

数公又为真率会","皆洛阳太平盛事也"①。可见，这个怡老社群由文彦博五老会到富弼耆英会再到司马光真率会，递相结纳，相互交织，主盟者和参与者都与当时的变法革新运动紧密相关。元丰八年（1085）神宗驾崩，变法运动随之失败，怡老社成员纷纷复出，有的还登上高位要职，如司马光擢升宰相、文彦博特授太师等，社事活动自然也就逐渐淡去。

在洛阳的怡老社群中，富弼耆英会向为论者所重，文献记载亦较详细。司马光《洛阳耆英会序》云：

> 元丰中，文潞国公留守西都，韩国富公纳政在里第自馀，士大夫以老自逸于洛者于时为多。潞公谓韩公曰："凡所为慕于乐天者，以其志趣高逸也，奚必数与地之袭焉。"一旦，悉集士大夫老而贤者于韩公之第，置酒相乐，宾主凡十有一人。既而，图形妙觉僧舍，时人谓之洛阳耆英会。②

据司马光所言，在入宋之初，洛阳已有怡老会之举："昔白乐天在洛，与高年者八人游，时人慕之，为九老图传于世。宋兴，洛中诸公继而为之者凡再矣，皆图形普明僧舍。"普明，系白居易故第，显然社事渊于香山九老会。会凡十二人，其中富弼、文彦博、席汝言、王尚恭、赵丙、刘几、冯行已、楚建中、王慎言、张问、张焘等皆年七十以上，司马光"未及七十，用狄监卢尹故事，亦预于会"③。"狄监""卢尹"是香山九老会中的秘书监狄兼谟、河南尹卢真的简称，当时二人亦"以未七十"，"虽与会而不及列"④。

---

① 《邵氏闻见录》卷一〇，第105页。
② （宋）司马光：《温国文正公文集》卷六五，《四部丛刊》景宋绍兴本。
③ 《温国文正公文集》卷六五《洛阳耆英会序》。
④ 《香山九老会诗》卷首《香山九老会诗序》，第379页。

与香山九老会相较,洛中耆英会也是一群耆老雅集,酒、诗、图一体,宗旨都是怡情娱老。所不同者,洛中耆英会除无释家列名其中外,最大一点还是专门订有《会约》。司马光受文彦博所嘱,不仅撰有《洛中耆英会序》,还拟订会约八条:

> 序齿不序官;为具务简素;朝夕食各不过五味;菜果脯醢之类各不过三十器;酒巡无算,深浅自斟,主人不劝,客亦不辞,逐巡无下酒时,作菜羹不禁;召客共用一简,客注可否于字下,不别作简,或因事分简者听;会日早赴,不待促;违约者,每事罚一巨觥。①

归纳起来,这份会约从五个方面对会事作出规定。一是排序尚齿,此从香山九老会承继而来,即司马光所言"洛中旧俗,燕私相聚,尚齿不尚官,自乐天之会已然"②。二是会务尚简,餐具、主食、佐酒果脯等一切从简,此类聚会一般是轮流作东,如此规定可以避免攀比铺张,与当时提倡节俭之风正合。三是参会尚便,能否与会注于召客简中即可,若"因事分简"亦一任其便,能够与会的人在饮酒时喝多喝少全凭己意,不能喝主人也不勉强。四是赴会尚早,不要让东道主催促。五是违约尚罚,每违约一项就罚酒一大杯作为小小的惩戒。这些规定显然比香山九老会仅言"尚齿之会"③要详细得多,主持者操办会务和参与者欢饮有度都有了明确依据。就社团发展而言,洛阳耆英会制订会约,不仅给后来的文人社团提供了

---

① 《说郛》卷七五下《洛中耆英会会约》,《景印文渊阁四库全书》第880册,第257页。按,《说郛》所载仅七条,然元祝诚《莲塘诗话》卷下、明单宇《菊坡丛话》卷一二、清张玉书等《御定佩文韵府》卷二三等,"会日早赴,不待促"均单列一条。
② 《温国文正公文集》卷六五《洛中耆英会序》。
③ 《香山九老会诗》卷首《香山九老会诗序》,《丛书集成续编》第113册,第379页。

借鉴，即所谓"仿洛下旧制"①"循洛社之例"②"修香山洛社故事"③云云，而且反映出会中诸人已经具有鲜明的结社意识，这对于整个文人结社的发展来说也是至关重要，因为一个社团的规约往往体现着这个社团的建社宗旨、组织形式、活动方式、成员要求等，最能反映社团的特点。自此之后，文人结社进行订约即为常见，明清时期更是十分平常，不仅怡老社团如此，诗社、文社以及讲会、佛社等亦多有约定。洛阳耆英会虽是文彦博、富弼、司马光等人效仿白居易而立，但在后世"香山""洛社"已可并驱，成为雅老耆宿共同追慕的对象。

五、佛教社团取得长足进步

宋代佛教社团长足发展，至少有三个方面的社会背景。一是佛教在民间进一步普及，佛会斋会频繁。宋代佛教兴盛，僧尼、寺庙、教派、经书皆远超前代，全面繁荣。由此，民间信佛、崇佛、拜佛之会也随之大增，仅《梦粱录》所载就有朝塔会、西归会、受生寄库大斋会、供天会、放生会、净业会等④。江苏昆山，会事兴盛，每岁节"山寺有岁忏，为佛会一月"，二月"景德寺有释迦涅槃，双林会尤盛"，四月八日"尼寺设饭茶供，名无碍会"⑤。四月八日为释迦牟尼佛诞辰，各地更是设有无碍会、庆赞大会等，官府虽禁不止，"岁无时节，率以三二日，或集民居，或聚社庙，阇闾翁妪，较食谇语，来赴者亦数百人"⑥。元代亦有佛会，如速哥好

---

① （宋）释道璨：《柳塘外集》卷四《中沙张公先生墓志铭》，民国宋人集本。
② （明）吴宽：《家藏集》卷四四《送陈都宪玉汝赴南京诗序》，《景印文渊阁四库全书》第1255册，第395页。
③ （清）梁章钜：《沧浪亭志》卷六《杂缀》，清道光七年刻本。
④ 《梦粱录》卷一九，《景印文渊阁四库全书》第590册，第160页。
⑤ （宋）项公泽修，凌万顷、边实纂：《（淳祐）玉峰志》卷上《风俗》，《宋元方志丛刊》第1册，第1061页。
⑥ （宋）梁克家修纂：《（淳熙）三山志》卷四〇《土俗类》，《宋元方志丛刊》第8册，中华书局1990年版，第8249页。

佛,"施千金修龙宫寺,建金轮大会,供僧万人"①。二是民间社祭与宗教活动合并,出现"并社为会"现象。昆山在每年四月望日:"山神诞,县迎神,设佛老,教以祈岁事,并社为会。"②这一习俗延至元代:"望日,庆山神诞,县迎神,设佛老会,以祈岁事。"③三是儒家人士效仿慧远白莲社事,与僧人共同结社。开一代儒学新风的周敦颐即为显例。据《江西通志》载:"世传真净禅师住归宗,(周)元公往与之游,因结青松社。"④《庐山记》则载:"宋元丰中,真净禅师住归宗,时濂溪周先生归老庐山,数至归宗,因结青松社,以踵白莲社。"⑤

唐代形成的僧人与士人共同结社赋诗的方式入宋后仍为绍续。北宋时,"九僧"之一释惟凤与释智圆、李建中、魏野等洛阳分题,"率皆彩笔奇绝,理旨峭拔",可"并驱于赋咏之途,争雄于文翰之域"⑥。释云逸能诗,住持旃檀庵三十年,"结吟梅社以延客,效流觞曲水故事"⑦。泉州开元寺僧法辉禅余以诗自娱,"与吕缙叔、石声叔、陈原道、释居亿、居全为同社"⑧。南宋时,释仲晚与朱翌、郭侯等立真率会:"八人过处草齐绿,一日去来花笑迎","衲子自知空是色,将军要使酒犹兵","尺书相与盟真率,岭海风流似洛京"⑨。释宝印与杨仲约、冯时行等十五人集于成都梅林,"以'旧

---

① 《元书》卷五〇,《四库未收书辑刊》第四辑第15册,第384页。
② 《(淳祐)玉峰志》卷上《风俗》,《宋元方志丛刊》第1册,第1061页。
③ (元)杨譓纂修:《(至正)昆山郡志》卷一《风俗》,《宋元方志丛刊》第1册,第1113页。
④ (清)谢旻修:《江西通志》卷一三四《濂溪书院记事》,《景印文渊阁四库全书》第517册,第753页。
⑤ 《御定佩文韵府》卷五一,《景印文渊阁四库全书》第1011册,第613页。
⑥ (宋)释智圆:《拟洛下分题并序》,《全宋诗》卷一二八,第1497页。
⑦ 曹允源、李根源纂:《(民国)吴县志》卷七七上,民国二十二年苏州文新公司铅印本。
⑧ (清)郑方坤:《五代诗话》卷八"法辉"条,清粤雅堂丛书本。
⑨ 《灊山集》卷二《同郭侯僧仲晚至武溪亭议真率会》。

时爱酒陶彭泽,今作梅花树下僧'为韵,分题赋诗"①。

  由宋入元,朝廷尊崇佛教,加之汉人地位较低,因此士人逃禅入佛十分常见,僧侣作诗也就极为普遍。整个元代至少有180余位诗僧、近3 000首诗作,"约在35首元诗中就有一首僧诗"②,他们与在俗士人的交往唱和不亚于前。释普仁举雪堂雅集,与者十九人:"尝即寺雅集,自鹿庵、左山二大老以下,至野斋、东林,凡一十九人,作为文字,道其不凡,时方之庐阜莲社云。"③ 释悦堂与殷奎、谢应芳在昆山结为真率之会,"月为一集,日以朔望","乡饮月约燕游,宾客合并,赋咏流播","数十年犹一日也"④。释白云与刘仁本、赵俶、谢理等四十二人修禊赋诗,名曰续兰亭会,"著单袷之衣,浮羽觞于曲水,或饮或酢,或咏或歌"⑤。按朱彝尊《静志居诗话》,成员中尚有释福报、释寿智、释净昱等多位僧人⑥。此外,在元初吴渭的月泉吟社中、元末顾瑛的玉山雅集中,也都不乏僧踪佛影,即所谓"仙翁释子亦往往而在"⑦。

  在这些会社中,需要大书特书一笔的是西湖白莲社。西湖白莲社又名西湖莲社、西湖净社、白莲社、昭庆寺结社等。由于可见资料甚少,此社在相当长时期内未引起关注。今所存《圆宗文类》卷二二从高丽《义天集》中辑有钱易撰于大中祥符二年(1009)《钱唐西湖昭庆寺结净社集总序》、丁谓撰于景德三年(1006)《西湖结

---

① (宋)吕及之:《梅林分韵得爱字并序》,《宋诗纪事》卷五二,第1303—1304页。
② 邓绍基:《元代僧诗现象平议》,《中国社会科学院研究生院学报》2005年第3期,第62页。
③ 《秋涧集》卷五七《大元国大都创建天庆寺碑铭并序》,《景印文渊阁四库全书》第1200册,第749页。
④ (明)殷奎撰,余爖编:《强斋集》卷一《城南小隐真率会序》,《景印文渊阁四库全书》第1232册,第390页。
⑤ (元)刘仁本:《续兰亭诗序》,《全元文》第60册,第320页。
⑥ 《静志居诗话》卷二四,第772页。
⑦ 《云阳集》卷六《草堂名胜集序》,《景印文渊阁四库全书》第1219册,第691页。

第三章　中国古代文人结社的发展

社诗序》、宋白撰于淳化元年（990）《大宋杭州西湖昭庆寺结社碑铭（并序）》，覆按三文及《临安志》所录孙何《白莲社记》等可略知社事概况。

西湖莲社初结于宋太宗淳化初。宋白《大宋杭州西湖昭庆寺结社碑铭》序曰：

> 太宗在宥之大宝，淳化纪号之元年（990）……杭州昭庆寺僧曰省常……每书一字，必三作礼，三围绕，三称佛名。良工雕之，印成千卷，若僧若俗，分施千人。又以旃檀香造毗卢像，结八十僧同为一社。①

又铭曰："（省常）刳香为像，墨血书经。乃募时贤，乃招净者。无论玄素，不限朝野。以《华严品》，结莲花社。"② 钱易亦云："社建于钱唐昭庆寺，主于比丘省常上人。"③ 社事编有《杭州西湖昭庆寺结莲社集》④，据其所载，西湖白莲社前后历时三十余年，入社人员有八十高僧、一百二十三位士大夫和一千大众，是一个典型的僧俗共社的宗教社团。孙何《白莲社记》记载当时入社人员的身份说："于是乎钧台上列，宥密近臣，文昌名卿，玉署内相，琐闼夕拜，谏垣大夫，纶闼舍人，卿寺少列，郎曹应宿，仙馆和铅，曲台礼乐之司，延阁著述之士，殿省之俊，幕府县道之英，凡若干

---

① （宋）宋白：《大宋杭州西湖昭庆寺结社碑铭（并序）》，《卍新纂续藏经》第 103 册，新文丰出版公司 1983 年版，第 0853 页。
② 《大宋杭州西湖昭庆寺结社碑铭（并序）》，《卍新纂续藏经》第 103 册，第 0854 页。
③ （宋）钱易：《钱唐西湖昭庆寺结净社集总序》，《卍新纂续藏经》第 103 册，第 0850 页。
④ （宋）释省常：《杭州西湖昭庆寺结莲社集》，宋刻本复印件。按，此本原件原藏韩国，后经拍卖流入国内，难睹真容。具体可参金程宇《韩国所藏〈杭州西湖昭庆寺结莲社集〉及其文献价值》（载《稀见唐宋文献丛考》，中华书局 2009 年版）、陈斐《北宋西湖莲社社集编纂考》（载《文献》2021 年第 2 期）等。本节有关西湖莲社资料除专门注明外均转引自陈文。

人。"① 其中，像向敏中、李至、苏易简、宋白、杨亿、王禹偁等北宋时期的重要人物都曾先后入社，这使得西湖莲社成为北宋文化史、佛教史以及文人结社史上十分引人注目的一个社事团体。

释智圆《社主碑文》解释了省常发起成立西湖莲社的背景和初衷：

> 国初以来，荐绅先生宗古为文，大率学退之之为人，以挤排佛氏为意。故我假远公之迹，謀以结社事，往往从我化。而丛碑委颂，称道佛法，以为归向之盟辞，适足以枳棘异涂，墙堑吾教矣。世不我知，或以我为设奇沽誉者，吾非斯人之徒也。

可见，西湖莲社成立的目的是弘通佛法，教化官绅，本质上还是像庐山莲社一样，属于宗教性质的社团。但是值得注意的是，省常发起社盟的方式是当时士子文人非常喜欢的寄诗和韵，整个社团是以诗歌为纽带进行组建的。丁谓记述省常发起社事的过程如下：

> （省常）尝谓："庐山东林由远公白莲社而著称，我今居是山，学是道，不力慕于前贤，是无勇也。"繇是贻诗京师，以招卿大夫。自是，贵有位者闻师之请，愿入者十八九。故三公四辅，宥密禁林，西垣之辞人，东观之史官，泊台省素有望之士，咸寄诗以为入社之盟文，自相国向公而降，凡得若干篇。②

发起者省常是"贻诗"，应邀者是"寄诗以为入社之盟文"，显然是一种以诗缔盟的行为。文人士大夫们在接到省常邀请后，往往都会投诗入社，由此还专门编成了一部《入社诗》。如"工部尚书参知

---

① （宋）潜说友：《临安志》卷七九，《景印文渊阁四库全书》第490册，第821页。
② （宋）丁谓：《西湖结社诗序》，《卍新纂续藏经》第103册，第0852页。

政事李至"诗云:"闻师结香社,远在浙江湄。何日相寻去,劳生未可期。""光禄寺垂直史馆知睦州张庶凝"诗云:"高僧诱我欲归真,预结莲华社里人。晓阅毗庐经咒静,夜飞天竺梦魂新。""翰林侍读学士右谏议大夫潘慎修"诗云:"许结莲华社,仍贻净行篇。恭闻诸佛意,信是曩生缘。"实际上,除了《入社诗》以外,西湖莲社在长达三十年的活动中,先后编纂和刊刻过《西湖莲社集》《续西湖莲社集》《钱塘西湖净社录》《莲社诗盟》《白莲堂诗》《莲社诗》等多部社团诗集,西湖莲社也因此同时具备了文学属性,是一个兼具佛教和文学双重性质的社事团体,有学者也因此称其为"目前可以考知的宋代最早的诗社"①,对后来的莲社和诗社都起着示范作用。

景祐年间,安徽有九华诗社。宋元之际的遗民诗人陈岩赋有《保真院》诗:"野寺荒山涧水滨,古藤翠筱自摇春。僧闲宴坐无人到,内保禅心一味真。"其下自注云:"野螺峰西南,即卧云庵旧趾,治平初赐今额。景祐中,九华诗社僧清宿居之,后改卜而西。"② 野螺峰是安徽九华山天香岭上的一个山峰,唐代长庆年间池州隐士费冠卿居于此处,建卧云庵,五代南唐保大年间释圆证禅栖卧云庵,到宋景祐中圆证禅师亲自手疏曰"九华诗社",为其弟子清宿居之。宋治平初年在旧址上新建寺院,朝廷赐额保真院。《九华山志》"卧云庵"条即载:"野螺峰西南,费拾遗□□□〔冠卿宅〕。南唐□□〔保大〕中高僧□〔证〕居焉。至宋景祐间,以□〔疏〕招九华诗社。"③ 元大德元年(1297),僧人沙罗巴开禅室,与王秋涧、傅初庵、雷若斋等"约以清香闲适,与同一会",

---

① 金程宇:《韩国所藏〈杭州西湖昭庆寺结莲社集〉及其文献价值》,《稀见唐宋文献丛考》,中华书局2009年版,第129页。
② (宋)陈岩:《九华诗集》,民国宋人集本。
③ (明)王一槐:《九华山志》卷二,明嘉靖七年青阳县刻本。

名曰清香诗会①。这些会社虽名曰"诗社""诗会",因是僧人招募主盟,实际还是弘法传教的宗教类结社,其性质与西湖莲社相同。

六、讲会出现并初步发展

讲会是指儒家的讲学之会。"讲学"一词,语出《左传》,它最初的含义是指研习、学习。《左传·昭公七年》"孟僖子病不能相礼,乃讲学之,苟能礼者从之",杜预注曰"讲,习也"②。这里的"讲"与"习"同义,"讲学"就是习学(学习)的意思。这种用法一直被使用很长时间。比如,《后汉书》载:"(马严)少孤,而好击剑,习骑射,后乃白援,从平原杨太伯讲学,专心坟典,能通《春秋左氏》。"③ 宋代陆游《北窗怀友》诗云:"幸有北窗堪讲学,故交零落与谁同。"④ 在儒家的典籍中,"讲学"更多地有公开宣讲学术理论的含义,《论语·述而》就说"德之不修,学之不讲,闻义不能徙,不善不能改,是吾忧也"。后世儒者也往往将孔子视为讲学的开创者,如明代的曹端"自吾夫子以微言阐大义……遂开讲学法门"⑤,顾宪成"讲学自孔子始"⑥。

公开的讲学活动最早可以追溯到西周的村塾。郑注《礼记·学记》有云"古者仕焉而已者,归教于闾里,朝夕坐于门,门侧之堂谓之塾"⑦,这种士大夫的讲学当是最早的私人讲学。春秋时期,诸子蜂起,为宣传自己的主张而竞相游说,私人讲学开始兴

---

① 《秋涧集》卷四二《清香诗会序》,《景印文渊阁四库全书》第1200册,第549页。
② (春秋)左丘明撰,(晋)杜预注:《春秋左传集解》,上海人民出版社1977年版,第1302页。
③ 《后汉书》卷二四,第858页。
④ (宋)陆游撰,(宋)陆子虞编:《剑南诗稿》卷五〇,《景印文渊阁四库全书》第1162册,第738页。
⑤ (明)曹端:《曹端集》,中华书局2003年版,第369—370页。
⑥ (明)顾宪成:《小心斋札记》卷一四,广文书局1975年影印本,第80页。
⑦ (汉)郑玄注,(唐)孔颖达疏:《礼记疏》,清嘉庆二十年南昌府学重刊宋本十三经注疏本。

盛起来，孔子是为代表。不过，当时的讲学并没有固定的场所，只是"一种流动式的讲坛制"①，孔子讲学有时就是在大树之下，有时则是在杏坛之上。汉代经师多开门授徒，讲学活动非常普遍，以许商、牟长、郑玄等人为著。《后汉书》记载当时讲学的情景说："其服儒衣，称先王，游庠序，聚横塾者，盖布之于邦域矣。若乃经生所处，不远万里之路，精庐暂建，赢粮动有千百，其著名高义开门受徒者，编牒不下万人，皆专相传祖，莫或讹杂。"②与此前不同，汉儒讲学多在私宅之中，如疏广"明《春秋》，家居教授，学者自远方至"③，申公"归鲁退居家教，终身不出门……弟子自远方至受业者千余人"④，程曾"受业长安，习《严氏春秋》，积十余年，还家讲授，会稽顾奉等数百人常居门下"，王充"博通众流百家之言，后归乡里，屏居教授"。到了东汉，有些儒士开始建造精舍用于讲学授徒，刘淑"立精舍讲授，诸生常数百人"，檀敷"立精舍教授，远方至者常数百人"⑤。这种在私人府第、精舍精庐中讲学的方式为以后书院讲学所继承，所以宋代以后有些书院也称精舍。自汉至唐，私人讲学的方式变化不大，主要是讲学内容有些不同：汉代儒学之外尚讲黄老、法律、天文、星历、谶纬，魏晋儒玄并综，南朝玄儒道释齐兴，北朝以经学为主而不杂玄学，隋代天文、医学、小学、史学突显，唐代兼讲经学、文学与史学等⑥。

宋代书院大兴，讲学的方式亦发生了质的飞跃，由流动的讲坛

---

① 陈青之：《中国教育史》，商务印书馆1936年版，第53页。
② 《后汉书》卷七九下，第2588页。
③ 《汉书》卷七一，第3039页。
④ 《汉书》卷八八，第3608页。
⑤ 《后汉书》卷七九下、卷四九、卷六七、卷六七，第2581页、1629页、2190页、2215页。
⑥ 参程舜英《中国古代教育制度史料》第五章、第九章、第十一章、第十五章，北京师范大学出版社2011年版。

式、随意的私人府第式、稍有规制的精舍精庐式发展为规约严密的书院式,书院讲学成为宋元时期私人讲学的重要方式。代表人物就是朱熹,其得程颢、程颐之传,兼采周敦颐、张载等人学说,集北宋以来理学之大成,主持白鹿洞、岳麓书院等,讲学五十余年,弟子遍布天下,程朱理学也由是知名。到了明代,正、嘉以后心学流布,王守仁及王学后人为联合同志、宣扬良知之说,又突破书院限制而以更加自由地方式进行讲学,他们随缘结会、随地立会,完全是另一番流动讲学的景象,各种讲会的成立使这种流动讲学又同时具备一定的组织性,比孔子时代要高级得多。

"讲会"一词起初是指佛家开展的讲经弘法活动和聚会。东晋时,释道安"每讲会法聚,辄罗列尊像,布置幢幡"①。南朝梁武帝时,有"宝刹相望,讲会传经,德音盈耳"的说法。北朝齐文宣帝时,亦有"今日相州城东彼岸寺鉴禅师讲会,各各竖义,大有后生聪俊难问,词旨锋起,殊为可观"②的记载。这说明"讲会"一词至迟在南北朝时已经较为常用,是为佛教用语。以后此类记载比较多见,如隋开皇三年(583),相州刺史樊叔略"创弘讲会,延请诸僧"③,唐懿宗崇佛,萧倣上疏说"陛下留神天竺,属意桑门,内设道场,中开讲会,或手录梵笈,或口扬佛音"④,宋代西蜀銮法师"通大小乘","居讲会,以直道示徒,不泥名相"⑤,等等。

后来,"讲会"沿为指称儒家开展的讲学活动和聚会,最早即出现在北宋。哲宗时,程颐尝为经筵讲官,一日"赴讲会,上疮疹

---

① 《高僧传》卷五,《高僧传合集》,第32页。
② (唐)释道世:《法苑珠林》卷六九、卷一〇九,四部丛刊景明万历刻本。
③ 《续高僧传》卷九,《高僧传合集》,第176页。
④ 《旧唐书》卷一七二,第4481页。
⑤ (宋)释普济:《五灯会元》卷一八《法云杲禅师法嗣》,中华书局1984年版,第1202页。

不坐已累日"①，邵雍的学生姜愚"说《论语》，士人乐听之，为一讲会，得钱数百千"②，这些可能是有关儒家讲会的最早记录，其时虽只是偶一为之，但是"士人乐听"，说明讲会之习已隐然成势。南宋以后，讲会渐成风气，从朝廷到地方都可以见到。绍兴三十二年（1162），孝宗初即位，朝廷有"讲会"，学士院为之，至绍熙年间历三十年不废③。较早的地方讲会见于朱熹的著作中。乾道六年（1170），朱熹母丧，立墓寒泉坞，墓侧建寒泉精舍，他在写给胡广仲的信中说道"渠在此留几两月，讲会稍详"④，在写给刘季章的信中也问对方"讲会想仍旧，专看何书"⑤。淳熙二年（1175），吕祖谦为调和朱熹、陆九渊之间的理论分歧，希望他们"会归于一"，于是邀请陆九渊兄弟来到信州鹅湖寺与朱熹会面，双方就自己的儒学观点展开了激烈论辩，学者多称"鹅湖之会"，"二陆"、朱熹和吕祖谦的门人、友人以及抚州知州、宜黄知县等约有二十人参与此会，陆九渊的门人朱亨道在描绘当时情景后说"鹅湖讲道，切诚当今盛事"⑥。淳熙七年（1181），朱熹赋《白鹿讲会次卜丈韵》诗云："宫墙芜没几经年，只有寒烟锁涧泉。结屋幸容追旧观，题名未许续遗编。"⑦ 多年以后仍在追想当年之会。

此后，讲会在各地兴起。南安郡守重建进学、近思、贯道、尚

---

① （宋）杨仲良：《宋通鉴长编纪事本末》卷一〇三《哲宗皇帝》，清嘉庆宛委别藏本。按，此事南宋人多有记述，如《宋名臣言行录外集》卷三、《东都事略》卷一一四、《晦庵集》卷九八《伊川先生年谱》等。
② 《邵氏闻见录》卷一八，第194页。
③ 《文忠集》卷一九《题胡邦衡讲筵诗卷》，《景印文渊阁四库全书》第1147册，第195页。
④ （宋）朱熹：《晦庵集》卷四二《答胡广仲》，《景印文渊阁四库全书》第1144册，第220页。据陈来考证，此信作于乾道六年。参《朱子书信编年考证》，三联书店2011年版，第73页。
⑤ 《晦庵集》卷五三《答刘季章》，《景印文渊阁四库全书》第1144册，第589页。
⑥ 《象山先生全集》卷三六《年谱》。
⑦ 《晦庵集》卷七，《景印文渊阁四库全书》第1143册，第123页。

德、时升、上达六斋，师友讲会其中，"群居族处"以使"相观而善，会异而同之"①。慈溪黄震"与杜洲（童居易）之讲会，而后别为一家"②。隆州黄济叔"岁率以夏秋之间为讲会，坐皋比者皆宿学大师"③。明州讲会更盛，"慈湖（杨简）开讲于碧沚，沈端宪（涣）讲于竹洲，絜斋（袁燮）则讲于城南之楼氏精舍"，"诸讲院无日不会"④。在众多的讲会中，有时也会称为"讲社"，如嘉定间李鉴"与龚剡创六经讲社，推明师说，诱掖后进"⑤。

元代讲会继续发展。大德、至大间，安西毛时敏屏居长坂别业，"集宾友为讲会"⑥，至正中，江阴澄江书院的建德义堂，专为"讲会之堂"，"州人子弟讲肄于是"⑦。从记载来看，宋元时期的讲会主要还限于官学，且多在书院精舍中举行。到了明代中后期更是风起云涌，遍布全国，仅在《明儒学案》中明确使用"讲会"一词的就有15处，在《明史》中也有13处。此待后述。

从社团史的角度考察，讲会像其他类型的文人结社一样，也有着从初级形态向高级形态发展的趋势。宋元时期的讲会大都是一些讲学活动的聚会，具有很大的临时性，常常缺乏组织性和持久性。明代中叶以后，随着讲学的风行、书院的兴盛，讲会的规制渐趋邃密，如青原会、紫阳会、东林会等，它们往往会制订规约，用以规

---

① （宋）徐鹿卿：《清正存稿》卷五《重建六斋记》，明万历刻本。
② （清）黄宗羲：《宋元学案》卷八六《东发学案》，《黄宗羲全集》第六册，浙江古籍出版社1985年版，第397页。
③ （宋）牟巘：《陵阳集》卷二四《黄提干行状》，《景印文渊阁四库全书》第1188册，第209页。
④ 《宋元学案》卷五一《东莱学案》，《黄宗羲全集》第五册，浙江古籍出版社1985年版，第38页。
⑤ （明）何乔远：《闽书》卷一二三，明崇祯刻本。陈道《（弘治）八闽通志》卷七二"儒林"条、李清馥《闽中理学渊源考》卷二六"提举李汝明先生鉴"条均有此载。
⑥ （元）同恕：《榘庵集》卷六《毛长官墓志铭》，《景印文渊阁四库全书》第1206册，第716页。
⑦ （元）李存：《俟庵集》卷二一《德义堂铭》，《景印文渊阁四库全书》第1213册，第738页。

定讲会的宗旨、成员的标准、活动的程序等,组织性更强,在发展水平上才达到中级乃或高级形态。

七、文社渐趋成型

文社是研究文章之社。按所课之文,一般可分为古文社和时文社。文人结社史上所说的文社,多是指时文之社,或者古文、时文兼作之社,纯粹的古文社数量有限。时文社的形成和发展与科举制度密切相关,所研磨的不仅仅是现代意义上的"文章",在早期也包括诗歌、骈赋等,宋熙宁间王安石变法罢考诗赋,至明清时期更多的是指制艺之文,所以同为"文社""文会"之名,在不同时代其意涵也有所不同。

经隋历唐,宋代科举制度更加完善,加之朝廷右文尚儒,优裕文官,科考中第成为更多文人的人生追求,"功名分内事,敢辞桑砚之磨;富贵学中来,当效祖鞭之着"①,正是士子参加科举考试的现实动因。为科考得中,士子们共同集会,互相切磋时文技艺。崇宁初,黎确、饶得操与宿州教授汪信民会课,时吕本中家于此地,与弟弟一起参与其中:"每旬作杂文一篇,四六表启一篇,古律诗一篇,旬终会课,不如期者,罚钱二百。"这种定期集会、传阅文字、研习功课的形式,是以后元明诸生结社会文的萌芽形态。清人俞樾在记述此事后就说"今文士每作会课,宋时已有此风矣。"② 不过,在两宋之交此种会社似乎尚未成风,因为嘉定间徐鹿卿结青云课社时,还是"以文会者寡"。南宋以后文社渐多,如青云课社和桂峰课会。青云课社由江西丰城徐鹿卿与乡里士子结于嘉定十二年(1219),社中"十有七人,集于里之崇元观,以文会也"。其时徐氏尚未登科,会名"青云",颇有寄望于将来"平步青

---

① (宋)陈著:《本堂集》卷五三《桂峰课会檄》,《景印文渊阁四库全书》第1185册,第259页。
② (清)俞樾:《茶香室丛钞》卷七"会课"条,清光绪二十五年刻春在堂全书本。

云"之意。故而结社宗旨也就非常明确：

> 此课会之举，吾徒所以相长而求益也。凡与此会者，不以技，过者必知所裁，而未及者必知所勉也；不以齿，长者毋至于亢，而少者毋至于惮也；不以分，师生得以相正，亲戚得以相规，而兄弟子侄得以相指摘也。①

师生可以相正、亲戚可以相规、兄弟子侄可以相指摘，目的都是为了提高应试技艺，以图科考得中。而"不以技""不以齿""不以分"的要求，颇有社约意味，反映出文人结社在宋代逐步规范的痕迹。桂峰课会由白鹭书院山长陈著发起成立，他认为结会立社可以"俾尽所长，各言尔志。白雪阳春，人皆得句；高山流水，行遇知音"，"其来渐矣，声名盛同里之扬；以数考之，事业应吾侪之奋"，呼吁士子们"正宜勉力，莫待临期"，"自今以始，愿缔其盟"②。其将会名拟为"桂峰"，结会的目的也是不言自明。

入元，会文之风仍存。延祐间，江浙士子结成三衢文会，由县丞主评，选六十余人之文编纂成集③。鄞县袁桷亦"尝会文于同志，反复力议"④。元季，"闽中有壶山文会，初会九人"，"月必一会，赋诗弹琴，清谈雅歌以为乐"，后又"续会者十三人"⑤，元代文社以聚桂文会最为著称。《明诗综》卷五称："当元之季，浙西岁有诗社，而濮市濮仲温丰于赀，集一时名士为聚桂文会，以卷赴者五百人，请杨廉夫评其优劣。"⑥濮市，亦称濮川，今浙江嘉兴濮院镇。据《至正庚辛唱和诗人小传》载，天台徐一夔"元末避兵于

---

① 《清正存稿》卷五《青云课社序》。
② 《本堂集》卷五三《桂峰课会檄》，《景印文渊阁四库全书》第1185册，第259页。
③ 事见汪琬《尧峰文钞》卷二二《三衢文会记》，四部丛刊景林佶写刻本。
④ （元）袁桷：《清容居士集》卷二一《曹邦衡教授诗文序》，清宜稼堂丛书本。
⑤ 《明诗纪事》甲签卷一五，第310页、312页。
⑥ 《静志居诗话》卷二，第42页。

嘉兴之白苎里，与一时名士为聚桂文会"①。至正庚寅、辛卯为至正十年、十一年（1350、1351），聚桂文会当在此时。杨维桢《聚桂文集序》称："嘉禾濮君乐闲为聚桂文会于家塾，东南之士以文卷赴其会者凡五百余人，所取三十人，自魁名吴毅而下，其文皆足以寿诸梓而传于世也。"②濮乐闲，名允中，《濮镇纪闻》载其"至顺元年庚午（1330）征为两淮盐场转运司令"③，其子仲温名彦仁，《石门县志》载其"至正初，为吴中典市，弃职归，延杨维桢、江汉、宋濂为师，读书桐香室"，"尝集诸名士为聚桂文会"④。聚桂，本为轩名，杨维桢《聚桂轩记》云"廛之坊有曰聚桂者，而赵某氏世居焉"，"题其修业之所曰聚桂轩"⑤。杨维桢时为濮氏家师，"与豫章李君一初实主评裁，而葛君藏之、鲍君仲孚又相讨议于其后"，并认为"文会之作固有补于司政者不少"。聚桂文会由于参与人员多、品评者著，在当时产生了广泛影响，"登诸选列者，物论公之，士誉荣之"⑥，以致"纪风土者目为乐郊"⑦，而其由盟主首倡、征文选评、延人品次的活动形式，为后来明代的许多文社所效仿。

宋仁宗嘉祐间，为革除科考之弊特设明经新科，出身与进士相同，因而出现了专门的研经之社，是为经社。《宋史·孙觉传》载："孙觉字莘老，高邮人。甫冠，从胡瑗受学。瑗之弟子千数，别其老成者为经社。"胡瑗为北宋理学先驱，以善教名于时，首创经义、治事"分斋"教法，范仲淹新政取其法颁行全国。皇祐间，尝授光

---

① 喻长霖修，柯华威纂：《（民国）台州府志》卷一一七，民国二十五年铅印本。
② 《东维子集》卷六，《景印文渊阁四库全书》第1221册，第429页。
③ （清）胡琢撰：《（乾隆）濮镇纪闻》卷二，民国刊本。
④ （清）耿维祐修，（清）潘文铬纂：《（道光）石门县志》卷一四，清道光元年刻本。
⑤ 《东维子集》卷一七《聚桂轩记》，《景印文渊阁四库全书》第1221册，第550页。
⑥ 《东维子集》卷六《聚桂文集序》，《景印文渊阁四库全书》第1221册，第429页。
⑦ 《静志居诗话》卷二，第42页。

禄寺丞国子监直讲,嘉祐初又擢为太子中允天章阁侍讲并治太学,经社之立当在此际。社中孙觉"年最少,俨然居其间,众皆推服"①,故此社事在与孙觉相关的文献中多有记载,陈造《题孙先生春秋经解》"春秋经社,吾乡故中丞孙先生莘老与为之"②,黄仲元《讲春秋序》"孙莘老与一时名胜为经社"③,陈傅良《新归墓表》"(管)师常与孙觉莘老为经社"④ 等。至南宋,经社已多见于地方,仅陆游一人就多次在诗中提到,如"岂惟父子讲家学,亦有朋侪结经舍〔社〕"⑤,"风雨初经社,子规声里春光谢"⑥ 等。这些经社,有的专门研读经典以应科考,是为书社一类,有的专门研究儒理道学,与当时及后世的讲学类会社相仿佛,更多的则是两者兼而有之。

需要特别留意的是,宋元时期研文类会社的名称多种多样,反映出文社在起步阶段的真实状貌。综合来看,当时研文类会社的称谓可以归为三种情形。一是称"课会""课社"。如陈造有《赠课会诸公》诗,李流谦有《比观仲结诸公课会,皆劲敌也,行就举南宫,作此赠之》诗,林希逸《资福岭庵前作》诗注云"岭内有神祠,旧时课社十日一集其间"⑦,方大琮《处士林君景诜墓志铭》载林景诜与其"年相若,少长同课社,时出声律警句"⑧。举子为文称"课",唐已有之:"长安举子落第者,六月后不出,谓之过

---

① 《宋史》卷三四四,第10925页。
② (宋)陈造:《江湖长翁集》卷三一,明万历刻本。
③ (宋)黄仲元:《四如集》卷三,《四部丛刊》三编景明嘉靖刻本。
④ 曾枣庄、刘琳主编:《全宋文》卷六零五七,上海辞书出版社2006年版,第287页。
⑤ 《剑南诗稿》卷六四《夜闻埭东卖酒鼓声哗甚》,《景印文渊阁四库全书》第1163册,第52页。
⑥ (宋)陆游:《渭南文集》卷五〇《安公子》,《景印文渊阁四库全书》第1163册,第701页。
⑦ (宋)林希逸:《鬳斋续集》卷一,《景印文渊阁四库全书》第1185册,第557页。
⑧ (宋)方大琮:《铁庵集》卷四一,明正德八年方良节刻本。

夏，多借净坊庙院作文章，曰夏课。"① 二是称"文会""文社"。濮乐闲"为聚桂文会于家塾"②，陈文蔚《贺赵及卿黄定甫主宾联名登第》诗云"文社只今传盛事，宦途从此展修程"③。三是称"书会""书社"。如李光有《戊辰冬与邻士纵步至吴由道书会，所课诸生作梅花诗……并前诗赠之》诗④，吕南公有《将离东洲书社留题屋壁》诗，苏轼《杭州故人信至齐安》诗云"相期结书社，未怕供诗帐"⑤，陈造《赠课会诸公》诗云"书社他年事，寻盟未厌烦"⑥。在这些称谓中，"课会""课社"最无异议，其时也最为多见，明清以后仍有以此命名社事者，只是明清以后所课者多为经书，而彼时所课者则包含诗文骈律。"文会"之名需要区别对待，它可能是指科考应举之会社，也可能是指诗词唱和之会社，"文社"则一般仅指科考会社。"书会"更需甄别，因为"书会"之名往往是作为说唱、话本、戏曲等通俗文学的创演组织为人所知，而宋代的"书会"很多时候则是指一种类似家塾、舍馆的教育组织。这在《都城纪胜》中有所记载："都城内外，自有文武两学，宗学、京学、县学之外，其余乡校、家塾、舍馆、书会，每一里巷须一二所，弦诵之声，往往相闻。遇大比之岁，间有登第补中舍选者。"⑦ "书社"一般也是指带有私学性质的会社，其意与"书会"相近。

八、诗词同社为词社诞生做好准备

词社的演进与词体的发展、词学观念的逐步加深密切相关。词

---

① 《天中记》卷五，《景印文渊阁四库全书》第 965 册，第 197 页。
② 《东维子文集》卷六《聚桂文集序》，《景印文渊阁四库全书》第 1221 册，第 429 页。
③ （宋）陈文蔚：《克斋集》卷一六，《景印文渊阁四库全书》第 1171 册，第 132 页。
④ （宋）李光：《庄简集》卷七，《景印文渊阁四库全书》第 1128 册，第 502 页。
⑤ （宋）苏轼：《苏文忠公全集》卷一二，明成化本。
⑥ 《江湖长翁集》卷一一。
⑦ 《都城纪胜》"三教外地"条，《景印文渊阁四库全书》第 590 册，第 12 页。

作为一种新兴文体，始于中唐，成熟于晚唐五代，入宋以后达到第一个高峰。对于词的认识，也是由最初起源于民间而不受重视，到认为词为"艳科""诗余""诗庄词媚"等，再到"词别为一家"，完全承认词体的文学地位。词社的发展则是由晚唐、北宋初期的唱和、两宋之交的诗词同社、再到南宋中期以后在诗社中开展大量填词活动。可以看到，词作、词体、词社，三者是同频共振的。

词社始于词的唱和，最早见于中唐时期。大历八年（773）至十二年（777），颜真卿任湖州刺史，与当地文人词客唱和，作品辑为《吴兴集》十卷，其中收有颜真卿、张志和诸人唱和的《渔歌子》词20余首①。宋人陈振孙编有《元真子渔歌碑传集录》一卷，并云："元真子《渔歌》世止传诵其'西塞山前'一章而已。尝得其一时倡和诸贤之辞各五章，及南卓、柳宗元所赋，通为若干章。因以颜鲁公《碑述》《唐书》本传以至近世用其词入乐府者，集为一编，以备吴兴故事。"② 这是目前所知最早的唱和词，在词史、词社发展史上有着重要地位。之后白居易与刘禹锡也有一些词的唱和，如白居易《杨柳枝》是"与刘梦得唱和此曲词"③，刘禹锡《忆江南》是"和乐天春词，依《忆江南》曲拍为句"④ 等。乾宁间，岐王李茂贞攻打长安，昭宗被迫出逃，被华州刺史韩建挟持，幽禁三年，期间昭宗"与学士、亲王登齐云楼，西望长安，令乐工唱御制《菩萨蛮》词。奏毕，皆泣下沾襟。覃王已下并有属和"⑤。唐人唱和以诗为多，以词唱和并不多见，这与词体尚不成熟、人们

---

① 按，诸人唱和情况在唐朱景玄《唐朝名画录》、宋阮阅《诗话总龟》前集卷四五中有载。《吴兴集》久佚，今人从颜真卿《颜鲁公集》、皎然《杼山集》等辑得词20首。见贾晋华《唐代集会总集与诗人群研究》，第86—101页、369—396页。
② 《直斋书录解题》卷一五。
③ （宋）王灼：《碧鸡漫志》卷五，清知不足斋丛书本。
④ 《刘禹锡集》卷三四，第495页。
⑤ 《旧唐书》卷二〇，第762页。

的词学观念有关，而昭宗所制《菩萨蛮》词及众多随臣属和的情形，正是晚唐以后词作为文学样式发展的结果。

进入北宋，较早用词来唱和的是西昆诗人群体。景德二年（1005）至大中祥符元年（1008），杨亿、刘筠、钱惟演等受命编纂《历代君臣事迹》（后改名《册府元龟》），修书之余诗词往还，诗作辑为《西昆酬唱集》，同时也有大量词作。如钱惟演谪汉东，"诸公送别至彭婆镇，钱相置酒作长短句，俾妓歌之甚悲"①；夏竦初授馆职，"上夕宴后庭，酒酣，遽命中使诣公（竦）索新词"，"公即抒思，立进《喜迁莺》词"②；刘敞"为具以待宋（祁），又为《踏莎行》词以侑欢"，"宋即席为《浪淘沙近》，以别原父（敞）"③ 等，既有赠别词，也有应制词。婉约派代表词人之一张先"能诗及乐府，至老不衰"④，其词除抒写男女情爱之外大多反映士大夫间的诗酒生活，如《渔家傲·和程公辟赠别》《好事近·和毅夫内翰梅花》《少年游·渝州席上和韵》等。熙宁七年（1074），苏轼由杭州通判移知山东密州，乘船北上至松陵利往桥，张先与其他苏轼好友杨元素、陈令举、刘孝叔及湖州知州李公择，"俱至松江，夜半月出，置酒垂虹亭上"，吟诗赋词为苏轼送别，时"子野（张先）年八十五，以歌词闻于天下，作《定风波》令，其略云'见说贤人聚吴分，试问，也应傍有老人星。'"⑤ 其余五人属词相和，合称为"六词客"。十多年后，苏轼再过此处，又与张仲谋、曹子方、刘景文、苏伯固、张秉道宴聚，苏轼赋词云"月满苕溪照野堂。五星一老斗光芒。十五年间真梦里。何事。长庚对月独凄凉"⑥。其时其

---

① 《五代诗话》卷一"钱惟演"条，清粤雅堂丛书本。
② （宋）吴处厚：《青箱杂记》卷五，明稗海本。
③ （宋）吴曾：《能改斋漫录》卷一七，《景印文渊阁四库全书》第850册，第828页。
④ （明）单宇：《菊坡丛话》卷一一，明成化刻本。
⑤ （清）冯桂芬纂：《（同治）苏州府志》卷一四五，清光绪八年江苏书局刻本。
⑥ （明）杨慎：《辞品》卷三"六客辞"条，明刻本。

他五人业已谢世，而新的六人则称为"后六词客"。西昆酬唱对宋代以词唱和之风的流行起了先导作用，欧阳修"自杨、刘唱和，《西昆集》行，后进学者争效之，风雅一变，谓西昆体"①，说的虽是以诗唱和，词的唱和亦可作如是观。垂虹亭词会两次举会，已经初具词社的影子，在词社发展史上的地位不亚于兰亭雅集之于诗社。

此后伴随着结社风气的兴起，以词唱和越来越为普遍，陈三聘、方千里等人还专门用词唱和，作《和石湖词》《和清真词》等唱和词的专集。至两宋之交，随着词体的兴盛和诗社的发展，两者开始出现交集，诗人在结社中常常开展填词活动。例如，重和元年（1118）前后的许昌诗社，社中十二人诗酒唱酬，诗作辑为《许昌唱和集》，是一个典型的诗社。但是社中活动并不全是赋诗，也有填词。社中成员叶梦得就填有《浣溪沙·许公堂席上次韵王幼安》《临江仙·席上次韵韩文若》《减字木兰花·王幼安见和前韵复用韵答之》等。叶梦得著有《石林词》，凡103首，其中有21首是在许昌诗社时所填②。绍兴八年（1138），豫章诗社成员向子諲也专门约请社中成员徐俯、苏庠等人唱和木犀词，其《酒边集·江南新词》中收有多首与豫章诗社成员的唱和词作。

同时，在词题、词序、词作中出现了大量的"社""酒社""入社""社中""结社"等字眼，这与两宋之际的诗社状况是一样的。翻检宋人词集，这样的例子有很多。如：周紫芝《千秋岁》词序："春欲去，二妙老人戏作长短句留之，为社中一笑。"③ 赵长卿《满庭芳》词序："十月念（廿）六日，大雪，作此呈社人。"④ 黄机

---

① （宋）欧阳修：《六一诗话》，《景印文渊阁四库全书》第1478册，第249页。
② 参王兆鹏《宋南渡词人的诗社唱和》，载《湖北大学学报》1992年第2期，第30页。
③ （宋）周紫芝：《竹坡词》卷三，明刻宋名家词本。
④ （宋）赵长卿：《惜香乐府》卷五，明刻宋名家词本。

《木兰花慢》:"向桃杏花边,招邀同社,秉烛来游。"① 史达祖《点绛唇》词序:"六月十四夜,与社友泛湖过西陵桥。"《贺新郎》词又云:"同住西山下。是天地中间,爱酒能诗之社。"② 到南宋中期以后,这种现象更为突出。如"江湖诗派"领袖刘克庄,涉及结社的词作就有三十多首。这些"社"字虽然还没有与"词"字连在一起使用,也就是"词社"一词还没有被固定下来和明确使用,但这种情况至少可以认定为是在诗社、怡老社等社事活动中开展了填词活动,为以后词社的独立活动奠定了基础。

事实上,宋代虽然词体兴盛、词人众多,但是词社并未真正从诗社中独立出去,甚至"词社"这一名称在文献资料中目前也还没有见到。当时的情况基本上都是在诗社活动中填词,或者以诗为主,或者以词为主,或者诗词兼作。据今人统计,这种"诗词同社"在南宋时期有20余家③。出现这种局面的深层背景是诗体与词体在宋代取得了双丰收,当时很多词人同时也是诗人,单独作词的人数量有限,反映出诗作为传统文学样式在士人的文学观念和文学实践中的牢固地位。苏轼说词为"诗之裔",其实词社也是"诗社之裔",词社的完全独立则要等到清代词体再次复兴以后。

---

① (宋)黄机:《竹斋诗余》,明刻宋名家词本。
② (宋)史达祖:《梅溪词》,明刻宋名家词本。
③ 参张晓利《南宋词社辑考》,载《古籍研究》2012年第Z1期(总第57—58卷),第331—341页。

第四章
中国古代文人结社的繁荣

在中国古代社团史上,明代无疑是那座最高的山峰,即使与近代的辛亥革命时期、现代的五四运动时期和当代的改革开放以后相比也都毫不逊色,甚至有些方面还有过之而无不及。从总体上看,明代文人结社的发展态势呈"√"型:元末社会动荡,各地政权割据,围绕着这些割据势力形成了大大小小的文人群体,入明之后这些文人群体也都开展过一些短暂的结社活动;此后太祖、成祖出于政治原因对众多文人打压迫害,加之荐举、征辟、科考等政策的推行,文人结社受到了极大的破坏,使得宋元以来的发展势头严重受阻,社事活动进入平稳时期;洪熙以后,明朝走上正轨发展轨道,国运昌隆激发了民众的自信心和享受心态,整个社会的结盟立社渐成风气,直至明末达到顶点,明清易鼎才使得高潮中的社局受到重创。

明代是中国古代文人结社的全盛期,尤其是明中叶以后,人人欲结社,事事可结社,时时能结社,地地有结社。这样评价明代社局或许有些夸张,但唯有如此描述方能表达出明人结社的盛大景象。相对于此前和此后的社事，明代文人结社的特点非常突出：一是数量众多、规模庞大。根据最新研究资料显示，明代的文人结社有930个，甚至在"千数以上"①，而社事的规模也是空前壮大，到明代后期动辄百人、上千人都是正常现象，以致出现张溥诸人"创举复社，门人七千"②的壮观景象。二是分布不均、形态各异。明代文人结社的空间分布极不均衡，在两京、十三布政使司中，南直隶（相当于今天的江苏、安徽和上海地区）和浙江最多，其次为北直隶、广东和福建，河南、江西、湖广等地则明显减少。若以长江为界，江南明显多于江北，这种不均衡性更为突出。在社事形态上，初级、中级、高级并存发展，其中高级社事到了明后期才出现，中级社事明初较少，从明中期开始逐渐增多，初级社事则贯穿整个明代，是明代文人结社最多的一种形态。三是种类繁多、内容庞杂。由于结社之风盛行，除赋诗类、研文类、怡老类、宗教类、讲学类等传统的结社以外，明代文人不论何事，聚众则结社，成群即立会，真可谓五花八门。社集活动的内容也很复杂，赋诗、课文、讲学、参禅、怡情、规过自不必说，冶游、宴饮、清谈、雅谑乃至演乐、赏曲、狎妓等常常集于一社之内，课文与讲学并举、赋诗与谈禅共存的现象极为普遍，这也是明代文人结社较为

---

① 明代文人结社的具体数量目前尚无确论。20世纪30年代，谢国桢率先考索出129个；至40年代，郭绍虞考订出明代文人集团177个；本世纪初，李圣华在辨正郭绍虞研究成果的基础上考录晚明社事212个，其中新增97个；稍后，何宗美对记载明人社事的文献进行爬梳，提出超过300个之说；接着，何宗美又以编年形式汇辑明代文人结社680余个（含元末）；李玉栓则在此基础上，通过翻检各类原始文献，凡得930个，因为这一数据并未将数量众多的讲会计算在内，所以又提出明代文人结社在"千数以上"的看法。分见谢国桢《明清之际党社运动考》，上海书店2006年版；郭绍虞《明代的文人集团》，《照隅室古典文学论集》（上编），上海古籍出版社1983年版；李圣华《晚明诗歌研究》附录一《晚明文人结社简表》，人民文学出版社2002年版；何宗美《明末清初文人结社研究》第一章附录一，南开大学出版社2003年版；何宗美《文人结社与明代文学的演进》（下），人民出版社2011年版；李玉栓《明代文人结社考》，中华书局2013年版。
② （明）周翰西：《霜猿集》卷上，清抄本。

显著的特点之一。

第一节 明初文人结社（洪武—永乐）

元末社会动荡，各地政权割据，一方面围绕着这些割据势力形成了大大小小的文人群体，社事活动逐渐频繁，浙中刘仁本、朱右，闽中高启、刘基，岭南孙蕡、王佐等人相继结社；另一方面，一些战火难以烧及的地方成为文人避乱之区，也形成了一些文人群体从而开展结社活动。明朝统一全国之后，太祖、成祖为巩固政权，采取荐举、征辟、科考等措施吸纳人才为朝政服务，尤其是朱元璋出于政治原因对众多文人的打压迫害，给文人结社造成了极大破坏，使得宋元以来文人结社的发展势头严重受阻，社事活动进入平稳时期。

一、动荡时局中的文人结社

元朝末期，中央政权不断瓦解，各地形成了大小不一的割据势力，朝廷不得不给他们一一封官："元末所在盗起，民间起义兵保障乡里，称元帅者不可胜数，元辄因而官之。"但他们头戴元朝的官帽，却并不给元朝办事，"或去为盗，或事元不终"①。随着局势的发展，各地势力逐渐合并成几股主要的力量，如湖广的陈友谅、四川的明玉珍、闽中的陈友定、皖北的韩林儿，等等。这些割据势力或拥兵自重，或图谋发展，元朝与他们之间的剿灭与反剿灭以及他们自己之间的吞并与反吞并，使得元朝的最后几十年在连年征战中度过。

身处乱世的文人们，常常为躲避兵乱而易地寓居，那些相对稳定的地区就成为文人们避乱的首选去处，这在客观上为文人的集中

---

① 《明史》卷一二四，第 3717 页。

第四章 中国古代文人结社的繁荣

聚会提供了契机,优游林下,结社赋诗也就成为不可或缺的活动。以松江地区为例,因地处东部沿海,战事较少,因而成为文人集中避居之所。钱塘钱惟善因"张士诚据吴,遂不仕",而"寓华亭,与杨维桢、陆居仁结诗文社"①,天台杨仁寿则"居松之陶溪",与"冀北李暕、无锡华文瑾、邑人姚汝嘉结社终老"②,世号"陶溪四隐"。寓居人中有许多都是著名的文人,如陶宗仪,在至正间就曾避兵云间,结有真率会。他自己回忆说:"向予避兵云间泗滨时",因"其地有林泉之胜,而无烽燧之虞","同时嘉遁者"又"皆文人高士","因仿司马温公故事"③。嘉兴南湖诗会中的高逊志在一次兵乱后重新聚会时曾赋诗云"岂谓托乔林,依然骇烽火"④,正是当时文人避居心理的真实写照。

闽中地带因山脉阻隔,地处偏僻,战火也很少烧及。与松江地区不同的是,闽中结社的多为当地文人而非流寓之人。最著名的要数壶山文会,其中陈观因遭元季乱而"韬迹丘樊,不干仕进","与乡人方时举、郭惟贞、族人本初等二十二人作真率会"⑤;方朴"辟学官不就,与同邑诸人士结壶山文会"⑥;郭完"隐于壶山","与方时举用晦等十二人结社"⑦。他们的结社因受战争的影响较小,因而优游倡和、怡情悦性的色彩更浓:"或诗,或文,或琴,或奕,或书,或画,或清谈雅歌,惟以陶冶性灵,消涤世虑"⑧。

---

① (清)宋如林:《(嘉庆)松江府志》卷六二《寓贤传》,清嘉庆间松江府学明伦堂刻本。
② 《(嘉庆)松江府志》卷六二《寓贤传》。
③ (元)陶宗仪:《南村辍耕录》卷二〇,《宋元笔记小说大观》第六册,上海古籍出版社2007年版,第6389页。
④ (明)高逊志:《兵后南湖宴集分韵得可字》,《明诗综》卷一六,(清)朱彝尊选,清康熙四十四年六峰阁藏本。
⑤ 《献征录》卷九四《陕西布政司右参政陈公观传略》,第4061页。
⑥ (明)陈道、黄仲昭:《(弘治)八闽通志》卷七二,明弘治刻本。
⑦ 《列朝诗集小传》甲前集,第68页。
⑧ 《(弘治)八闽通志》卷八七。

事实上当时多数结社都是如此，顾瑛玉山雅集"山水清音，琴樽佳兴"①、"风流文雅，著称东南"②，朱右续兰亭会"衣冠毕集，羽觞流波"③，牛谅景德诗会"携酒赋诗""会饮联句"④。

元季的割据势力为成王业，常常招贤纳士，礼遇文人，因而在他们周围组成了一个个规模不等的文人群体。钱谦益就曾指出这种现象："元末，张士诚据吴，方谷真据庆元，皆能礼贤下士；而闽海之士，归于有定。"⑤吴中张士诚、浙东方国珍、闽中陈友定、湖广陈友谅、岭南何真，为元明之际有数的几个割据势力，其中围绕着方国珍、张士诚、何真的三个文人群体结社活动最为频繁。

至正八年（1348），方国珍兄弟因杀怨家起事，聚众数千人，元兵屡讨不果，便改以招抚，累授官于方国珍，方氏兄弟遂据有庆元、温州、台州三地，益强而不可制。方国珍以右文好士闻名于时，因而浙东"士人多附之"⑥。钱谦益也注意到这种现象："方氏盛时，招延士大夫，折节好文，与中吴争胜，文人遗老如林彬、萨都剌辈，咸往依焉。"⑦又云："谷真窃据时，招延文士，萨天锡、朱右辈咸往依之，刘仁本、詹鼎则亲近用事。"⑧ 其中，朱右、刘仁本是当时浙东社事活动的领袖人物。至正二十年（1360），刘仁本治师余姚，"作雩咏亭于龙泉左麓，仿佛兰亭景物，集名士赵俶、谢理、朱右、天台僧白云以下四十二人，修禊赋诗。"⑨《明史》本

---

① 《钦定四库全书总目》卷一八八，第2636页。
② （明）李濂：《顾仲英瑛传》，《献征录》卷一一五，第5051页。
③ （明）朱右：《白云稿》卷五《上巳燕集补兰亭诗序》，明初刻本。
④ 《静志居诗话》卷二，第38页。
⑤ 《列朝诗集小传》甲前集，第46页。
⑥ （明）徐象梅：《两浙名贤录》卷四三，明天启刻本。
⑦ 《列朝诗集小传》甲前集，第44页。
⑧ 《列朝诗集小传》甲前集，第45页。
⑨ 《列朝诗集小传》甲前集，第44页。

传亦载其"数从名士赵俶、谢理、朱右等赋诗,有称于时"①。此次诗会朱右作有《雩咏亭续兰亭会补余杭令谢滕》诗②,并专门作序详述诗会情况:

> 至正二十年春,江浙行省郎中刘君德玄频戍余姚,暇日常以文事从容尊俎,慨流光之易迈,思往古之不可复,乃三月初吉,会文武士四十二人于秘图湖上。衣冠毕集,羽觞流波,肴羞惟旅,谈笑有容,追王、谢之风流,想浴沂之咏叹,充然若有得也。③

吴元年(1367),朱元璋连克台州、温州、庆元,方国珍及其部将无奈归降,浙东诗会遂解。

至正十三年(1353),张士诚率弟及壮士十八人灭诸富家起兵,十六年(1356)攻下平江(今苏州),自称周王。为网络人才,张氏政权"倾怀接士"④,"厚礼文儒"⑤。《明史》本传谓其:"又好招延宾客,所赠遗舆马、居室、什器甚具,诸侨寓贫无籍者争趋之。"⑥明人文徵明说得更为具体:"伪周据吴日,开宾贤馆以致天下豪杰,故海内文章技能之士,悉萃于吴。"⑦当时投吴之士甚多,据北郭诗社领袖高启说:

> 徐君幼文自毗陵,高君士敏自河南,唐君处敬自会稽,余君唐卿自永嘉,张君来仪自浔阳,各以故来居吴,而卜第适皆

---

① 《明史》卷一二三,第3700页。
② 《明诗纪事》甲签卷六,第145页。
③ 《白云稿》卷五《上巳燕集补兰亭诗序》。
④ 《明诗纪事》甲签卷一九,第406页。
⑤ 《廿二史劄记》卷三二"明初文字之祸"条。
⑥ 《明史》卷一二三,第3694页。
⑦ (明)文徵明:《甫田集》卷二一《题七姬权厝志后》,《景印文渊阁四库全书》第1273册,第150页。

与余邻,于是北郭之文物遂盛矣。①

这里所提到的徐幼文、高士敏、唐处敬、余唐卿、张来仪等既是高启的好朋友,也是北郭诗社的重要成员,他们此时由各地奔吴,与张氏政权的纳贤政策有着极大关系。北郭诗社中的许多成员都曾效力于张氏,杨基"辟为丞相府记室",徐贲"辟为属",唐肃"为杭州黄冈书院山长,迁嘉兴路儒学正",余尧臣"为士诚客",正如《明史》所说:"士诚之据吴也,颇收召知名士,东南士避兵于吴者依焉。"② 而随着张氏政权的衰落,北郭诗社的活动也逐渐消散:"前年士敏往云间,去年幼文往吴兴,今年处敬又将往嘉禾而仕"③。至至正二十六年(1366)十一月,朱元璋开始讨伐张士诚,进攻苏州城,诗社活动遂为终止。次年九月,苏州城破,张氏政权灭亡,社中余尧臣、徐贲、杨基因与张氏政权的关系而谪徙临濠,高启兵后隐居青丘不出,张羽则回到了杭州,至此诗社的重要成员或谪或隐,社事活动也最终随着张氏政权一道瓦解。可以说北郭诗社之兴是由张士诚割据势力之兴,其亡也是由张氏势力之亡,个中依存关系非常明显。

东莞何真本为元朝河源县务副使,为拒盗保乡而聚众起兵,岭表僻处,赖以保完。何真"少英伟,好书剑","尤喜儒术,读书缀文"④,"由此士皆馆谷",领表之士归附甚多,"凡以一艺名者,真不弃也"⑤。至正二十三年(1363),何真逐邵宗愚,左辖广州,开署求士,王佐与孙蕡首被礼聘,"真敬二人者,使掌书记,军旅事

---

① (明)高启:《凫藻集》卷二《送唐处敬序》,《景印文渊阁四库全书》第1230册,第270页。
② 《明史》卷二八五,第7328页、7329页、7330页、7331页、7326页。
③ 《凫藻集》卷二《送唐处敬序》,《景印文渊阁四库全书》第1230册,第271页。
④ 《明史》卷一三〇,第3834页。
⑤ (明)黄佐:《广州人物传》卷一二《王佐传》,清道光十一年刻岭南遗书第一集本。

多见咨询"①。这两个人是元明之际岭南诗歌的著名作家,也是南园诗社的核心人物,早在此前他们已经开展过结社活动,后因兵事而被迫解散,此时两人回归广州,诗社得以重开,"更唱迭和,文士宗之"②。洪武元年(1368),何真归降太祖,调擢江西,社中主要成员也相继被征召或调离,结社活动遂告一段落。

此外,闽中陈友定、湖广陈友谅等也都有招贤纳士之举,文人多附。如陈友定:"及据八郡,数招致文学知名士,如闽县郑定、庐州王翰之属,留置幕下。"郑定、王翰都是当时闽中的知名文士,郑定为"闽中十子"之一,与林鸿、陈亮等人交往甚密,曾数举诗会。身处乱世的文人们,要么易地避乱,要么择主而仕,这在客观上促使结社兴起,可以说军事政治的割据正是元末明初结社兴起的主要外因。文人雅士借着结社得以集聚,割据政权则既得用人之利,亦获礼贤之名。当然,动荡时局对文人结社所起的不全是促进作用,很多时候起的是阻碍甚至是摧毁的作用。元末著名的诗会玉山雅集,就是因为"张士诚入吴,欲强以官",诗会的召集者、主盟者顾瑛不愿为其所用而"去隐于嘉兴之合溪"③,一代风流雅事遂为终止。同时吴中的北郭诗社也是"及更变迁,相继散去",有人"显融于修途",有人"隐迹于林野",有人"归复于九原"④。广州的南园诗社创立后不久,邵宗愚、卢实善、王成、陈仲玉、黄斌等接连起兵,岭南风雅也毁于战火,以致领袖孙蕡叹息说:"欢会未几,殷忧相仍,城沿兵火,朋从散落。"⑤

---

① 《广州人物传》卷一二《王佐传》。
② 《广州人物传》卷一二《赵介传》。
③ 《明史》卷一二四、卷二八五,第3715页、7325页。
④ (明)王行:《半轩集》卷八《跋东皋唱和卷》,《景印文渊阁四库全书》第1231册,第393页。
⑤ (明)孙蕡:《西庵集》卷八《琪琳夜宿联句一百韵并序》,《景印文渊阁四库全书》第1231册,第567页。

二、明初政策对文人结社的消解

明朝定鼎,太祖、成祖为巩固新政,采取了各种政策,这些政策在主观上、客观上都给文人的结社活动造成了影响,其中以负面的消解为主,使得宋元以来文人结社的发展势头严重受阻,社事活动进入平稳状态。

朱元璋在乱世之中建立明朝,因政治原因而不断采取高压政策,又因其猜忌性格,对文人多有打压迫害,极大地破坏和阻碍了文人结社的发展。吴中诗社的许多成员因与张士诚政权的关系,入明后多罹横祸,高启因为魏观作《上梁文》而被腰斩于市,张羽坐事远谪岭南、自沉龙江死,徐贲因事下狱死,王行因蓝玉案坐死,杨基、余尧臣、唐肃等人则被谪临濠,"或死或徙,无一存者"①。其他地区的文人也未能幸免,岭南诗社的孙蕡因曾经为蓝玉题书,牵连论死,黄哲以诖误罹于法,赵介"坐累逮赴京",卒于途中②,浙东诗社的刘仁本因曾用佛经糊为书衣,而被"鞭其背,溃烂现肝脏乃死"③。清人陈田在《明诗纪事序》中例举了35位明初著名诗人④,其中竟有9人被直接杀害或被迫害致死,有3人因事牵连而获罪谪徙。可以说,"诗名家者"和"文名家者"都是"士生于斯,亦不幸哉"⑤! 这些被迫害的文人多是元明之际社事的活跃分子,有的还是领袖人物,他们的死亡不能不说是对文人结社的沉重打击。

开国之后,朝廷亟需治国人才,太祖、成祖通过荐举、征辟、科考等措施从全国各地吸纳才学突出之人为朝政服务,这也给各地社局造成一定的破坏作用。北郭诗社是元季吴中文学兴盛的代表,

---

① (明)贝琼:《清江集》卷一七《横塘农诗序》,《四部丛刊》景清赵氏亦有生斋本。
② 《明史》卷二八五,第7333页。
③ 《列朝诗集小传》甲前集,第44页。
④ 见下引陈田《明诗纪事序》。
⑤ (明)王世贞:《弇州四部稿》卷四九《艺苑卮言六》,明万历刻本。

入明之后却逐渐解散，究其原因就是社中成员被拆解得四零八落，无从相聚。洪武元年（1368），王行被"有司延为学校师"①。二年（1369），王彝"以布衣召修《元史》"②，高启被荐修《元史》，并"授翰林院国史编修官"③，张适"拜水部郎中"④，高逊志"入翰林，累迁侍读学士"⑤。三年（1370），杨基"起知荥阳县"⑥。四年（1471），张羽"征至京师"。七年（1474），徐贲"被荐至京"⑦。闽中诗会是明代闽诗派的滥觞，其状况也是如此。林鸿"洪武初，以人才荐，授将乐县训导"，郑定"洪武中，征授延平府训导"，唐泰"洪武二十七年进士"，高棅"永乐初，以布衣召入翰林"，王恭"永乐初，以儒士荐起待诏翰林"，王褒"永乐中，召入，预修《大典》"，周玄"永乐中以文学征，授礼部员外郎"，王偁"永乐初，用荐授翰林检讨"，黄玄"以岁贡官泉州训导"⑧。"十才子"中除陈亮外，其余九人都通过荐、征、召、考等途径入仕为官，闽中诗社由此逐步解体。这种情况并非个别现象，杨维桢文人群体、顾瑛玉山雅集、孙蕡南园诗社、朱右浙东诗会皆是如此。下引陈田《明诗纪事序》列举的35位明初诗人中，有32位曾被征辟为官。而据有的学者统计，《明诗纪事》收录明初诗人共376名，入明后不曾为官（含情况不确者）仅为81人⑨，为官者则高达80%，其中官至各部尚书者比比皆是。文人群体的大量入仕，一方面使他们离开居所，辗转为官，难以定居和集聚，无法开展结社活动；另一方面

---

① 《明史》卷二八五，第7330页。
② 《列朝诗集小传》甲集，第95页。
③ 《明史》卷二八五，第7328页。
④ （明）黄暐：《蓬窗类纪》卷三《著作纪》，明钞本。
⑤ 《列朝诗集小传》甲集，第97页。
⑥ 《列朝诗集小传》甲集，第75页。
⑦ 《明史》卷二八五，第7329页。
⑧ 《明史》卷二八六，第7335—7337页。
⑨ 参见何宗美《文人结社与明代文学的演进》（上），第64页。

使他们的身份由文学的更换为政治的,其思想、行为都会发生质的改变,许多文人也就不再热衷或关注社事。

不过,明初对文人的放逐、戍边等政策,也在客观上为文人聚会提供了契机,对明初社局起到了延续作用。休宁江敬弘以吏谪濠梁,与同时谪居濠上的会稽唐肃、钱塘董喜、吴中王端、临川元瑄、甬东王胄、天台梁楚材、刘昭文等人结为诗社①,钱塘凌云翰坐谪南荒,举清江文会等②。同时,一些文人为躲避政治风险而不愿为官,归隐山林,赋诗怡情,也常常开展结社活动。长乐陈亮"自以故元儒生","累诏不出","结草屋沧洲中,与三山耆彦为九老会,终其身不仕"③。福清林鸿就因为朱元璋"治尚操切",而自己却"性脱落,不善仕","遂自免归",与弟子们结社优游,"肆力为诗"④。崇德鲍恂本以明经征为文华殿大学士,但却固辞归隐,与贝琼等人"结社讲道"⑤。会稽漏瑜"建文初历河南道御史,靖难后不复出,侨寓乌镇"⑥,至"宣德中,在乌墩为九老之会"⑦。

三、结社促进诗歌流派的兴起

明人胡应麟曾经指出:"国初吴诗派昉高季迪,越诗派昉刘伯温,闽诗派昉林子羽,岭南诗派昉孙蕡仲衍,江右诗派昉刘崧子高。五家才力,咸足雄据一方,先驱当代。"⑧ 胡应麟所说的这些地域诗群在元明之际是否已经形成文学流派姑置不论,但是明初诗坛的繁荣局面却毋庸置疑,这一点早已为论者所识。陈田在辑录《明诗纪事》时就认为:

---

① (明)程敏政:《新安文献志·先贤事略上》,黄山书社2004年版,第50页。
② (明)凌云翰:《清江文会诗为崔驿丞赋》,《明诗综》卷一四。
③ 《明史》卷二八六,第7337页。
④ 《献征录》卷三五《礼部员外郎林鸿传》,第1456页。
⑤ 《明诗纪事》甲签卷三,第100页。
⑥ (清)盛枫:《嘉禾征献录》卷二四,清钞本。
⑦ 《静志居诗话》卷六,第144页。
⑧ (明)胡应麟:《诗薮》续编一,明刻本。

> 凡论明诗者，莫不谓盛于弘、正，极于嘉、隆，衰于公安、竟陵。余谓莫盛明初，若挚眉、海叟、子高、翠屏、朝宗、一山，吴四杰、粤五子、闽十子、会稽二肃、崇安二蓝，以及草阁、南村、子英、子宜、虚白、子宪之流，以视弘、正、嘉、隆时，孰多孰少也？且明初诗家各抒心得，隽旨名篇，自在流出，无前后七子相矜相轧之习，温柔敦厚，诗教固如是也①

也就是说，陈田认为不仅明初诗人的数量众多，而且诗歌水平也较后世为高。史家亦评曰："风流标映，不可指数，盖蔚然称盛已。"② 明初诗歌的繁荣集中体现在胡应麟所指出的五个地区，而这五个地区的文人群体或多或少都曾有过结社活动，这说明结社对当地诗歌的发展有所促进，推动了明初诗歌的繁荣，并且在总体上奠定了明代文学以地域名派的基本格局。其中，仍以岭南、闽中、吴中三地最为典型。

岭南，指的是五岭以南地区，主要包括今天的广东、广西和海南。明代以前，岭南地区不乏诗人，如唐代张九龄、五代孟宾于、北宋余靖、元代罗蒙正等，但是由于没有一个较为稳定的创作群体，明代以前的岭南诗歌从未以派名。明初南园五子是岭南地区第一个较为稳定的诗人群体，也是促使岭南诗派真正形成的诗人群体，他们通过结社活动来广交诗友、砥砺诗艺，从而将岭南诗歌推向一个新的高度。清人熊绎祖说："前明洪武初，岭南有孙蕡、赵介、李德、黄哲、王佐辈，世称前五先生，结社于羊城南园。"③《列朝诗集小传》称："孙蕡与佐结诗社于南园，开抗风轩

---

① 《明诗纪事》卷首《序》，第1页。
② 《明史》卷二八五，第7307页。
③ （清）熊绎祖：《南园后五先生诗序》，（清）陈文藻等编：《南园后五先生诗》卷首，清同治九年南海陈氏重刻本。

以延一时名士。"①《(宣统)番禺县续志》记载较详：

> 南园诗社在今文明门外，中有抗风轩，元季孙蕡、赵介、王佐、黄哲、李德结诗社于此，称五先生，一时名流如蔡养晦、黄希贡、希文、黄楚金、蒲子文、黄原善、赵安中、赵澄、赵讷皆与焉。②

借助结社活动，南园五子不仅创作了大量诗歌作品，提高了自身的诗歌水平，"能自迥出常境，绮崭处亦类初唐语"③，而且团结了一大批当地诗人，形成了一个相对稳定的诗歌创作团体，实有开一代风雅之功。四库馆臣就认为："粤东诗派，数人实开其先，其提唱风雅之功，有未可没者。"④ 不过，四库馆臣只是肯定了孙蕡等人的"提唱风雅之功"，并没有指出这种"风雅之功"是如何"提唱"的。崇祯十一年（1638），葛征奇为《重刻南园五先生诗》作序时非常明确地指出：

> 岭海逶迤浩淼，蔚为人文，风雅代开，狎主齐盟，而首宗者则称五先生。……上下三百年，榛莽未开，运会方新，有志之士，皆抱其孤致，以相角于骚坛茗垒，此南园之所为社也。……有五先生不可无南园，有南园不可无五先生。⑤

葛氏指出了明初五先生对于岭南诗歌的"风雅代开，狎主齐盟"的贡献，同时也阐明了他们与南园诗社的相互关系。可以说，在岭南

---

① 《列朝诗集小传》甲集，第 148 页。
② 梁鼎芬：《(宣统)番禺县续志》卷四〇，民国二十年刻本。
③ 《明诗纪事》甲签卷九，第 198—199 页。
④ 《钦定四库全书总目》卷一八九，第 2640 页。
⑤ （明）葛征奇编：《南园前五先生诗》卷首《重订五先生诗集序》，清同治九年南海陈氏重刻本。

诗派的形成过程中（包括在以后的发展过程中）①，南园诗社发挥了巨大作用，它是岭南诗派事实上的组织实体，是诗派形成及以后发展的重要支撑，因此有人径将岭南诗派称为"南园派"②。

闽中，以福州为中心，闽中诗派亦称晋安诗派。自南宋严羽标举盛唐之后，以盛唐为法就成为闽诗派的诗学旨趣。至元明之际，闽诗派开始成型，前后共经历了三个时期，每一时期都开展过结社活动。

发其轫者为崇安蓝仁、蓝智兄弟，时称"二蓝"，是为第一期。"二蓝"在元时曾经师事杜本，而杜本的诗学源自著名元代诗人杨载、任士林，他们的诗法都是以宗唐为旨③，主张作诗应当"取材于汉魏，而音节则以唐为宗"④。这对蓝氏兄弟的诗法产生了重要影响。《明史》记载："元时，清江杜本隐武夷，崇尚古学，仁兄弟俱往师之，授以四明任士林诗法，遂谢科举，一意为诗。"⑤ 蓝氏兄弟经常开展结社活动，揣摩诗艺，这在他们的诗歌中有所反映，如蓝仁诗云"强开桑落招诗社，倦插茱萸到病翁"⑥，蓝智诗云"此日仙舟真惜别，何年诗社更寻盟"⑦ 等，由此他们的诗歌风格逐渐形成。四库馆臣认为"仁诗规模唐调，而时时流入中、晚"，"智诗清新婉约，足以肩随其兄"，"以无失唐人矩矱"，两人的诗集"卓然可称'二难'"⑧。蓝

---

① 参李玉栓《文人结社与明代岭南诗派的发展》，《安徽师范大学学报》2013年第6期。
② （清）李保孺：《委怀诗舫遗草》卷二《题宋芷湾诗卷真迹》，同治九年刻本。
③ 陈广宏：《元明之际宗唐诗风传播的一个侧面——以"二蓝"诗法渊源为中心》，罗宗强、陈洪主编：《明代文学研究》，南开大学出版社2006年版，第71—87页。
④ 《元史》卷一九〇，第4341页。
⑤ 《明史》卷二八五，第7327页。
⑥ （明）蓝仁：《蓝山集》卷三《九日席上呈兼善伯寿》，《景印文渊阁四库全书》第1229册，第799页。
⑦ （明）蓝智：《蓝涧集》卷四《郑居贞别驾归闲未久，又以明经赴召，因敬题〈春江别意图〉为饯》，《景印文渊阁四库全书》第1229册，第864页。
⑧ 《钦定四库全书总目》卷一六九《蓝山集提要》、《蓝涧集提要》，第2272页。

氏兄弟对闽中诗派的影响早有论者指出："二蓝学文于武夷杜清碧，学诗于四明任松卿，其体格专法唐人，间入中晚。盖十才子之先，闽中诗派，实其昆友倡之。"① 四库馆臣也认为："闽中诗派，明一代皆祖十子，而不知仁兄弟为之开先。"②

广其势者为福清林鸿，是为第二期。约在洪武九年（1376）前后，林鸿辞官归乡，"开诗社，招致海内词客"③。《列朝诗集小传》记载着一则无锡人浦源入社的雅事：

> （浦源）闻闽人林子羽老于诗学，欲往访之而无由。以收买书籍至闽。子羽方与其乡人郑宣、黄玄辈结社，长源谒之，众请所作，初诵数首，皆未应，至"云边路绕巴山色，树里河流汉水声"，惊叹曰："吾家诗也。"子羽遂邀入社，因辟所居舍之，日与唱酬。④

于是在林鸿周围逐渐聚集一批诗旨相同、诗风相近的诗人，其中有"先朝遗老如吴海、陈亮辈"⑤，又有他的弟子"赵迪、林敏、陈仲宏、郑关、林伯璟、张友谦"等人，皆"以能诗名"⑥。这个诗人群体具有一定规模，因而在当时诗坛的影响较二蓝兄弟为盛，闽中一派遂由此开："闽三山林膳部鸿独倡鸣唐诗，其徒黄玄、周玄继之以闻"⑦，以致"凡闽人言诗者，皆本鸿"⑧。林鸿论诗，认为"惟唐作者可谓大成"，且以盛唐为宗，"学者当以是为楷式"⑨，被闽中一派奉为圭臬。

---

① 《静志居诗话》卷四，第90页。
② 《钦定四库全书总目》卷一六九，第2272页。
③ （明）王兆云：《皇明词林人物考》卷一，明万历刻本。
④ 《列朝诗集小传》甲集，第143页。
⑤ （清）饶安鼎：《（乾隆）福清县志》卷一四，清光绪二十四年刘玉璋刻本。
⑥ 《明史》卷二八六，第7337页。
⑦ （明）林志：《漫士高先生棣墓志》，《献征录》卷二二，第939页。
⑧ 《列朝诗集小传》甲集，第143页。
⑨ （明）高棅：《唐诗品汇·凡例》，明嘉靖十六年序刻本。

树其帜者为长乐高棅，是为第三期。洪、永间，长乐高棅、王恭诸人继起，经常与邑中耆老结社。《列朝诗集小传》记载邑人陈亮"与名士王恭、高棅为文酒之社"①，《全闽诗僎》也说三人"日相过从，以诗酒为乐，时往三山中为九老社"②。两人由此成为明代闽中诗派的最终奠基者，时人林志就说两人"起长乐，颉颃齐名，至今闽中推诗人五人（另三人为林鸿、黄玄、周玄），而残膏剩馥沾溉者多。"③

可见，元明之际闽地诗人群体的聚集④、诗歌创作的丰产⑤、诗歌理论的建树⑥、诗歌流派的形成，都在一定程度上借助了结社活动，而高棅编选的《唐诗品汇》是明初诗歌崇唐的里程碑，开明代复古思潮之先河，"终明之世，馆阁宗之"⑦，甚至有人认为"明诗所以知宗乎唐者，高廷礼之功也"⑧，其对明代以后文学思想的影响也至为深远。

吴中地区一般是指以吴县为中心、包括苏州府所领诸县邑在内的地域范围。吴中文统悠长，西晋时便有著名文学家陆机、陆云，

---

① 《列朝诗集小传》乙集，第181页。
② 《明诗纪事》甲签卷一〇，第231页。
③ 《漫士高先生棅墓志》，《献征录》卷二二，第939页。
④ 当时诗名卓著者被后人誉为"十才子"："闽中善诗者，称十才子，鸿为之冠。十才子，闽郑定，侯官王褒、唐泰，长乐高棅、王恭、陈亮，永福王偁及鸿弟子周玄、黄玄。"《明史》卷二八六，第7335页。
⑤ 《钦定四库全书总目》说："闽中十子者，一曰福清林鸿，有《膳部集》；一曰长乐陈亮，有《储玉斋集》；一曰长乐高廷礼，有《木天清气集》、《啸台集》；一曰闽县王恭，有《白云樵唱》、《凤台清啸》、《草泽狂歌》诸集；一曰闽县唐泰，诗轶不传，散见《善鸣集》中；一曰闽县郑定，有《澹斋集》；一曰永福王偁，有《虚舟集》；一曰闽县王褒，有《养静集》；一曰闽县周元，有《宜秋集》；一曰侯官黄元，其集名不传。"披阅现存诸集，其中不乏结社或交游的作品。《钦定四库全书总目》卷一〇九《闽中十子诗提要》，第2640页。
⑥ 高棅编选的《唐诗品汇》不仅终明之世，馆阁宗之，而且"海内文士，欲历唐人之蹊径"，"必于《品汇》求之"（马得华《〈唐诗品汇〉序》，《唐诗品汇》卷首）。
⑦ 《明史》卷二八六，第7336页。
⑧ （明）谢肇淛：《小草斋诗话》卷三，周维德集校：《全明诗话》第四册，齐鲁书社2005年版，第3530页。

并称"二陆",初唐时张若虚、贺知章、张旭、包融因文学成就突出而被誉为"吴中四士",从南宋开始则人才辈出,历代不乏,有明特盛。清人朱彝尊就曾说:"汴宋南渡,莲社之集,江湖之编,传颂于士林;其后顾瑛、偶桓、徐庸所采,大半吴人之作。至于北郭十友、中吴四杰,以能诗雄视一世。降而徐迪功颉颃于何、李,四皇甫藉甚七子之前。海内之言诗者,于吴独盛。"① 明人叶盛则说:"我朝诗道之昌,追复古昔,而闽、浙、吴中尤为极盛。"② 徐泰亦云:"国初之诗,莫盛吴下。"③

明代吴诗繁荣首先要归功于元季以顾瑛等人为核心的文人集团,他们会文赋诗,引领吴中风雅盛极一时:"元季吴中好客者,称昆山顾仲英、无锡倪元镇、吴县徐良夫,鼎峙二百里间。海内贤士大夫闻风景附,一时高人胜流,佚民遗老,迁客寓公,缁衣黄冠于斯文者,靡不望三家以为归。"④

厥后,高启、杨基等北郭十子继起,从而开启明代吴中诗风,所谓"吴城文物,北郭为最盛"⑤,并非虚言。杨基在洪武四年(1371)赋诗云:"诗社当年共颉颃,我才惭不似君长。可应句好无人识,梦里相寻与较量。"⑥ 多年以后仍在追忆社中情景。北郭诗社的活动大致可以分为前后两个时期,前期约始于至正十六年(1356)前后,除高、杨二人外,还有徐贲、高逊志、唐肃、余尧臣、张羽、王行、陈则、吕敏、周砥、王彝、释道衍等十余人参与,他们"或辩理诘义以资其学,或赓歌酬诗以通其志,或鼓琴瑟

---

① (清)朱彝尊:《曝书亭集》卷三《张君诗序》,《四部丛刊》景清康熙本。
② (明)叶盛:《水东日记》卷二六,中华书局1980年版,第255页。
③ (明)徐泰:《诗谈》,涵芬楼影印清道光十一年六安晁氏木活字学海类编本。
④ 《明诗纪事》甲签卷二五,第504页。
⑤ 《半轩集》卷八《跋东皋唱和卷》,《景印文渊阁四库全书》第1231册,第393页。
⑥ (明)杨基:《眉庵集》卷一一《梦故人高季迪三首》,清文渊阁《四库全书》本。

以宣湮滞之怀,或陈几筵以合宴乐之好"①,直至至正二十七年(1367)张士诚政权灭亡方才中止。此前已有论述。后期诗社约在洪武四年(1371)至六年(1373)之间,由长洲张适辞官归里后主事。黄暐《蓬窗类纪》记载张适:"元季隐居不仕,洪武初,宋濂荐修《元史》,拜水部郎中。未几辞归,与高季迪、杨孟载、张来仪、徐幼文、王止仲、梁用行、方以常、钱彦周、杜彦正、浦长源辈结为诗社。"② 后期社中成员变动较大,除少数几人属原社中人物外,又有一些新的成员加入。与岭南、闽中相比,吴中文人群体的结社活动虽有中止,但却持续时间较长,所产生的影响也同样广泛。社中张羽、杨基、高启、徐贲四人在当时已有盛名,被后世比作"唐初四子",而张羽"与高季迪、杨孟载、徐幼文、王止仲、张子宜、方以常、梁用行、钱彦周、浦长源、杜彦正辈结诗社",号为"十才子"③。其中,高启被认为"诗才富健","振元末纤秾缛丽之习,而返之于古",故是"一代巨擘","实据明一代诗人之上"④,评价相当之高。高启虽英才早逝,后人对他开启吴中诗派的贡献却从未抹杀,弘治、正德间吴中文学的重要代表人物沈周是目前可知的最早提出"吴中诗派"概念的人,他就认为"吴中诗派自高太史季迪"开始,并且认为后来之人"多流于肤近生涩"而"不能造诣"⑤,都未能达到高启诗歌的水平。

第二节 明中期文人结社(洪熙—嘉靖)

洪熙以后,明朝走上正轨发展轨道,社会逐渐稳定下来,经济

---

① 《凫藻集》卷二《送唐处敬序》,《景印文渊阁四库全书》第1230册,第270页。
② 《蓬窗类纪》卷三《著作纪》。
③ 《玉堂丛语》卷一,第15—16页。
④ 《钦定四库全书总目》卷一六九《大全集提要》、《凫藻集提要》,第2272页、2273页。
⑤ (明)沈周:《石田先生文钞》卷九《题周寅之诗稿》,明崇祯十七年瞿式耜刻本。

实力不断增强，国运昌隆极大地激发了民众的自信心和享受心态，从最高统治者皇帝到皇室成员、再到高层官僚，都热衷于宴饮唱和、社游赋诗，整个社会的结盟立社渐成风气。怡老类结社率先兴盛，成为明代文人结社的排头兵，分别在宣德至天顺年间、成化至弘治年间以及嘉靖年间形成了几次高潮。诗人结社与文学流派互相激荡，台阁派、茶陵派、复古派、唐宋派不断更迭，通过结社活动引领着各自时代的文坛风气。讲学类结社经过漫长发展，至嘉靖中后期因心学讲学活动的风行而涌现高潮。在科举制度的催动下文社正式形成并有初步发展。

一、社事发展的经济基础

明代经济发展的大致趋势是：洪武至永乐为休养期，宣德至弘治为发展期，正德至万历前期为维持期，万历后期至崇祯为衰敝期。此仅对万历以前的经济情况稍予述论，以揭橥结社发展的物质基础，万历以后的情况留待后论。

明初的几十年里，社会经济处于复兴阶段。太祖朱元璋亲历元末战争，了解元朝的施政弊端和人民生活的真实状况，非常明白"民急则乱"、"宽则得众"的道理。他曾用生动的比喻来阐述他的治国思想："天下初定，百姓财力俱困，譬犹初飞之鸟，不可拔其羽，新殖之木，不可摇其根，要在安养生息之。"① 所以在明朝建立之后，朱元璋采取了一系列措施，如移民垦荒、减轻赋税、兴修水利、实行军屯、解放工奴、扶持工商等，使得农业、手工业、商业在短时间内都有所恢复。成祖朱棣登基以后，继续推行或强化太祖的经济措施，为有明一代的经济发展奠定了基础，社会经济的复苏至此也开始显现效果，京师北京的营建、南北大运河的贯通、郑

---

① 《明太祖实录》卷二五，台湾研究院历史语言研究所1968年校印本，第505—506页。

和舰队的远航、《永乐大典》的修纂，无不彰显着国家经济的实力。无怪乎史家将永乐以后至宣德时期誉为中国古代的四大盛世之一。

仁宗朱高炽、宣宗朱瞻基继续强化这种发展势头。仁宗在位虽仅一年，却"用人行政，善不胜书"，如果时间长一点的话，或许可以"涵濡休养"，以与"文、景比隆"。宣宗即位以后，"吏称其职，政得其平，纲纪修明，仓庾充羡，闾阎乐业"。史家描述这一段时期的社会状况说："洪、永、熙、宣之际，百姓充实，府藏衍溢。盖是时，劝农务垦辟，土无莱芜，人敦本业，又开屯田、中盐以给边军，军饷不仰藉于县官，故上下交足，军民胥裕。"而宣宗在位期间则一直被认为是明代最为繁荣的时期，被称为"宣德之治"："盖明兴至是历年六十，民气渐舒，蒸然有治平之象矣。"①《剑桥中国明代史》对宣宗及其时代作出这样的评价：

> 宣德的统治是明史中一个了不起的时期，那时没有压倒一切外来的或内部的危机，没有党派之争，也没有国家政策方面的重大争论。政府有效地进行工作，尽管宦官日益参与了决策过程。及时的制度改革提高了国家行使职能的能力和改善了人民的生活，这两者是贤明政治的基本要求。后世把宣德之治作为明代的黄金时代来怀念，这是不足为奇的。②

正统时，因有土木堡之变、王振擅权，明朝开始"国势寖弱"，但在相当长的一段时间里，明朝仍在朝着良好的方向发展。英宗朱祁镇、代宗朱祁钰在位期间，能够"笃任贤能，励精政治"，共同缔造了"海内富庶，朝野清晏"的局面。宪宗朱见深早正储位，"恢恢有人君之度"，"能笃于用人，谨于天戒，蠲赋省刑"，因此"闾里日益充足"，堪与仁、宣之治媲美。孝宗朱祐樘"恭俭有制，

---

① 《明史》卷八、卷九、卷七七、卷九，第112页、125页、1877页、125—126页。
② 《剑桥中国明代史》上卷，第298页。

勤政爱民，兢兢于保泰持盈之道"，使得"朝序清宁，民物康阜"①，被史家称为"弘治中兴"，与仁、宣二帝并称。李梦阳曾回忆当时的盛况说：

> 曩余在曹署，窃幸侍敬皇帝（孝宗）。是时，国家承平百三十年余矣。治体宽裕，生养繁殖，斧斤穷于深谷，马牛遍满阡陌。即闾阎而贱视绮罗，梁肉糜烂之，可谓极治然。是时海内无盗贼干戈之警，百官委蛇于公朝，入则振珮，出则鸣珂，进退理乱不婴于心。盖暇则酒食会聚，讨订文史，朋讲群咏，深钩颐剖，咸得大肆力于弘学。於亦乎极矣！②

至正德时，武宗朱厚照"耽乐嬉游，昵近群小"，致使"朝纲紊乱，而不底于危亡"，国势始衰，而后即位的世宗朱厚熜又"营建繁兴，府藏告匮"，最终"百余年富庶治平之业，因以渐替"③。

可见，在洪熙至嘉靖的一百四十年里，虽出现过各种各样的问题，但总体趋势是呈良性发展的，国家所采取的措施也多能改良或促进社会经济的发展，因此国家的整体实力不断增强，所谓"仓庾充羡"、"百姓充实"、"海内富庶"、"民物康阜"、"生养繁殖"云云，都是对经济水平高度发达的赞誉之词。人口增长是经济繁荣的一种反映。据统计，洪武二十六年（1393）、弘治十五年（1502）和嘉靖二十一年（1542）的人口分别是 60 545 812 人、61 416 375 人和 62 530 195 人④，充分说明了在这一段时期内经济的走势。以

---

① 《明史》卷一六、卷一一、卷一二、卷一四、卷一五，第 213 页、150 页、160 页、181 页、196 页。
② （明）李梦阳：《空同集》卷五二《熊士选诗序》，《景印文渊阁四库全书》集部第 1262 册，第 475 页。
③ 《明史》卷一六、卷一八，第 213 页、250—251 页。
④ 梁方仲：《中国历代户口、田地、田赋统计》乙编《乙表29：明洪武、弘治、嘉靖三朝分区户口、田地及税粮数》，上海人民出版社 1980 年版，第 332—333 页。

苏州城为例，元季战争的破坏和明初朝廷的打压，使之"邑里萧然，生计鲜薄"，经过七、八十年的恢复，至正统、天顺间，"稍复其旧，然犹未盛"，至成化间，入城之人感到"迥若异境"，说明已经发展得很好，到了弘治时期，就"愈益繁盛"了。长洲人王锜描绘当时的情景说：

> 阛檐辐辏，万瓦甃鳞，城隅濠股，亭馆布列，略无隙地。舆马从盖，壶觞罍盒，交驰于通衢水巷中，光彩耀目。游山之舫，载妓之舟，鱼贯于绿波朱阁之间，丝竹讴舞与市声相杂。……人生见此，亦可幸哉。①

政治清平为文人结社提供了良好的社会环境，而经济发展则提供了物质基础。《甬上耆旧诗》说"循至成、弘之际，海内久治平，气淳俗厚，人风益高"，洪常、卢瑀、金湜等六七人"俱解组归田"，"相结为高年诗会，每值风日佳时，辄剪蔬供蔌，欢共为集，逍遥散带，里人望之若仙"②。《明史》记载宣德年间，英宗也常常与大臣们一道游赏庚和："当是时，帝励精图治，士奇等同心辅佐，海内号为治平。帝乃仿古君臣赓游事，每岁首，赐百官旬休。车驾亦时幸西苑万岁山，诸学士皆从，赋诗赓和。"③成化时，莫震结叙情会是因为"今也遭逢圣天子在上，四海雍熙"，方才"得以叙情于优游无事之中"④。

洪熙以后，明朝社会逐步稳定，至正统年间国运昌隆，激发了文人的自信心和养尊处优的享受心态，结盟会社也就渐成风气。成化时秦旭修碧山吟社，张恺《碧山吟社记》说："吾侪幸生圣明之世，重荷文明之化，既无公卿士大夫之责，又无农工商贾之劳，惟

---

① 《寓圃杂记》卷五《吴中近年之盛》。
② 《甬上耆旧诗》卷五。
③ 《明史》卷一四八，第4136页。
④ （明）莫旦：《（弘治）吴江志》卷一六，明弘治元年刻本。

歌吟太平,以形容国家之盛,此分内事耳。"① 李东阳《书杏园雅集图卷后》也说:

> 自洪武之开创,永乐之戡定,宣德之休养生息,以至于正统之时,天下富庶,民安而吏称。庙堂台阁之臣,各得其职,乃能从容张弛,而不陷于流连怠敖之地,何其盛也!夫惟君有以信任乎臣,臣有以忧勤乎君,然后德业成而各绘其盛,此固人事之不容不尽者,而要其极,有气数存焉。然则斯会也,亦岂非千截一时之际哉!②

杨荣也说:"今圣天子嗣位,海内晏安,民物康阜,而近职朔望休沐,聿循旧章,予数人者得遂其所适,是皆皇上之赐,图其事以纪太平之盛,盖亦宜也。"他用诗歌说得更为简洁明白:"中朝文物真逾古,东洛衣冠复见今。海宇升平民物遂,何妨痛饮和新吟。每念耆年洛社英,合欢此日见高情。生来已幸逢昌运,老至还欣际圣明。"③ 这些都很好地解释了结社兴起的社会经济背景。

二、皇室贵族和馆阁重臣的带动作用

由于政治身份的特殊性,馆阁重臣尤其是皇室贵族的权力、地位、声望等影响力较一般文人更大,他们对结社的提倡与参与,无疑会促进社局的发展。

关于皇帝赐诗给下臣的事例,嘉靖间王世贞专门撰有《赐群臣诗》,多所罗列④。但这还只是皇帝对臣下的单向活动,双向互动的和诗活动也是比比皆是。朱元璋虽出身农民,却"喜为歌诗"⑤,"长

---

① (明)秦旭撰,(清)秦毓钧辑:《修敬诗集》附录,民国十八年味经堂木活字本。
② (明)李东阳:《怀麓堂集》卷七三,清康熙二十年刻本。
③ (明)杨荣:《文敏集》卷一四《杏园雅集图后序》、卷六《和真率会诗》,《景印文渊阁四库全书》第1240册,第205页、95页。
④ (明)王世贞:《弇山堂别集》卷一四,《景印文渊阁四库全书》第409册,第177页。
⑤ 《列朝诗集小传》乾集上,第1页。

篇短歌,操笔辄韵"①。朱元璋喜欢"与文学之臣燕饮赓和",曾经一日之间书和释宗泐诗一百余篇,经常命身边大臣奉和御诗或应制钦韵,比如至正二十六年(1366)六月,他祈雨钟山,应验后赋《喜雨诗》,"命待制黄哲等赓和",洪武十年(1377)十二月,特制十题,"命典籍吴宗伯赋之",幸清流关赋诗,"命扈从儒臣和之",祀于圜丘,又"命群臣赋七言律十二韵"②,真是"韵事特多,更仆难数"③。《双槐岁钞》详细记载着一次朱元璋与宋濂等人宴饮赋诗的经过,兹摘录如下,据之可以想见当时君臣宴乐的融洽情景:

> 洪武八年(1375)秋八月甲午,上览川流之不息,陋尹程《秋水赋》言不契道,乃亲更为之。赋成,召禁林群臣观之,且曰:"卿等亦各撰赋以进。"宋濂率同列研精覃思,铺叙成章,诣东黄阁次第投献,上皆亲览焉,复置品评于其间。已而赐坐,……上复笑曰:"卿宜自述一诗,朕亦为卿赋醉歌。"二奉御捧黄绫案进,上挥翰如飞,须臾成《楚辞》一章,……濂既醉,下笔欹斜,字不成行列,甫缀五韵,上遽召濂至,命编修朱右重书以遣濂,……上更敕侍臣应制赋《醉学士歌》者四人,考功监丞华克勤、给事中宋善、方征、彭通。④

皇帝雅好词事,下臣必定仿而效之,后来秦府长史林温,太子正字桂彦良,翰林编修王琏、张唯,典籍孙蒉等人听说这件事后还有续赋,宋濂也因此获得个"醉学士"的雅号。

有了太祖倡导在前,其他皇帝也就纷纷效仿在后。成祖"戎马

---

① 《弇州四部稿》卷一四八《艺苑卮言五》。
② (明)廖道南:《殿阁词林记》卷一三,《景印文渊阁四库全书》第452册,第307页。
③ 《静志居诗话》卷一,第1页。
④ (明)黄瑜:《双槐岁钞》卷一,中华书局1999年版,第3—4页。宋濂《宋学士文集》卷三四《恭跋御赐诗后》、黄佐《翰林记》卷六《燕饮赓和》等亦有详细记载。

之余",亦能"铺张文治"①,视学后赋诗赐给太子、亲王,学士胡广进《视学诗》,"一时词林诸儒臣咸和之"②。仁宗"好文重士,乐善有诚,时节宴群臣,间赐诗奖谕"③。他曾在东宫观赏内侍象戏,命曾子棨应制,自己也赋诗赓和④。宣宗"万机之暇,游戏翰墨",经常"君臣同游,赓歌继作"⑤。据《殿阁词林记》载,"宣宗尤喜为诗",即位不久就起用学士李时勉,一日时勉侍游东苑,宣宗赐酒,"既醉,上出御制诗俾赓之"。宣德六年(1431),宣宗赐诗尚书胡濙,杨士奇、杨荣奉和以献,又召大学士黄淮宴饮万岁山,黄淮献诗以谢⑥。九年(1434)元夕之夜,宣宗与大臣们观灯,"各献诗赋,汇成六册"⑦,足见诗作之富。英宗"崇尚文治","频颁宸藻"⑧。宪宗"时御翰墨,作为诗赋"⑨。孝宗"非惟政事之勤,实启人文之化"⑩。武宗曾"南巡至镇江,幸大学士杨一清私第。御制诗十二首,以赐一清,命一清即席恭和,欢宴霑醉,夜阑而罢"⑪。世宗"万机之暇,喜为诗文"⑫,经常命大学士费弘、杨一清更定其诗,"或御制诗成,令二辅臣属和以进,一时传为盛事"⑬。《殿阁词林记》记载世宗与大臣赓和之事:

> 嘉靖八年(1529)正月元夕,臣道南应制撰《灯词》十五

---

① 《列朝诗集小传》乾集上,第2页。
② 《翰林记》卷一一,第429页。
③ (明)杨士奇:《东里文集》卷九《恭题仁庙御制诗后》,《景印文渊阁四库全书》第1238册,第107页。
④ (明)尹直:《謇斋琐缀录》卷七,明钞国朝典故本。
⑤ 《列朝诗集小传》乾集上,第3页。
⑥ 《殿阁词林记》卷一二,《景印文渊阁四库全书》第452册,第300—301页。
⑦ 《静志居诗话》卷一,第3页。
⑧ 《静志居诗话》卷一,第4页。
⑨ (明)何乔远:《名山藏》卷一七《典谟记宪宗纯皇帝》,明崇祯刻本。
⑩ 《静志居诗话》卷一,第4页。
⑪ 《列朝诗集小传》乾集上,第4页。
⑫ 《列朝诗集小传》乾集上,第5页。
⑬ (明)沈德符:《万历野获编》卷二,中华书局1959年版,第38页。

首以进，上亲制一章云……九年（1530）七月，敬一亭成，上复命儒臣落成，锡宴进诗。十年（1531），演马环碧殿，御制歌词赐同游，诸臣和之。十三年（1534），臣自徽州赐环，上亲洒《钟粹宫词》，命和之，赐金绮有差。十五年（1536）三月，上谒诸陵，撰《泛舟赋》，命同游诸臣和之。①

万历以后，国势渐衰，皇帝于文词一道只是偶尔为之，不再如此前光景。不过，其时文人结社之风已然盛行，许多宗室子弟都自行立社，课诗研艺。恭裕王孙三人翊鈲、翊𨮑、翊鏰皆工诗，兄弟尝共处一楼结花萼社，谈艺不倦②。宁惠王第四子朱多煃等王室后裔十人在南昌城外结龙光诗社，社诗辑为《龙光社草》③。辅国将军朱珵垿与珵𡎯、珵𡑒、珵埳四人结社，日课以诗④。更多的宗室子弟则是与各地文人交游，参与到文人结社的活动中去，如宁献王六世孙朱多炡就曾变姓名为来相如，与李维桢一同加入歙县汪道昆的白榆社⑤。

所谓"行于一人之身而化及四海之内"⑥，象征着最高统治权力的皇帝及其宗室成员们的行为，率先影响到与他们接触最紧密的高层官僚们。早在永乐年间，馆阁文人已开倡和之风："太宗朝，内阁七人者在馆阁相与唱和，有《直阁即事》诸诗。"⑦ 大学士胡广邀请同院之士聚会赋诗，开高层官僚节会唱和之始：

> 永乐七年（1409）中秋之夕，学士胡广合同院之士会于北京城南公宇之后，酒酣分韵，赋诗成卷，学士王景为之序。此

---

① 《殿阁词林记》卷一三，《景印文渊阁四库全书》第 452 册，第 308 页。
② 《明史》卷一一九，第 3632 页。
③ 《静志居诗话》卷一，第 19 页。
④ 《列朝诗集小传》闰集，第 779—780 页。
⑤ （明）李维桢：《大泌山房集》卷七一《汪仲淹家传》，明万历三十九年刻本。
⑥ （明）方孝孺《正俗》，（清）黄宗羲编：《明文海》卷八五，中华书局 1987 年版，第 829 页。
⑦ 《翰林记》卷二〇，第 480 页。

节会倡和之始也。①

"分韵""赋诗"的活动内容和方式都与结社相仿佛。宣德年间,宣宗励精图治,君臣勤力,缔造了一个"治平之世"。在这样的太平盛世中,大臣们更多唱和宴集:

> 宣德三年(1428)三月,学士杨溥掌院事,率寮友迎首甲马愉等三人宴其中,杨士奇因名其堂曰"聚奎",为文以识之,众皆赋诗。自是遂为例,不知何时此□遂废,然馆阁相与宴集,犹谓之聚奎宴,盖自始也。②

聚奎堂宴集后来成为高层文人常规的集会活动,而杨士奇、杨荣、杨溥三人到了正统年间复举杏园雅集,"觞酌序行,琴咏间作,群情萧散,衎然以乐"③,又结真率之会,每十日一集,频繁聚会,文雅风流广为传诵,在当时和后世都产生了很大影响。弘治间,南京吏部尚书倪岳、吏部侍郎杨守阯、户部侍郎郑纪、礼部侍郎董越等人"皆发身翰林",他们"相与醵饮,倡为瀛洲雅会"。正德间,吏部尚书王华、侍郎黄珣、礼部尚书刘忠、侍郎马廷用、户部尚书杨廷和等人"复继之,皆倡和成卷"④。这样的事例几乎历朝历代都有一些,黄佐《翰林记》颇多记载:

> 景泰中,内阁赏芍药赋黄字韵诗,本院官皆和之,有《玉堂赏花集》盛行于时。成化末,少傅徐溥辈在内阁赏芍药,赋吟扉二韵,次年又有诗二韵,本院官亦皆和之。正德中,大学士梁储、

---

① 《翰林记》卷二〇,第480页。
② 《翰林记》卷二〇,第480页。
③ 《文敏集》卷一四《杏园雅集图后序》,《景印文渊阁四库全书》第1240册,第204页。
④ 《翰林记》卷二〇,第481页。

杨一清赏芍药倡和，则用东冬清青为韵，人各四首云。①

又案曰："宣德八年（1433）十一月，本院诸寮有文渊阁赏雪诗，盖词林纪事，多有题咏，不特赏花而已。"② 这些馆阁重臣的宴饮游赏，雅集唱和，虽然没有明确标名是结社，但它容易为下层文人所效仿，对当时正在兴起的文人结社起了推波助澜的作用。

文人结社发展起来以后，馆阁重臣亦多结社之举。成化后期，户部尚书兼文渊阁大学士王鏊结文字之会，"花时月夕""燕集赋诗"③。正德间，吏部尚书兼华盖殿大学士李东阳结西社，"与诸友生觞咏玉堂之上"④。嘉靖间，户部尚书刘储秀与僚属倡和为诗社，"都下号西翰林"⑤，刑部尚书王世贞结六子社，"彬彬称同调"⑥。这些馆阁重臣对文人结社的影响，不仅仅是他们结了几个社，而是他们致仕或离职后，将这种结社风气散播到各地，并由于他们的影响力，很容易在当地组织起规模不等的社事。长洲祝颢，官至山西布政司右参政，年六十致仕，"归田之后，一时耆俊胜集，若徐天全、刘完庵、杜东原辈，日相过从。高风雅韵，辉映乡邦，历二十年"⑦。吴江莫震官至延平府同知，成化十九年（1483）归乡，择亲友中贤而有礼者，结为叙情之会，"每月会于一家"⑧。鄞县杨守

---

① 《翰林记》卷二〇，第480页。
② 《翰林记》卷二〇，第480页。
③ (明)王鏊：《震泽集》卷一〇《送广东参政徐君序》，《景印文渊阁四库全书》第1256册，第249页。
④ (明)陈仁锡《陈太史无梦园初集》驻集四《成弘联句跋》，《四库禁毁书丛刊》集部第60册，第194页。
⑤ 《列朝诗集小传》丙集，第318页。
⑥ (清)钱大昕：《弇州山人年谱》"（嘉靖）二十九年条"，《续修四库全书》史部第553册，第78页。
⑦ 《列朝诗集小传》乙集，第207页。
⑧ 《（弘治）吴江志》卷一六。

随官至工部尚书，正德二年（1507）解组之后，"与乡之耆旧以诗酒相娱"①。寿光刘澄甫官至山西布政司参议，嘉靖十三年（1534）归田后，"与乡大夫退居者若石太守敬夫、冯宪使伯顺、杨太守文焕、黄方伯某结海岱文会，每月□集于精舍"②。类似这样的例子，在明代俯拾皆是。

所谓上行下效，从最高统治者皇帝开始，到皇室成员，再到高层官僚，他们的言行举止对整个社会风气起着导向作用，既然这些社会高端人群如此热衷于宴饮倡和、社游赋诗，其他民众倾心于此也就顺理成章了。

三、怡老结社率先兴盛

老年人结社肇于唐，兴于宋而盛于明。唐代明确标为怡老社团的仅见香山九老会一家，宋代此类社团开始兴起，约有五十家。据考证，明代怡老类结社至少有八十七家③，足见社事之盛。

怡老类结社贯穿于整个明代。从目前掌握的资料来看，明代最早的怡老社团是永乐二年（1404）的花山九老会。《嘉庆太平县志》载："明永乐间，逸士林原缙、王崧、翁晟、邱海、邱镡、何愚、何及、狄景常、程完等结吟社于此（梅花洞），号'花山九老'。"④ 程完是会中年龄最小的成员，曾撰《九老会序》说："吾里居恒先生林公，与谷礼王公，及斋、直斋两何公，慧斋、宗斋两邱会，实斋翁公，常斋狄公八人……永乐二年甲申正月下旬，会于里之华山精舍，欲继唐白乐天香山故事。某于诸公年最少，亦许预

---

① （清）汪源泽：《（康熙）鄞县志》卷一五，清康熙二十五年刻本。
② （明）蓝田：《蓝侍御集》卷六《山西布政司左参议刘君行状》，明万历十五年蓝思绍刻本。
③ 参考玉栓《明代怡老类结社考论》（《华夏文化论坛》2012年第八辑）、李修松、王华娣《宋明时期老年人会社述论》（《安徽教育学院学报》1996年第3期）、何宗美《明代怡老诗社综论》（《南开学报》2002年第3期）等。
④ （清）庆霖：《（嘉庆）太平县志》卷一四，嘉庆十五年修光绪二十二年重刻本。

会，以备九老之数。"① 永乐年间还有陈亮等人结的三山九老会，"以诗酒为乐"②。这一期的老年社团受当时政治形势影响，多是为了远世避祸，隐逸思想较重。

洪熙以后，老年社团开始蓬勃兴起，成为明代文人结社的排头兵，在发展过程中，还形成了几次高潮。第一次是在宣德至天顺年间。宣德中，会稽漏瑜侨寓乌镇，"为九老之会"③。正统时，杨士奇"与馆阁同志者七人倡真率会"，"文雅风流，道义相发，如群玉交映，可谓盛矣"④。天顺、景泰间，无锡张思安等十二人"同时致仕归，结耆英社于山中"，"月轮一举，分题赋诗，优游林下"⑤。此期杭州的老年社团最为繁盛，"士大夫之里居者，十数为群，选胜为乐，咏景赋志，优游自如。在正统时，有耆德会，有会文社。天顺时，有恩荣会，有朋寿会"，真是"硕德重望，乡邦典型，酒社诗坛，太平盛事"⑥。

第二次是在成化、弘治年间。成化初，朱镛致仕，与夏季爵、张鸣玉、徐彦章"觞咏迭会于西湖山水之间"⑦，号归荣雅会。四年（1468），上海蒋性中引归，"合乡之高年有行谊者八人，月一为酒食"，名莺湖九老会⑧。六年（1470），山阴田亨"常偕里中遗老十人，结清闲之会，月为一集"⑨。庐陵王恒安修香山九老会，"开筵以齿序坐，皆苍颜皓首，笑歌为欢"⑩。十七年（1481），乌程汪

---

① 《（嘉庆）太平县志》卷一四
② 《明诗纪事》甲签卷一〇，第231页。
③ 《静志居诗话》卷六，第144页。
④ 《玉堂丛语》卷七，第232页。
⑤ （清）黄印：《锡金识小录》卷四，清光绪十二年木活字本。
⑥ （清）陈璚：《（民国）杭州府志》卷一七三，民国十一年铅印本。
⑦ （清）傅王露：《（雍正）西湖志》卷二〇，清雍正间两浙盐驿道刻本。
⑧ （清）应宝时：《（同治）上海县志》卷三二，清同治十年吴门杲斋刻本。
⑨ 《家藏集》卷六〇《山阴田处士墓志铭》，《景印文渊阁四库全书》第1255册，第565页。
⑩ （明）倪谦：《倪文僖集》卷二五《跋香山九老会诗》，《景印文渊阁四库全书》第1245册，第560页。

翁善结苕溪社,"一月一会,皆赋诗一章"①。十八年(1482),无锡秦旭"与陆勉懋成、高直惟清、陈履天泽、黄禄公禄、杨理叔理、李庶舜明、陈懋行之、施廉彦清、潘绪继芳修碧山吟社于惠山之麓"②。十九年(1483),华亭莫昊"致政归,日从耆英之社"③。二十三年(1487),夏邑金酝"冠服归闲,遂约诸致政辈绘为栗城十老会"④。成、弘间,华亭曹时中"集耆老十四人,每月为安耆会"⑤,顺德李聪"结香山九老会,以课乡之俊秀"⑥。弘治元年(1488),瑞安任道逊上书请老归,"与同邑通判吴祚、寺副蔡鼎结清乐会,唱和吟咏"⑦。四年(1491),泉州致仕老人组成逸乐会,"登高眺远,赏花玩月,酌酒赋诗"⑧。弘治中,仁和惠隆"与吴乐闲辈为五老归田会,登眺湖山以觞咏自娱"⑨,长洲陈璚则在南京修有五同会,"坐以齿定,谈以音谐"⑩。十一年(1498),嘉兴项忠"结槜李耆英之会,月一集于僧房道院中"⑪。弘治末,杭州有归田乐会,"岁十二会,主会以齿,周而复始"⑫,上海则有七老会,"图画赋诗,时以为盛事"⑬。此期怡老社事受馆阁风气影响,多以怡情娱老、歌颂太平为立社宗旨,活动内容则以优游林泉、吟咏赋诗为主。

---

① (明)董斯张:《吴兴备志》卷二九,《景印文渊阁四库全书》第494册,第560页。
② 《明诗纪事》丙签卷一一,第208页。
③ (明)李绍文:《云间人物志》卷二,《明清上海稀见文献五种》,人民文学出版社2006年版,第116页。
④ 黎德芬:《(民国)夏邑县志》卷六,民国九年石印本。
⑤ (明)何三畏:《云间志略》卷九,明天启刻本。
⑥ 佚名:《顺德龙江乡志》卷四,民国十五年重刻本。
⑦ (清)陈永清:《(乾隆)瑞安县志》卷八,清乾隆十四年刻本。
⑧ (明)蔡清:《蔡文庄公集》卷四《逸乐会记》,清乾隆七年逊敏斋刻本。
⑨ 《(雍正)西湖志》卷二一。
⑩ 《家藏集》卷四四《五同会序》,《景印文渊阁四库全书》第1255册,第391页。
⑪ 《静志居诗话》卷七,第181页。
⑫ 《(雍正)西湖志》卷四六。
⑬ 《(同治)上海县志》卷三二。

第三次在是嘉靖年间。这一阶段既是明代怡老类结社的黄金期，也是中国古代老年社团的顶峰期，在人数规模、组织结构、持续时间等方面都体现出最高水平。嘉靖初，昆山张寰预吴兴雅社，为"古今旷事"①，东莞黄阅古致仕归，"与诸耆硕结东山社，赋诗自适"②，上海郁侃上疏乞休，"高居厚养，结社赋诗为乐"③。六年（1527），莆田郑岳结逸老会，"倡会于梅峰"④。二十年（1541），桐乡富好礼投绂归，"与其乡荐绅先生数辈为耆英社"⑤。二十一年（1542），海盐徐咸"结小瀛洲十老社，会聚诸名流觞咏其间"⑥。二十二年（1543），归安唐枢发起岘山社，"风雨无辍，公私俱置"⑦。二十七年（1548），南海有九老会⑧。三十一年（1552），宝应刁彶乞归，"与数老结社歌诗，年几九十"⑨。三十二年（1553），章丘张镐"与乡老结社游宴，未尚不穷日尽欢"⑩。三十三年（1554），无锡秦瀚修复碧山吟社，与乡缙绅"赋诗其中"⑪。三十六年（1557），洛阳朱朝用解官归里，"与封君文林郎董公暨诸耆旧为会，笑乐于樽酒之间"⑫。三十七年（1558），宜阳王邦瑞"约同

---

① （明）李默：《群玉楼稿》卷七《题吴兴雅社卷后》，明万历元年李培刻本。
② 《（民国）东莞县志》卷五七。
③ （明）陆深：《俨山集》卷七四《进阶亚中大夫黎平府知府郁公宜人王氏合葬墓志铭》，《景印文渊阁四库全书》第1268册，第477页。
④ （明）郑岳：《山斋文集》卷一《梅峰小隐奉招会友序》，清《文渊阁四库全书》本。
⑤ （明）莫如忠：《崇兰馆集》卷二〇《故中宪大夫四川按察司副使春山富公行状》，明万历十四年冯大受董其昌等刻本。
⑥ 《嘉禾征献录》卷三五。
⑦ 《岘山志》卷四《唐一庵先生请同社启》。
⑧ 《钦定四库全书总目》卷一七七，第2449页。
⑨ （清）孟毓兰：《（道光）重修宝应县志》卷一八，清道光二十年刻本。
⑩ （明）李开先：《李中麓闲居集》卷九《张寿翁传》，明刻本。
⑪ （明）徐阶：《重复碧山吟社记》，（明）秦瀚撰，（清）秦毓钧辑：《从川诗集》附录，民国十八年味经堂木活字本。
⑫ （明）孙应奎：《明故登仕郎德州安德水驿驿丞瀍溪朱君墓志铭》，《洛阳出土历代墓志辑绳》，洛阳市文物工作队辑，中国社会科学出版社1991年版，第793页。

时致政八人为八耆会,又谓之续真率会"①。四十一年(1562),昆山归正"与里中结社,有香山洛社之风"②。

隆、万以后,怡老社团仍在继续发展。此待后叙。

四、结社活动与文学流派更迭

明代进入中期以后,文学开始脱离政治的控制而逐渐繁荣起来,突出的表征就是文学流派的兴起和发展。从洪熙到嘉靖年间,台阁派、茶陵派、复古派、唐宋派先后崛起,引领着各自时代的文坛风气。这些文学流派从兴起到发展都开展过一些结社活动,通过结社对外可以宣传自己的文学主张从而扩大声誉和影响,吸引一些旨趣相同的文人参与进来,对内则可以交流思想、联络情感,团结派内成员进行诗艺切磋和文学创作,从而促进流派风格的形成③。

台阁派是明代永乐至成化时期以馆阁名臣"三杨"为代表的一个文学流派,是第一个真正意义上的"明代"文学派别,所谓"馆阁著作沿为流派"、"东里一派"④即指此言。成祖建朝,始设内阁,阁臣群体逐步形成,公务之暇进行雅集宴饮,成为一种重要的休闲和交流方式。永乐三年(1405)正月,曾日章、钱仲益、徐旭、苏垕、沈度、王黻和邹缉等七位朝中大臣因成祖祭祀南郊而"会宿于翰林之公署","于时天宇澄雾,月色清朗,诸君子相与秉烛","沈公善琴,因请鼓之,作商调数引","坐者听之,莫不心畅神怡,乃相与分韵赋诗,以纪其事"⑤。七年(1409)中秋,大学

---

① (明)刘贽:《初服会序》,(清)龚崧林纂修:《(乾隆)洛阳县志》卷一三,清乾隆十年刻本。
② (明)归有光:《新刊震川先生文集》卷二五《请敕命事略》,《丛书集成三编》第50册,新文丰出版公司1997年版,第492页。
③ 参何宗美《文人结社与明代文学的演进》上编《明代文人结社现象与文学流派、文学思潮研究》。
④ 《钦定四库全书总目》卷一百七〇《东里全集提要》、《杨文敏集提要》,第2290页、2291页。
⑤ (明)邹缉:《翰林院斋宿听琴诗序》,《明诗综》卷一七。

士胡广邀翰林院之士会于京师城南，酒酣之余，"分韵赋诗成卷"，大学士王景作序，成为后来馆阁成员的"节会倡和之始"①。这两次雅会开启了台阁文人集会的风气，预示着台阁文学即将在明代文坛兴起。

永乐十九年（1421）成祖迁都北京，南北阁臣汇于新都，集会更是频繁。二十年（1422）初，左春坊大学士杨士奇、詹事府少詹事邹汝舟、左春坊司直郎金用诚、司经局洗马姚友直、左春坊司谏张伯原等人举行新正宴集，诸人"列坐小斋，焚香清谭，继以奕嬉"，"命酒觞客，主献宾酬，爵行无算，兴至欢洽"，又以杜甫"迟日江山丽"之句分韵赋诗，并推杨士奇作序。同年深冬，时近岁末，公务稍简，杨士奇、曾棨、王英、周叙等"翰林交游之旧"一十七人举行西城宴集，"列序以齿，笾豆洁丰，觞酌循环，酬酢并举，欢洽之至，清言不穷，间以善谑，礼度无愆，文采相发"，叠韵赋诗，谓为一事盛事。仁、宣之际，皇帝常常给大臣们赐游甚或君臣同游，较为著名的是宣德八年（1433）四月的西苑赐游，从游之人皆为公、侯、伯、师傅、六卿以及文学侍从，其中有杨士奇、杨荣、胡濙、王英、王直、李时勉等朝中重臣，"上命赐黄封之酒，御厨之珍，令咸醉而归"，众臣遵命，"相与引满，勤酬尽醉而出"②。迁都以后的多次雅集，既是明朝国势蒸蒸日上的一种外在表征，也是朝中阁臣借机交流、开展文学创作的一种方式，"平正纡于"、"春容平易"③的台阁文风也就在这一次次的群体创作中得以形成并有所发展。

正统二年（1437）三月，太子少傅杨士奇，太子少师杨荣，大宗伯杨溥，少詹事王直、王英，侍读学士钱习礼、李时勉、陈循，

---

① 《翰林记》卷二〇，第480页。
② 《东里续集》卷一五《新正宴集诗序》、《东里文集》卷五《西城宴集诗序》、《东里续集》卷一五《赐游西苑诗序》，《景印文渊阁四库全书》第1238册，第562页、64页、563页。
③ 《钦定四库全书总目》卷一百七〇《东里全集提要》、《杨文敏集提要》，第2290页。

左庶子周述和锦衣卫千户谢庭循等十人借休假之机,仿效"唐之香山九老,宋之洛社十二耆英"①,雅集于杨荣所居之杏园,"宾主交适,清谈不穷,觞豆肆陈,歌韵并作"②,众人各赋有诗,谢环绘有图,东、西二杨作有序,今俱传。五年(1440),三杨和钱习礼、李时勉、王直、王英又修真率之会,"约十日一就阁中小集,酒各随量,肴止一二味,蔬品不拘取,为具简而为欢数也"③。杏园雅集和真率会不仅推动了文人结社,尤其是老年文人结社的发展,而且引领和传播了台阁文学的创作,标志着明代台阁文学的鼎盛。此后,三杨先后辞世,虽有景泰间学士李贤主开赏花之会④、天顺间修撰罗玘数举宴集文会⑤,但由于失却领袖人物,台阁文学渐渐衰落,文坛风气终为茶陵派、复古派所取代。

茶陵派是成化至正德年间以李东阳为宗主的一个文学流派,清人朱庭珍就认为在前七子成名之前,李东阳已"首开先派"⑥。因东阳为湖南茶陵人,故有此名。茶陵派的成员主要来自李东阳的同年、门生和诗友,他们的结社活动贯穿于茶陵派发展的各个阶段,可以说茶陵派的发展史就是李东阳及茶陵派主要成员的结社活动史。

就地域而言,茶陵派的结社活动主要分布在南、北二京。在北京,以李东阳为核心,结社唱和极为频繁,概括起来有三种情况⑦。一是非常随意的雅集宴饮,多是临时性的,数量很多,如成

---

① 《文敏集》卷一四《杏园雅集图后序》,《景印文渊阁四库全书》第1240册,第205页。
② 《东里续集》卷一五《杏园宴集序》。
③ 《玉堂丛语》卷七,第232页。
④ 《静志居诗话》卷七,第178—179页。
⑤ 《翰林记》卷二〇,第480页。
⑥ (清)朱庭珍:《筱园诗话》卷二,郭绍虞编选,富寿荪校点:《清诗话续编》第四册,上海古籍出版社1983年版,第2361页。
⑦ 钱振民《李东阳年谱》(复旦大学出版社1995年版)对李东阳的交游活动有比较详细的梳理,可参。

化四年（1468）梁园赏花会、成化十三年（1477）鸡坛会、十四年（1478）赵氏果园诗会、十五年（1479）朝天宫诗会①、二十一年（1485）玉延亭诗会、弘治十一年（1498）西堂雅集②等等。一是较为正式的结社，如与曹时中、时和兄弟"结社赋诗，门阀甚高"③，与许章、刘大夏、汪镃诸人"社中诗友惊频换，湖上山名问不鸣"④，招马中锡"入坛社"⑤，与周庚"东篱扫径"、"西社传书"⑥等等。还有一种是较为稳定的同年集会，这种集会比较规范，持续时间也比较长久。天顺八年（1464），李东阳甫登进士，修撰罗璟辈即邀同年宴会，并且约定"春会元宵、上巳，夏会端午，秋会中秋、重阳，冬会长至"，使之成为常规化活动，要求"叙会以齿，每会必赋诗成卷"、"非不得已而不赴会，与诗不成者，俱有罚"⑦。自此，至弘治十六年（1503）的将近四十年里，甲申科（天顺八年）的同年们大大小小举行过十余次集会。据茶陵派重要成员倪岳说，他们"自甲申登第入翰林，明年始为会，会凡十人，历三年为十会"，"周十二年为十二会"⑧。例如，成化十三年，陈音得孙，同年举会，谢铎"倡为句"，李东阳继之，其余诸人"皆递为句"⑨，后倪岳将归省，罗璟、谢铎、李东阳、焦芳、张泰、陆钲等十二人再会其府，会间写像成图，诸人赋诗于后。李东

---

① 李东阳《书鸡坛清话卷后》、《游城西故赵尚书果园，与萧文明、李士常、陈玉汝、潘时用倡和四首》、《游朝天宫慈恩寺诗序》，分见《怀麓堂集》卷四〇、《列朝诗集》丙集第二"李少师东阳"条、《怀麓堂集》卷二四。
② 事见程敏政《篁墩集》卷七五《三月十七日原博谕德饯汝玉给事于玉延亭……手录此以致缱绻不已之意》、卷三五《西堂雅集诗序》。
③ （明）何良俊：《四友斋丛说》卷三四，中华书局1959年版，第312页。
④ 《怀麓堂集》卷一一《西山和许廷冕、刘时雍汪时用三兵部韵五首》。
⑤ （明）孙绪：《沙溪集》卷一《东田文集序》，《景印文渊阁四库全书》第1264册，第500页。
⑥ 《怀麓堂集》卷四〇《周原已席上题十月赏菊卷》。
⑦ 《翰林记》卷二〇，第480页。
⑧ 《青溪漫稿》卷一六《翰林同年会图记》。
⑨ 《怀麓堂集》卷二三《贺陈先生诞孙诗序》。

阳还作有《翰林同年会赋》、《京闱同年会诗序》、《甲申十同年诗序》、《两京同年倡和诗序》①等诗文，皆为同年集会所作。

茶陵派在南京的结社也不在少数，多是李东阳的故旧门生所倡立。储罐为官南考功时，"作檀园诗社，引与诸文士联句"②，又"与挥使刘公默、士人施公懋、谢公承举凡十人游，题曰《秣陵吟社》"③，《静志居诗话》就说"当日倡和，文懿（储罐谥号）实居其首"④。弘治时，倪岳、杨守阯、郑纪、董越、刘震、马廷用诸人"皆发身翰林者，相与醵饮，倡为瀛洲雅会，会必序齿"，到正德二年（1507），王华、黄珣、刘忠、马廷用、杨廷和、王鏊、罗钦顺、石珤、罗玘九人又续举瀛洲雅会，"皆倡和成卷，以梓行于时"⑤。在这些人中，储罐、倪岳、石珤、罗玘等都是茶陵派的重要作家。他们借助于结社、雅集、宴饮活动，加上师缘关系、政缘关系，很快形成了一个以李东阳为宗主、以南北二京为活动中心的庞大作家群体，这个群体不仅人数众多，而且多是出身翰林、曾官居要职，很容易通过集团化的行为在文坛上产生影响，从而在明代中期掀起了一股重要的文学潮流。

复古思潮在明代文坛上持久不衰，且先后出现过三次高潮：弘、正间以李梦阳、何景明为代表的前七子集团，嘉、万间以李攀龙、王世贞为代表的后七子集团以及明末以张溥、陈子龙为代表的复社、几社两大集团。虽然这三大文人群体前后相距一百五十多年，但他们在文学主张上存有相连性、相近性，均以"复古"为共

---

① 分见《怀麓堂集》卷二一、卷二六、卷六三、卷六三。
② （明）顾璘：《息园存稿·文》五《赠承德郎南京刑部浙江司主事野全谢先生同继室赠安人汤氏合葬墓志铭》，《顾华玉集》卷三四，《景印文渊阁四库全书》第1263册，第530页。
③ （清）陈作霖：《金陵通传》卷一四《司马泰传》，清光绪三十年江宁陈氏瑞华馆刻本。
④ 《静志居诗话》卷八，第226页。
⑤ 《翰林记》卷二〇，第481页。

同特性，所以今人多将他们归为复古一派。

复古思潮的每一次盛行都离不开大量的结社活动，以李梦阳、何景明、徐祯卿、边贡、康海、王九思、王廷相为核心所组成的前七子集团导夫先路。弘治十五年（1479），前七子之一何景明中进士，"及登第，与北郡李献吉为文社交"①。是时，茶陵文风正盛，"李西涯（东阳）为中台，以文衡自任，而一时为文者皆出其门，每一诗文出，罔不模效窃仿，以为前无古人"，康海诸人却"独不之效"，反而"与鄠杜王敬夫、北郡李献吉、信阳何仲默、吴下徐昌谷为文社，讨论文艺，诵说先王"②。在这个唱和团体中，并不只有前七子几个人。王守仁在京师时，也曾"倡为词章之学"，与李、何"结为诗社，更相倡和，风动一时"③；杭济、杭淮兄弟"与李空同结社"④；陆深在"长安诗社中，品评编校，将三十载"⑤；"关中李献吉、汝阳何仲默方与诸善诗者结社游"，刘钝"亦与焉"⑥。事实上，当时参与李梦阳诸人结社唱和的人数是非常众多的，以致李氏在记述社事时不能一一列名，而只能"以人众不叙"：

> 诗唱和莫盛于弘治，盖其时古学渐兴，士彬彬乎盛矣。此一运会也。余时承乏郎署，所与倡和则扬州储静夫、赵叔鸣，无锡钱世恩、陈嘉言、秦国声，太原乔希大，宜兴杭氏兄弟，郴李贻教、何子元，慈溪杨名父，余姚王伯安，济南边庭实，其后又有丹阳殷文济，苏州都玄敬、徐昌谷，信阳

---

① （明）王廷相：《大复集》卷首《大复集序》，《景印文渊阁四库全书》第1267册，第5页。
② （明）张治道：《翰林院修撰康公海行状》，《献征录》卷二一，第871页。
③ （明）王畿：《龙溪王先生全集》卷一六《曾舜征别言》，明万历十五年萧良干刻本。
④ 《列朝诗集小传》丙集，第264页。
⑤ （明）陆深：《俨山集》续集卷一○《与郁直斋》其七，《景印文渊阁四库全书》第1268册，第727页。
⑥ 《李中麓闲居集》卷七《资善大夫太常寺卿兼翰林院五经博士西桥刘公墓志铭》。

何仲默,其在南都则顾华玉、朱升之其尤也。诸在翰林者,以人众不叙。①

从弘治十五年到正德六年(1511),唱和活动如火如荼,高举"文必秦汉、诗必盛唐"②的复古大旗,复古主张风靡文坛,所谓"一时修辞之士,翕然宗之"③、"无不争效其体"④、"天下传诵则效,文体为之一变"⑤云云。

从正德元年(1506)起,刘瑾专权,坏乱朝纲,许多正直文人惨遭打击,复古派中的李梦阳、刘麟、边贡、许天锡、顾璘、王守仁、何景明、王廷相、崔铣等人或被害、或被罢、或被谪、或被逮,诸人"皆以言为讳","各自飘零,萍梗散矣",社事活动因遭破坏而中止。后刘瑾被诛,海内文士"复矫矫吐气",社事再起,不仅复古集团中徐昌谷、赵鹤等复"有《朝正倡和》之诗"⑥,而且形成了一些以复古主将为核心的地方作家群落:以李梦阳为首的开封作家群、以何景明为首的信阳作家群、以康海王九思为首的关中作家群、以顾璘为首的南京作家群,以及附属于南京作家群的吴中作家群和闽中作家群等⑦。

这些地方作家群落的形成与发展昭示着复古运动已经蔓延到全国各地,他们有的进行游猎招饮,有的进行诗酒酬唱,有的进行集会结社,其中以南京作家群最为代表。《列朝诗集》记述说"弘、正之间,顾华玉(璘)、王钦佩以文章立埠,陈大声、徐子仁以词

---

① 《空同集》卷五九《朝正倡和诗跋》,《景印文渊阁四库全书》第1262册,第543—544页。
② 《明史》卷二八六,第7384页。
③ 《大复集》卷首《大复集序》,《景印文渊阁四库全书》第1267册,第5页。
④ 《明史》卷二八六,第7348页。
⑤ 《献征录》卷二一《翰林院修撰康公海行状》,第870页。
⑥ 《空同集》卷五九《朝正倡和诗跋》,《景印文渊阁四库全书》第1262册,第544页。
⑦ 参廖可斌《明代文学复古运动研究》,上海古籍出版社1994年版,第77—82页。

曲擅场，江山妍淑，士女清华，才俊翕集，风流弘长"，并将顾璘诸人的结社活动列作明代金陵社事的"初盛"①，因为当时从游之人的确很多："自璘主词坛，士大夫希风附尘，厥道大彰，许谷，陈凤，璇子少南，金大车、大舆，金銮，盛时泰，陈芹之属，并从之游"，甚至"沿及末造，风流未歇"②。吴中作家群以刘麟为首，他名列"金陵三俊"和"江南四大家"，与龙霓、陆昆、吴琮等人结湖南崇雅社，后又招孙一元入社，"相与盟于社"，号"苕溪五隐"③。闽中作家群以郑善夫为首，他与高瀫、傅汝舟等人结"鳌峰诗社"④，"从之游者九人，乡党目为十才子"⑤，善夫为十子之首。正是借助这些结社唱和活动，前七子复古集团才逐渐从茶陵派的卵翼下脱离出来，形成了自己的文人群体，并在数年之间掀起一场声势浩大、波及全国的复古运动，最终取代台阁、茶陵二派成为统治文坛一百来年的重要文学流派。

唐宋派是嘉靖年间的一个文学流派，在前、后七子之间兴起并与后七子并存过一段时间。唐宋派的代表作家有四位：王慎中、唐顺之、茅坤和归有光，四人生活的时段、地点并不一致，因而形成了各自不同的交游圈：以王慎中唐顺之为首的京师文人群体，主要活动于嘉靖前中期；以归有光为首的昆山文人群体，主要活动于嘉靖中后期；以茅坤为首的杭州文人群体主要活动于嘉靖后期和万历初期。王、唐二人名列"嘉靖八才子"，先后于嘉靖五年（1526）、八年（1529）中进士并入京为官，与赵时春、陈束、李开先、熊过、任瀚、吕高等其余六人相守"数年"，时间长者达"八九年"之久，众人"相与切磋琢磨，各成其学"，其中唐顺之与陈束尤相

---

① 《列朝诗集》丁集卷七。
② 《明史》卷二八六，第7356页。
③ 《列朝诗集小传》丙集，第328页。
④ （清）谢章铤：《课余续录》卷二，清光绪十年至民国十四年刻《赌棋山庄全集》本。
⑤ 《明诗综》卷三八。

厚,"入则陪侍讲筵,出则校雠东观,暇则杯酒欢宴,或穷日夜不休"①。据李开先记载,这个京师文人群体并不仅限于八才子,参与交游唱和的尚有多人,《遵岩王参政传》载有李遂、曾忭、江以达、华察、屠应埈,《后冈陈提学传》载有熊过、田汝成,《江峰吕提学传》载有杨琼、李新芳、左思忠、王廷、黄华等②。京师文人群体的交游唱和为唐宋派的形成奠定了一定基础,加上阳明心学的影响,王慎中、唐顺之逐渐形成自己的诗文观念,并最终走到了同为复古派的前七子的对立面。

归有光的结社活动渊源有自,除了昆山的地域文化因素外,家学传统也有重要影响,他的祖父归绅尝与当地"高年为社会",父亲归正亦"与里中结社,有香山洛社之风"③。嘉靖十年(1531)前后,归有光尚未登第,即"与同学诸人结文社"④,他所主盟的南北二社社事尤盛,"一时文学之士霞布云蒸"⑤。略晚于归有光的昆山人张大复描述当时情景说:"归太仆有南、北二社,同日并举,太仆卯午之南,未酉之北,饮酒谈笑,宽然有余。于时文学之士,霞布云蒸,如李廉甫、方思鲁、张自新,其最著者矣。"⑥嘉靖四十四年(1565),归有光中进士时年已六十,其文名卓著显然不是凭借科场盛名或者高爵要位,而是得益于他的文学创作和这些结社活动,张大复在上述描述之后就说"今文而步古文之脉,自吾乡之始",正指出了结社活动对于唐宋派崛起和归氏成为派中魁首的作

---

① 《李中麓闲居集》文卷五《吕江峰集序》、文卷一〇《遵岩王参政传》、文卷一〇《荆川唐都御史传》。
② 俱见《李中麓闲居集》文卷一〇。
③ 《新刊震川先生文集》卷二五《敕封文林郎分宜县知县前同州判官许君行状》、《请敕命事略》,《丛书集成三编》第50册,第492页。
④ (明)孙岱:《归震川先生年谱》,清光绪六年嘉兴金吴澜刻本。
⑤ (明)眉史氏:《复社纪略》卷一,北京古籍出版社2002年版,第199页。
⑥ (明)张大复:《梅花草堂集笔谈》卷四,明崇祯三年刻清顺治十二年补修本。

用。茅坤是唐宋派后期的中坚人物，嘉靖十七年（1538）中进士，三十四年（1444）落职还乡，后寓居杭州西湖，开始了长达五十年的社游生活。他与高应冕、方九叙、李奎、沈仕、马三才、童汉臣、莫叔明等众多友人结社酬唱，诗酒流连："及罢官来归，当其岩栖壑卧，复时时抱膝而吟，间于社游。"① 据文献记载，茅坤参与的结社活动数量众多，西湖社"诸社游数推予为祭酒"②，孤山吟社"分曹赋诗，欣然乐也，往来相为宴酬"③，西湖秋社"日为携酒以社而游，则亦日为分韵以社而吟"④。他们还约定："诗不成无返，醉无返，日暮无返，风雨冰雪无返，兴不尽无返。"⑤ 翻开茅坤诗文集，述及社游的篇目比比皆是，足见其社游之广、社游之久。茅坤的结社活动不仅扩大了唐宋派的影响，延续了唐宋派的发展，同时也增延了茅坤个人的文誉："海内乡里小生无不知茅鹿门者"⑥、"海内论文者，必首推公"⑦。

复古运动发展至嘉、隆年间出现第二次高潮，一直持续到万历中期。核心人物是李攀龙、王世贞、谢榛、宗臣、梁有誉、徐中行、吴国伦七人，他们"才高气锐，互相标榜"⑧，世目为"后七子"，亦称"嘉靖七子"。除谢榛外，其余六人皆于嘉靖中期进入仕途、聚于京师，又有五人同官刑部，这为他们开展结社活动提供了极为便利的条件。后七子的社事可以分为两个部分，一部分是在京城北京，集中于嘉靖二十三年（1544）至三十六年（1557）之间，

---

① （明）茅坤：《白华楼吟稿》卷首《刻白华楼吟题辞》，明嘉靖万历间递刻本。
② （明）茅坤：《茅鹿门先生文集》卷二四《李珠山先生墓志铭》，明万历刻本。
③ 《茅鹿门先生文集》卷一九《莫叔明传》。
④ （明）茅坤：《白华楼续稿》卷七《西湖秋社诗序》，明嘉靖万历间递刻本。
⑤ 《白华楼续稿》卷一一《大雅堂记》。
⑥ 《明史》卷二八七，第7375页。
⑦ 《茅鹿门先生文集》卷三五《鹿门茅公传》。
⑧ 《明史》卷二八七，第7378页。

最初源于吴维岳诸人①。嘉靖二十三年，王宗沐、袁福征登第，适逢吴维岳入京为刑部主事，遂结诗社，吴氏"尤为同社推重"②。二十六年（1547），李先芳中进士，李攀龙初官刑部，谢榛因义救卢柟入京，于是诸人与吴维岳共"倡诗社"③、"结社赋咏，相推第也"④。王世贞与李先芳同年，因得先芳赏识而"招延入社"⑤，由此"与攀龙定交"⑥。二十七年（1548），李先芳除新喻知县，二十八年（1549），吴维岳、王宗沐、袁福征"各用使事及迁去"⑦，原社中只有李攀龙、王世贞、谢榛三人尚在京师，诗社成员开始重组。二十九年（1550），梁有誉、宗臣、徐中行、吴国伦登第，前三人俱授刑部主事，"先后入社"⑧，"日相切劘古文辞甚欢"⑨。六人谈诗论艺，举会频频，三十一年（1552）春，六人举会时还专门绘有《六子图》："列坐于竹林之间，颜貌风神，皆得虎头之妙"⑩。是年六、七月间，梁有誉、谢榛相继离京，吴国伦经徐中行引介得"入元美、于鳞社"⑪。三十三年（1554）"南昌余曰德德甫入社"，三十四年（1555）"铜梁张佳胤肖甫入社"⑫，他如魏裳、高岱、徐

---

① 关于后七子的结社，可参李玉栓《明后七子结社考辨》（载《中国文学研究》2012 年第二十辑）、李庆立《明"后七子"结社始末考》（载《山东师范大学学报》1996 年第 3 期）等。
② 《列朝诗集小传》丁集上，第 434 页。
③ 《明史》卷二八七，第 7377 页。
④ （明）于慎行：《尚宝司少卿北山李公先芳墓志铭》，《献征录》卷七七，第 3260 页。
⑤ 《列朝诗集小传》丁集上，第 427 页。
⑥ 《明史》卷二八七，第 7377—7378 页。
⑦ 《弇州四部稿》卷一五〇《艺苑卮言七》。
⑧ 《弇州山人年谱》"（嘉靖）二十九年"条，《续修四库全书》史部第 553 册，第 78 页。
⑨ （明）王世贞：《承直郎刑部山西司主事梁公有誉墓表》，《献征录》卷四七，第 1995 页。
⑩ （明）谢榛：《诗家直说》卷四，明万历三十九年李本纬刻本。
⑪ （明）吴国伦：《甔甀洞稿》卷五二《复王敬美书》，明万历刻本。
⑫ 《弇州山人年谱》"（嘉靖）三十四年"条，《续修四库全书》史部第 553 册，第 79 页。

学谟、龙膺、李奎等都曾参与社集活动，众人"云集都下"，"朝夕倡咏，期为复古"，"称一代盛际"①，复古高潮由是达到顶点，形成了与唐宋派双峰并峙的局面。

三十二年（1553）秋，李攀龙出守顺德，此后再未在京供职。三十三年十一月，梁有誉病逝。此后，诸子与严嵩的对立日趋激化，三十四年十月，兵部员外郎杨继盛被严嵩织罪致死，诸子哭祭于刑场并为之料理后事，深为严嵩所忌。三十五年（1556）春，吴国伦"假他事谪江西按察司知事"②，徐中行出为汀州太守，王世贞"命省瀛畿辅诸郡"，是年冬天"除山东按察使司副使"③。嘉靖三十六年（1557）春，宗臣出为福建布政司参议。至此，后七子全部离京，诸人在京师的社事活动遂为解散。

后七子的另外一部分结社活动是他们离京之后，在全国各地参与的社事以及后来加入复古派的成员们所组织的社事，这些社事分布在全国各地，彰显了复古思潮的广泛影响，由此还形成了若干个较为活跃的地域性文人集团。

在岭南，南园后五子"复于抗风轩开诗社"④，其中梁有誉是后七子之一，欧大任是广五子之一，黎民表则是续五子之一，都是复古阵营的主将。嘉靖三十一年，梁有誉以念母告归，至三十三年十一月病逝，其间结社极为频繁："修复粤山旧社，招邀故人"⑤，"与欧桢伯、黎瑶石辈更倡迭和"⑥；与"黎民表、欧大任诸人结诗社"于"光孝寺西廊"，命曰"诃林净社"⑦；又开有雅约会："今

---

① 《献征录》卷七七《尚宝司少卿北山李公先芳墓志铭》，第3260页。
② 《明史》卷二八七，第7379页。
③ 《弇州山人年谱》"（嘉靖）三十五年"条，《续修四库全书》史部第553册，第79页。
④ 《（宣统）番禺县续志》卷四〇。
⑤ （明）欧大任：《梁比部传》，《献征录》卷四七，第1997页。
⑥ 《明诗纪事》己签卷二，第1903页。
⑦ 《（宣统）番禺县续志》卷四〇。

我同朋，订兹嘉会，匪以取适目前，实以希踪古。"① "踪古"主张非常明确，实为复古思潮之余脉。而据《番禺县志》记载，当时参与社事之人不在少数："（黎民表）居清泉山中，开社，日与弟民衷、民怀，友人吴旦、梁有誉、欧大任、梁孜倡和其间。"② 在南京，嘉靖三十七八年间（1558、1559）名列"四十子"的张献翼、皇甫汸等人，"相与选胜征歌，命觞染翰，词藻流传，蔚然盛事"③，同样列名"四十子"的殷都、莫如忠、王伯稠、沈明臣则结社于鹫峰禅寺，会"凡四十有三人"④，"每集辄以觞咏共适，穷日乃罢"⑤。到了隆、万之际，张献翼、汪道贯、梅鼎祚等人再举青溪社，"每月为集，遇景命题，即席分韵"，"相延五十年，流风未艾"。青溪社盟主陈芹为前七子复古集团中顾璘的弟子，他们的结社活动使得南京的复古传统得以延续，被称为金陵社事之"再盛"⑥。

在苏州，嘉靖四十年（1561）王世贞"中年挂冠"⑦，归太仓里居，与莫叔明、皇甫汸等人数为"吟社"⑧，他自己曾将当时来往酬唱的诗人社友分为"二友"、"五子"、"后五子"、"广五子"、"续五子"、"末五子"、"四十子"、"同郡八友"、"文外十友"等，列名者多达八十五人，无怪乎钱谦益说他"主盟文坛，海内望走，如玉帛职贡之会，唯恐后时"⑨。当时的苏州地区成为继京师之后

---

① （明）梁有誉：《兰汀存稿》卷八《雅约序》，清康熙二十四年梁氏诒燕堂刻本。
② （清）李福泰：《（同治）番禺县志》卷三三，清同治十年月光霁堂刻本。
③ 《列朝诗集小传》丁集上，第449页。
④ （明）孙七政：《松韵堂集》卷一二《社中新评序》，明万历四十五年孙朝肃刻本。
⑤ （明）莫是龙：《石秀斋集》卷三《怀友七首序》，清康熙五十五年刻云间二韩诗本。
⑥ 《列朝诗集小传》丁集上，第460页、463页。
⑦ 《弇州四部稿》卷一五〇《艺苑卮言七》。
⑧ 《茅鹿门先生文集》卷一九《莫叔明传》。
⑨ （清）钱谦益：《牧斋初学集》卷八三《题归太仆文集》，《续修四库全书》第1390册，第417页。

又一复古重镇,也是与昆山归有光的唐宋派互相对抗的主要阵地。在徽州,"后五子"之一的汪道昆因忤逆张居正于万历八年(1580)解组返乡,"结白榆社于斗城南集"①,社事活动持续十余年,李维桢、沈明臣、屠隆、汪道贯、佘翔、徐桂、周天球、胡应麟等复古派重要成员先后入社,徽州成为东南地区与苏州、南京并立的三大复古中心之一:"天下骚客词人,咸跂望白榆之社。"② 万历十四年(1586),汪道昆还到杭州与卓明卿等人修南屏诗社,屠隆、徐桂等也都来参与,几个人又专门集于西湖的慈净寺,"倡西泠社"③。汪道昆后期虽不为官,却因其主盟社事而成为复古派的得力干将,钱谦益就曾不无讥讽地说他"歙中主盟,白榆结社,腥脓肥厚之词,熏灼海内"④。

在豫章,隆庆中余曰德从按察副使任上罢归,王室后裔朱多煃"与之庚唱"⑤,结社于朱氏的芙蓉园,"倡和之诗"辑为《芙蓉社吟稿》,王世贞为之作序⑥。余曰德名列"后五子",是后七子京师诗社后期的主要成员之一,朱多煃与其为诗友,得入七子之社,并被王世贞纳入"续五子",二人因此成为豫章地区复古势力的中坚人物。这些数量众多的地域性文人集团在后七子解体以后,成为复古派的主要力量,他们的结社活动为壮大复古声势、推进复古运动发挥了巨大作用。

五、讲学会社兴起并涌现高潮

明代讲学类结社的典型形式是讲会。明代讲会之盛源于讲学之

---

① (明)龙膺:《纶㴋文集》卷八《汪伯玉先生传》,清光绪十三年九芝堂重刻本。
② (明)周弘禴:《白榆社诗草序》,黄仁生:《日本现藏稀见元明文集考证与提要》,岳麓书社2004年版,第285—286页。
③ (清)谈迁:《枣林杂俎》圣集,中华书局2006年版,第249页。
④ 《列朝诗集小传》丁集中,第504页。
⑤ 《列朝诗集小传》闰集,第778页。
⑥ 《弇州四部稿》卷六六《芙蓉社吟稿叙》。

盛，而反过来讲会之盛更促进了讲学之盛，两者互为因果，密不可分。

理学从明初开始就被立为官方哲学，加之科举制度的推行，明代理学繁荣理所当然，黄宗羲尝云："有明文章事功，皆不及前代，独于理学，前代之所不及也。"① 他的《明儒学案》共收明儒两百多人、划列十八个学案。而明代讲学之盛更为学术独尊，清儒程嗣章称："明代道学，固不及洛闽之醇，而穷经通儒，亦罕闻焉。独讲学之风，较前代为盛。"他也专门著述《明儒讲学考》，考订明儒两百余人，综括明代儒学的师承派别。他在该书的前言中大致勾勒出了明代讲学的发展脉络：

> 太祖之世，学者皆承何、王、金、许之绪，笃守宋儒矩矱。永、宣以还，循而未改。迨至公甫倡道于岭表，伯安立帜于姚江，海内人士从者如归，学舍讲堂所在皆有，盖是时，搢绅士大夫以及草野之间，无不以讲学为事焉。张叔大当国，稍稍抑之，而其风未尝或衰。神宗末年，王氏之学愈远，而愈失其贞，邪说横兴，支离谬妄，无所底止。于是泾阳、景逸诸君子起而正之，务躬行实践，一以程朱为的。然大概以节义相矜尚，以声气相缘饰，和者甚众，而党祸旋作，迄于国亡，盖讲学之风与一代相终始焉。②

循此我们可以将明代讲会的发展稍作概括：弘治以前，讲学未兴，讲会鲜见；弘治以后，讲学渐兴，在心学的促动下至嘉靖中后期形成讲会高峰；隆庆年间持续发展；万历初期，张居正柄政，禁讲学毁书院而使心学停滞，讲学运动受挫，讲会陷入低潮；其后有所回复并在东林党的推动下于万、天之际稍有发展；天启末，魏忠贤出

---

① （清）黄宗羲：《明儒学案》卷首《发凡》，中华书局1985年版，第17页。
② （清）程嗣章：《明儒讲学考》，清道光四年刻本。

于政治意图，诏毁天下书院，讲学再遭禁止，讲会发展进入尾声。

明代讲学始于永乐年间的河南渑池人曹端："洎明兴三十余载，而端起崤、渑间，倡明绝学，论者推为明初理学之冠。"① 多数学者也都持这一观点："明帝王之不知正学，自宣宗始，而讲学之风，亦始宣宗时。明儒绍宋儒之学，史家皆言自月川先生曹正夫始。"② 据曹氏门人谢琚所说，当时从学者甚众："四方学者，闻风向慕，觌德心醉，西蜀、山东、陕西、河南、直隶、太原相继来学者，又几百人。"③ 曹端讲学虽以维护正统儒学为旨，但并非一味宗朱，而是"一以事心为入道之路"，要想悟道须"求之吾心"④，后来心学的开创或可溯源于此。稍晚于曹端的江西抚州人吴与弼亦于永乐年间倡道小陂书院，讲学五十多年，从者甚众，声名卓著者有胡居仁、陈献章、娄谅等，而湛若水、王阳明则是他的再传弟子，他们在明代思想上都有着特殊地位。吴与弼的学说既能"兼采朱、陆之长"，又能"刻苦自立"⑤，实为王学发端。他的讲学推动了明代儒学的传播，为后来讲学的兴盛奠定了人才和社会基础，黄宗羲《明儒学案》将其创立的"崇仁之学"列于首篇，并认为"微康斋，焉得有后世之盛哉？"⑥

正、天之间，山西河津人薛瑄热衷讲学，"家居八年，闭门不出，虽邻里罕见其面，而秦、楚、吴、越间来学者以百数"，"四方从学者日众"⑦，遂开河东一派，与吴与弼并称南北大儒，阎禹锡、周蕙、王爵等皆承其学。在此之前，虽有讲学活动但无有关讲会的

---

① 《明史》卷二八二，第7239页。
② 孟森：《明史讲义》，中华书局1981年版，第117—120页。
③ 《曹端集》，第303页。
④ 《明儒学案·师说·曹月川端》，第2页。
⑤ 《钦定四库全书总目》卷一七〇，第2300页。
⑥ 《明儒学案》卷一《崇仁学案一》，第14页。
⑦ （明）王鸿：《薛文清公行实录》卷一，明刻本。

记载，直到天、成之间，江西余干人胡居仁与乡人娄谅、罗伦、张元桢"为会于弋阳之龟峰、余干之应天寺"，才有讲会之载，胡氏诸人的"为会"也就被视为明代讲会的先声。胡居仁曾先后主讲于礼吾、桐源、白鹿洞、碧峰等书院，"事亲讲学之外，不干人事"①，利用书院宣讲学问，不仅开创了明代书院教育的新局面，而且形成了自己的"余干之学"，史家评其为薛瑄之后"粹然一出于正，居仁一人而已"②。

成化以后，广州新会人陈献章倡道岭南，"自朝至夕，与门人宾友讲学论天下古今事"，"浮屠、羽士、商、农、贱仆来谒者"，他都"倾意接之，有扣无不告"，因此"被其化者甚众"③，最多时"村落茅茨土栋至无所容于客"④，足见其盛。陈献章讲学不仅方式灵活，为后代学者所传承，而且讲求"端坐澄心"、"以静为主"⑤，突破朱学的圈囿而别开白沙一派，成为明代心学的先驱者，后人即评"先生之学，心学也"⑥，黄宗羲则说"有明之学，至白沙始入精微……至阳明而后大"⑦，指出了陈献章在由理学转向心学过程中的承启地位，明代中后期讲学运动的炽盛实自陈氏开始。总体来看，弘治以前思想界基本承袭宋学、尤以朱学为宗，虽然曹端、吴与弼、薛瑄、胡居仁、陈献章等人都曾开展过讲学，产生过一定影响，但受整个社会思潮的限制，这些讲学活动都未形成较大气候，正因为"其时讲学未盛"⑧，所以真正的讲会也仅仅处在酝酿之中。

弘治末，浙江余姚人王守仁开始讲学授徒，经龙场悟道后，在

---

① 《明儒学案》卷二《崇仁学案二》，第30页、29页。
② 《明史》卷二八二，第7232页。
③ （明）陈献章：《陈献章集》，中华书局1987年版，第870页、881页。
④ （明）张诩：《嘉会楼记》，《陈献章集》，第936页。
⑤ 《明史》卷二八三，第7262页。
⑥ 《陈献章集》，第903页。
⑦ 《明儒学案》卷一，第78页。
⑧ 《明史》卷二三一，第1560页。

贵州的龙冈、文明书院传授他的"知行合一"学说。正德十二年（1517），王守仁巡抚江西，为"破心中贼"他大力修复和新建书院以讲学，并先后两次前往白鹿洞书院主讲。正德十六年（1521），王守仁回到浙江，继续在浙中地区兴建书院，讲习"致良知"之学，天下"靡然宗之"①，他在稽山书院讲学时"环坐而听者三百余人"②，送往迎来，月无虚日。这些听讲之人分别来自湖广、广东、浙江、南直隶以及江西的各州县，他们中有"县丞、捕盗老人、报效生员、儒士、义官、义民、杀手、打手"③各色人等。嘉靖四年（1525），王守仁主讲会于余姚龙泉寺的中天阁，每月初八、廿三定期开讲，并撰《中天阁勉诸生》鼓励弟子勤于会讲④。五年（1526），江西安福县的王门弟子召集门人成立惜阴会，"间月为会五日，德洪与王畿先为疏通大旨"⑤。中天阁讲会虽无明确会名（或曰龙山会），但已开阳明学和明代理学讲学的新模式，有着固定的会主、会期和成文的会约（即《中天阁勉诸生》），惜阴会则有了正式的名称，会约更为详细，持续时间更长，规模也更大，是新的讲学模式更加成熟的形态。这种地域性的讲会突破了原先书院讲学的限制而走向更为广泛的民众，在王守仁辞世后成为传播阳明学说的最重要、最普遍的组织形式。六年（1527），王守仁进一步强调学问"须口口相传，庶几不坠"、"讲学须得与人人面授，然后得其所疑"⑥，这既是他对自己一生讲学的总结，也为日后王学门

---

① 《明世宗实录》卷一九，台湾研究院历史语言研究所1968年校印本，第568—569页。
② （明）王守仁：《王阳明全集》卷三五《年谱三》，上海古籍出版社1992年版，第1290页。
③ （明）黄景昉：《国史唯疑》卷五，上海古籍出版社2002年版，第141页。
④ 《龙溪王先生全集》卷二《约会同志疏》。
⑤ 陈来：《有无之境——王阳明哲学的精神》，三联书店2009年版，第160页。
⑥ （明）钱德洪：《阳明全书序说》，钱明编校整理：《徐爱钱德洪董澐集》之《钱德洪语录诗文辑件》，凤凰出版社2007年版，第184页。

人广泛组织讲会、形成讲学风潮提供了理论上的依据。

几乎与此同时,陈献章的弟子湛若水也将王守仁引为同人,正德五年(1510)就在京师与王守仁开始讲学,五年后他又任职南京,与王门弟子邹守益、河东学派吕柟"共主讲席","东南学者,尽出其门"①,又在家乡广东大修书院以"阐圣学""开迷途","从者云集","白下、青阳、江都、宜兴、南海、曲江、斗山、天泉、罗浮大方名壤,率有精舍以寄行踪"②。同时,恪守朱学的陕西高陵人吕柟也是"在朝在野,随寓尽道,所至学徒云集"③,"几与阳明氏中分其盛"④。在他们的推动下,明代的讲学急速普及,书院和讲会的发展都出现了前所未有的势头。

嘉靖七年(1528),王守仁谢世,他的弟子们为祭祀恩师而在各地建立书院、组织讲会、聚众讲学,心学思想逐渐由王守仁的个人学说被型塑为一个学术流派,并发展成为一股席卷全国的学术思潮。在推动这股思潮的形成过程中,书院是主要实施机构,讲学是主要传播方式,讲会则是主要组织形式。从嘉靖初开始,阳明弟子及再传、三传弟子们如邹守益、王畿、钱德洪、罗汝芳、刘邦采等人,就开始在全国各地组织讲会来宣扬心学,到嘉靖中后期终于形成古代讲学史上的讲会高峰。史家评说当时的情况是"搢绅之士,遗佚之老,联讲会,立书院,相望于远近"⑤,而《明儒学案》的记载更为具体:"阳明殁后,绪山(钱德洪)、龙溪(王畿)所在讲学,于是泾县有水西会,宁国有同善会,江阴有君山会,贵池有光

---

① 《明儒学案》卷八《河东学案下》,第138页。
② (明)田汝成:《田叔禾小集》卷四《武夷山甘泉精舍记》,《丛书集成续编》第144册,第103页。
③ (明)张弘道、张凝道:《皇明三元考》卷九《正德戊辰科》,台湾明文书局1991年版,第374页。
④ 《明儒学案·师说·吕泾野柟》,第11页。
⑤ 《明史》卷二三一,第1560页。

岳会，太平有九龙会，广德有复初会，江北有南谯，新安有程氏庙会，泰州有复心斋，王艮讲堂，几乎比户可封矣"①。实际上，据今天的研究结果，从嘉靖初年开始到万历末年，儒家士人共组织过大小讲会超过 300 个，其中嘉靖年间有 180 多个。从时间上来看，1522—1529 年间，有 18 个；1530—1539 年间，有 31 个；1540—1549 年间，有 40 个；1550—1559 年间，有 56 个；1560—1566 年间，有 39 个，明显呈现出上升趋势②。从地域上来看，当时全国各地都有讲会成立，在心学发展的三大中心江西、南直隶和浙中地区，江西有 38 个，南直隶有 34 个，浙中有 23 个③，实际数量远不止此，当时讲学的实况是"一邑之中，所在有会，岁必数举，举以累日"④，王守仁的得意弟子邹守益就要求安福县能够"家立一会，与家考之；乡立一会，与乡考之"⑤，故而讲学"惟江西为盛，江西之盛惟吉安，吉安之盛惟安福"⑥。

嘉靖中后期出现的讲会高峰不仅仅体现在数量上，也体现在讲会的规模上。当时的讲会，少则数十人，多则数百人。嘉靖五年

---

① 《明儒学案》卷二五《南中王门一》，第 579 页。
② 参见吴震《明代知识界讲学活动系年（1522—1602）》附录《讲会一览表》，学林出版社 2003 年版，第 455—460 页。此表共罗列嘉靖、隆庆、万历三朝 80 年间的讲会 308 个，其中嘉靖朝 184 个，隆庆朝 21 个，万历朝 103 个。
③ 按，此处数据是依据吕妙芬研究结果所作统计。吕妙芬对讲会的研究仅限于阳明学，且她所说的讲会"是属于由地方缙绅士子们组成、定期举行的集会讲学活动"，"是已稍具组织规模却又未必隶属于书院机构内的讲学活动"，无论在范围上还是在内涵上，这种界定都要比吴震和多数研究者的理解较为谨严，因此这一统计数字肯定要比实际情况少得多。参见吕妙芬《阳明学士人社群：历史、思想与实践》第二章《何为讲会》、附录一《阳明讲会资料》，新星出版社 2006 年版，第 63 页、364—381 页。
④ （清）施闰章：《学余堂文集》卷一二，《景印文渊阁四库全书》第 1313 册，第 143 页。
⑤ （明）邹守益：《邹守益集》卷一五《惜阴申约说》，凤凰出版社 2007 年版，第 734 页。
⑥ （明）聂豹：《双江聂先生文集》卷五《复古书院记》，明嘉靖四十三年吴凤瑞刻隆庆六年印本。

(1526)，刘邦采在江西安福县初立惜阴会，"闻风而至者以百数"，嘉靖十一年（1532），方献夫在京师联络同志定期"聚于庆寿山房"有"四十余人"①，嘉靖十三年（1534），油田彭氏举广法文会，"其族之长幼预者四十有四人，其姻邻预者十有四人，吉水二人，安福十有三人"②。

　　随着讲学的普及，会讲之人逐渐突破地域限制，讲会的规模越来越大。嘉靖十二年（1533），邹守益在吉安成立青原会，次年"合五郡"为青原大会，"凡乡大夫在郡邑者，皆与会焉"③，安福一县的惜阴会也逐渐扩展成为安福周围的四乡会，再进一步覆盖至吉安府治下的九个县，被称为九邑大会："惜阴之会举于各乡，而春秋胜日，复合九邑及赣、抚之士会于青原"，据邹守益说当时参会的有"二百余人"④。嘉靖二十八年（1549），王畿赴泾县水西会，"是会合宛（宛陵）及旁郡闻风而至者，凡二百三十人"⑤，次年邹守益应约主会，"诸友不期而至者几二百人"⑥。嘉靖三十三年（1554），宁国府订六邑大会，延请钱德洪、王畿迭主讲席，"每会逾三百人"⑦，次年王畿赴太平九龙会，也是"会者长少余三百人"⑧。从嘉靖中期开始，参与讲会之人常常达到千数以上。嘉靖二十三年（1544），颜均倡会，"翕徕百千余众"，又到泰州、如皋、江都、扬州、仪真等地讲学，"未纪录姓名有几千百众"⑨。嘉靖二十九年（1550），邹守益年届六十，"九邑大夫以及门生亲识"会于

---

① 《王阳明全集》卷三五《阳明年谱》，第1303页、1329页。
② 《邹守益集》卷一七《书广法文会题名》，第823页。
③ 《王阳明全集》卷三五《阳明年谱》，第1330页。
④ 《邹守益集》卷一〇《简方时勉》、卷八《录青原再会语》，第504页、444页。
⑤ 《龙溪会语》卷一《水西会约题词》。
⑥ 《邹守益集》卷一五《书水西同志聚讲会约》，第738页。
⑦ （明）邹守益：《水西精舍记》，《泾县志》卷八，清嘉庆十一年刊本。
⑧ 《龙溪王先生全集》卷七《书太平九龙会籍》。
⑨ （明）颜均：《颜均集》卷三，中国社会科学出版社1996年版，第24页。

复古书院为其祝寿,"无虑千余人"①。

这种千人规模的大型讲会到了嘉靖后期更为常见,嘉靖三十二年(1553),徐阶、聂豹、欧阳德等人在京师"为讲会于灵济宫","学徒云集至千人"②,《明史》则说当时"赴者五千人",并认为"都城讲学之会,于斯为盛"③。嘉靖四十三年(1564),时任宁国知府的罗汝芳"大集六邑之士友长幼千余人"为宛陵会④,又建志学书院,邀王畿主讲,"听者几数千人"⑤。最为典型的是带有宗教意味的灵济宫大会,后来多次兴举,每次规模都不小,如嘉靖三十五年(1556)颜均主会,"天下来觐官三百五十员"和"赴会试举人七百士"⑥,嘉靖三十八年(1559)徐阶、李春芳开讲会于象所,"文学诸贤与计吏偕来者,及京朝官与四方岩数有志之士""约五千余人"⑦,嘉靖四十四年(1565)徐阶倡集百官大会,外官"列左于堂之左西向",京官"列左于堂之右东向","士人以会试到京及庠生皆得赴会"。讲会数量的激增和规模的扩大,不仅促进了阳明学的传播,推动讲学活动趋向高潮,而且在客观上也带动了中晚明文人结社,尤其是文社的繁兴,促使结社之风更加盛行。

六、文社正式形成并初步发展

明代文社的发展与科举制度密切相关。明初,由于天下初定,治国亟需人才,朝廷选拔官吏是征、召、荐、举等多途并用,尤其

---

① (明)宋仪望:《华阳馆文集》卷一一《东廓行状》,清道光二十二年宋氏中和堂刻本。
② 《明儒学案》卷二七《徐阶传》,第618页。
③ 《明史》卷二八三,第7277页。
④ 《龙溪王先生全集》卷二《宛陵会语》。
⑤ (明)沈懋学:《郊居遗稿》卷五《王龙翁老师八十寿序》,国家图书馆出版社2013年影印本,第1630页。
⑥ 《颜均集》卷三,第24页。
⑦ (明)沈懋孝:《长水先生文钞》之《贲园艸·览程伯淳定性书示同学一首》,《四库禁毁书丛刊》集部第160册,第40页。关于此次讲会的人数,黄宗羲亦说"约五千人",所据或为上引沈懋孝文。参黄宗羲《宋元学案》卷一三,第548页。

是"荐举盛于国初"①。洪武元年（1368），朱元璋即"征天下贤才至京，授以守令"，六年（1408）罢科举，"别令有司察举贤才"，而"荐举之法并行不废"。由是，"中外大小臣工皆得推举，下至仓、库、司、局诸杂流，亦令举文学才干之士"，那些被荐之人，又令其转荐他人，"以故山林岩穴、草茅穷居，无不获自达于上，由布衣而登大僚者不可胜数"。据《明史》记载，这些人当中有被"命为文华殿大学士"的耆儒鲍恂、余诠、全思诚、张长年；有被"特置为四辅官兼太子宾客"的儒士王本、杜敩、赵民望、吴源；有"起家为尚书"的贤良郭有道，秀才范敏、曾泰，税户人才郑沂，儒士赵瑁等，他如儒士张子源、张宗德为侍郎，耆儒刘埙、关贤为副都御史，明经张文通、阮仲志为佥都御史，人才赫从道为大理少卿，孝廉李德为府尹，儒士吴颙为祭酒，贤良栾世英、徐景升、李延中，儒士张璲、王廉为布政使，孝弟李好诚、聂士举，贤良蒋安素、薛正言、张端，文学宋亮为参政，儒士郑孔麟、王德常、黄桐生，贤良余应举、马卫、许安、范孟宗、何德忠、孙仲贤、王福、王清，聪明张大亨、金思存为参议等等，"凡其显擢者如此"。即使在洪武十七年（1384）科举复设之后，仍然"两途并用"，"未尝畸重轻"，至建文、永乐年间，"荐举起家犹有内授翰林、外授藩司者"，还出现过"杨士奇以处士，陈济以布衣，遽命为《太祖实录》总裁官"的佳话，"其不拘资格又如此"②。大量故元儒士及有才之人无需经过科考即可走入仕途，且有可能官至高位，所以元季形成的文会之风在明初的几十年里并未得到继续发展，甚至一度中断。就笔者见到的资料来看，明代最早的文社要到正统末年才出现，其时距离明朝定鼎已经将近80年。

---

① 《明史》卷六九，第458页。
② 《明史》卷七一，第467页。

太祖朱元璋本来非常重视科举,认为元朝虽"待士甚优",但由于不重科举,使得"权豪势要,每纳奔竞之人,夤缘阿附,辄窃仕禄",那些"怀材抱道者,耻于并进",不得不"甘隐山林而不出",最终导致"风俗之弊,一至于此"的局面。于是他在吴元年(1367),已经"设文武二科取士之令",以使"民间秀士及智勇之人"能够"充贡京师"。开国之后,又于洪武三年(1370)颁下诏书,"特设科举,务取经明行修、博通古今、名实相称者"任之以官。之后连试三年,且因"官多缺员","举人俱免会试,赴京听选",一改此前举人不授官职的制度。后来发现录取者多为"后生少年,能以所学措诸行事者寡",这才"罢科举不用"。至十五年(1382)复设,十七年"始定科举之式,命礼部颁行各省",每三年一科,子、午、卯、酉年乡试,辰、戌、丑、未年会试,有明一代"遂以为永制"。永乐时,颁行《四书五经大全》,作为科考应试的统一标准,进一步强化了科举制度,开始出现"科举日重,荐举日益轻"的局面,"有司虽数奉求贤之诏",也只是"第应故事而已",以致"荐举渐轻,久且废不用"。宣德以后,科举制度被稳固下来,三年一科从未间断,最终实现了朱元璋在洪武初制订的"使中外文臣皆由科举而进,非科举者毋得与官"[1] 的目标。

不仅荐举之途被废置不用,随着科举制度的推行,在唯一施行的选拔人才的机制中还逐渐形成了一种"进士日益重","举贡日益轻"的倾向。按照明制,通过科举被选拔出来的人才可以分为三类:进士、举人和贡生,后两者合称"举贡"。会试中式者为进士,其中经天子廷试(殿试)能够登第三甲的更为显贵,一甲状元授翰林院修撰,榜眼、探花授编修,属于皇帝身边的侍从之臣,前程远大。二、三两甲中的优异者亦可被选入翰林院,以后或被留在翰林

---

[1] 《明史》卷七〇、卷七一、卷七〇、卷七〇,第463页、467页、463页、463页。

院任史官，或被任为京官。其他的进士释褐后，或在京为官，或授外官，任外官者多为知州、知县或府推官，掌管着地方政权的要职，以后升迁的机率也很大。史评：

> 成祖初年，内阁七人，非翰林者居其半，翰林纂修亦诸色参用。自天顺二年（1458），李贤奏定纂修专选进士，由是非进士不入翰林，非翰林不入内阁，南、北礼部尚书、侍郎及吏部右侍郎，非翰林不任。而庶吉士始进之时，已群目为储相。通计明一代宰辅一百七十余人，由翰林者十九。盖科举视前代为盛，翰林之盛，则前代所绝无也。①

科举之盛、进士之盛、翰林之盛实为明代制度的一大显著特征。举人虽有入仕资格，但是所任官职以及日后的仕途都无法与进士相比，他们最初大多被委任为州县的儒学教官，并不掌握多少实际权力，一些有政绩的教官以后可以升任知县，掌管正印，能够升至知府以上职务的举人数量是极少的。贡生则更次之，少数优异的选贡可被授予京官中最低级的职位，或者被选授为州县的佐贰官，岁贡能被授任州县教官的副职已经相当不错了。至于纳贡是通过交纳钱财物资获得贡生身份的，虽有"贡监"名号，却不算科举出身，即使入仕亦属"异途"。正统以后这种情况更为严重，"岁贡挨次而升，衰迟不振者十常八九"，"监生不获上第，即奋自镞砺，不能有成"，吏部在铨选官职时往往是"进士为一途，举贡为一途"。科举制度不仅是文人入仕的唯一途径，而且科考名第的高低还决定着将来的仕途，"宦途升沉，定于谒选之日"，于是"众情所趋，专在科甲"，"能文之士率由场屋进以为荣"②。

为了科考得中、科考高中，文人士子不得不穷其一生研习制

---

① 《明史》卷七〇，第464页。
② 《明史》卷六九、卷七一、卷七一，第459页、468页、467页。

艺、揣摩时文，而结社课文无疑是最有效的方式之一，文社遂由此生，亦由此兴。清初陆世仪正道出其中关键：

> 令甲以科目取人，而制义始重，士既重于其事，咸思厚自濯磨，以求副功令。因共尊师取友，互相砥砺，多者数十人，少者数人，谓之文社。即此以文会友，以友辅仁之遗则也。好修之士，以是为学问之地；驰骛之徒，亦以是为功名之门，所从来旧矣。①

不管是作为"好修之士"的"学问之地"，还是作为"驰骛之徒"的"功名之门"，文社都是因为"令甲以科目取人"、"制义始重"而产生的。

元季形成的文会之风经过明初的沉寂，复经科举考试的催动至正统末年开始重新出现，并正式冠以社名。据《杜东原年谱》载，正统十三年（1448），吴县杜琼"与诸儒结文社"，社"凡八人"，这是目前见到的明代最早的文社。天顺六年（1462），平湖陆愈"中浙江乡试，会试不偶，入太学，与四方文士讲业，号丽泽会"②。成化七年（1471），"监之士有雅相善者廿有五人，胥约以文会"③，是会主于东阳卢楷府第，亦名丽泽之会。

弘治以后，文社渐趋增多。弘治初，华亭顾清等人结六人社，每月朔望举会，"以月课互相批阅"④。十一年（1498）以后，慈溪杨父在吏部时，倡为五经会，"虽冗不辍披览，同考会试以得士称"⑤。嘉靖十四年（1535），江西永新立文会，"间月各会于乡，

---

① 《复社纪略》卷一，第 199 页。
② 《家藏集》卷六三《山西道监察御史陆君墓志铭》，《景印文渊阁四库全书》第 1255 册，第 594 页。
③ （明）杨守陈：《杨文懿公文集》卷二一《丽泽会诗序》，明弘治十二年杨茂仁刻本。
④ （清）李延昰：《南吴旧话录》卷二三，民国四年铅印本。
⑤ （明）邵宝：《容春堂集》后集卷四《明故通奉大夫河南左布政使杨君墓志铭》，《景印文渊阁四库全书》第 1258 册，第 263 页。

而春秋合会于邑，置为文会约，相与遵而习之"①。十七年（1538），昆山归有光"与诸友会文于野鹤轩"②。嘉靖中期，歙县文会兴盛，"自明嘉靖中立南山文会，与斗山、杲山相颉颃，人文之盛，南山称甲"③。三十九年（1560），无锡尤锽"与张与时、孙以德辈七人为同心社"④，后来此社改为惜阴社，前后历时十多年时间。四十二年（1563），欧大任以明经入贡以后，与太仓王元驭"结社课文"⑤。四十五年（1466）前后，京山郝承健"招致同好者五六人，结社城南，相切劘"⑥。这一时期，以昆山地区文社最盛，历时也最久。弘治十八年（1505）前后，顾鼎臣等十一人创为邑社，被称为是"三吴文社最盛者"⑦；嘉靖十年（1531），归有光修南、北二社，"同日并举"，"文学之士，霞布云蒸"⑧；隆庆初年（1567），陈晋卿诸人承归氏遗韵，三举社事，"改为知社"，"后先增美"⑨；直至万历后期，社事稍衰，又有王淑士、张宗晓等人奋力振之，"辉映先哲，领袖后进"⑩。

这些结社的效果也是比较显著的，陆愈于成化十一年"登进士第"⑪，卢楷丽泽会中共有二十五人"会不旋踵，已多奋登于黄甲"⑫，六人社中"鹤滩（钱福）以庚戌（1490）先公数辈魁天

---

① （明）邹守益：《东廓邹先生文集》卷八《书永新文会约》，清刻本。
② 《新刊震川先生文集》卷一五《野鹤轩壁记》，《丛书集成三编》第50册，第390页。
③ （清）佘华瑞：《岩镇志草·逸事》，清雍正十二年抄本。
④ （清）顾光旭：《梁溪诗钞》卷一〇，清宣统三年文苑阁木活字本。
⑤ （明）欧必元：《家虞部公传》，（明）欧大任：《欧虞部集十五种》卷首，清刻本。
⑥ 《大泌山房集》卷二六《奇正篇序》。
⑦ 《复社纪略》卷一，第199页。
⑧ 《梅花草堂集笔谈》卷四。
⑨ 《复社纪略》卷一，第199页。
⑩ 《梅花草堂集笔谈》卷四。
⑪ 《家藏集》卷六三《山西道监察御史陆君墓志铭》，《景印文渊阁四库全书》第1255册，第594页。
⑫ 《杨文懿公文集》卷二一《丽泽会诗序》。

下",“至壬子、癸丑（1492、1493）则东江（顾清）解首魁春官，而西坡（黄明）即以是年同第，锦溪（曹闵）亦以乙卯、丙辰（1495、1496）连第"①，昆山社中顾鼎臣等十一人"皆去为大官，得谥者三，腰犀玉者四"②，归有光虽八上春官不第，但于嘉靖四十年（1561）亦成进士。

第三节　明后期文人结社（隆庆—崇祯）

隆庆以后，自然经济继续发展，以此为基础的商品经济也逐渐繁荣起来，奢靡享乐蔚然成风，为文人结社提供了物质条件和心理基础。与此同时，政治局势逐渐走向下坡，朝廷动荡不安，各种矛盾错杂叠出，党派斗争愈演愈烈，许多文人远离朝政而借助结社怡情避世。科举制度进一步完善，成为文人仕进的唯一途径，研磨制艺的文社蔚为大观。公安派、竟陵派、复古派继续开展结社活动，文坛风气激变尤甚于前，同时吴中、晋安、岭南、山左、甬上、松江等的地域性文人群体也都纷纷结社举会，共同演绎了明末地域文学的繁荣。在朝廷上下的尊奉和扶持下，佛教至明中后期再度兴盛，居士佛教尤为活跃，佞佛之风与结社之风相互激荡，文人禅社至此大兴。讲学与反讲学相互缠斗，几经挫折与复兴，讲会发展时起时伏。怡老类社团继续发展，但由于国势衰微，老人结社的诸多条件已不复存在，此类社事在汹涌澎湃的明代结社大潮中首现退潮。

一、文人结社出现鼎盛的社会因素

首先，结社的繁盛离不开雄厚的经济基础。总体来说，明代的

---

① 《云间志略》卷一〇。
② 《梅花草堂集笔谈》卷四。

社会制度并未有根本性改变,自然经济仍然占据着经济结构的主导地位,生产方式也比较落后性。但这并不代表明代的经济是停止不前的或者倒退的,而是发展的和进步的。有经济学家就认为:"明代经济史既是中国封建经济形态高度发达和成熟的历史,又是新经济因素初生的历史。"经过前期的国家政策改革与调整,明朝的社会生产力逐步提高,以农为本的自然经济得以恢复和发展。中期以后,自然经济继续发展,以此为基础的商品经济也逐渐繁荣起来,到明朝后期已经得到"空前发展",孕育出带有资本主义性质的生产关系,"在中国古代经济发展史上开创出一个崭新的局面"①。商品经济的繁荣促进了城市的发展,在全国各地形成了数量众多的经济中心,从事着频繁的商贸活动。例如,中原地带的开封:"北下卫、彰,达京坼,东沿汴、泗,转江汉,车马之交,达于四方,商贾乐聚,地饶漆、缔、枲、纻、纤、矿、锡、蜡、皮张。"湖广地区的武昌:"鱼粟之利,遍于天下,而谷土泥涂,甚于《禹贡》……其民寡于积聚,多行贾四方,四方之贾,亦云集焉。"②最为繁盛的莫过于江南地区,如杭州:"百货所聚,其余各郡邑所出,则湖之丝、嘉之绢、绍之茶之酒、宁之海错、处之瓷、严之漆、衢之桔、温之漆器、金之酒,皆以地得名。"③东南沿海亦不逊色:"广城人家,大小俱有生意,人柔和,物价平……以故商贾骤集,兼有夷市,货物堆积,行人相击,虽小巷亦喧填,固不减吴阊门、杭清河坊一带也。"④

一方面,城市经济的繁荣为人们开展包括结社在内的各种精神

---

① 王毓铨:《中国经济通史·明代经济卷》卷首《导论》,经济日报出版社2000年版,第33页、3页。
② (明)张瀚:《松窗梦语》卷四《商贾纪》,《续修四库全书》集部第1171册,第59页、460页。
③ (明)王士性:《广志绎》卷四《江南诸省·浙江》,清康熙十五年刻本。
④ (明)叶权:《贤博编》附录《游岭南记》,中华书局1987年版,第43—44页。

活动提供了物质基础。万历以后的文人结社不仅数量猛增,而且规模急剧扩大。例如万历初年(1573)之青溪社:

> 万历初年,陈宁乡芹,解组石城,卜居笛步,置驿邀宾,复修青溪之社。于是在衡、仲交以旧老而莅盟,幼于、百谷以胜流而至止。厥后轩车纷沓,唱和频烦。①

万历十四年(1586)之南屏社:

> 囿开文雅,人擅风流,高倚层楼,下临初地。蜿采虹于雕槛,结祥云于画拱。舆致名姬,坐参芳席,以游洛浦,如涉汉滨。②

万历三十一年(1603)之邻霄台大社:

> (阮自华)尝大会词客于凌霄台,推屠长卿为祭酒,丝竹殷地,列炬熏天,宴集之盛,传播海内。③

万历三十二年(1604)之金陵大社:

> 万历甲辰(1604)中秋,(朱承𦅸)开大社于金陵,胥会海内名士,张幼于辈分赋授简百二十人,秦淮妓女马湘兰以下四十余人,咸相为缉文墨、理弦歌,修容拂拭,以须宴集,若举子之望走锁院焉。④

万历三十七年(1609)之冶城大社:

> 大会文士三十人于秦淮水阁,各分题怀去。……移入秦淮渡口河房,月下泛小舟。词客三十余人,大会于秦淮水

---

① 《列朝诗集小传》丁集上,第 462 页。
② (明)卓明卿:《卓光禄集》卷三《南屏社序》,明万历卓尔昌刻本。
③ 《列朝诗集小传》丁集下,第 646 页。
④ 《列朝诗集小传》丁集上,第 471 页。

阁。女校书二人，为朱无瑕、傅灵修，赋得《月映清淮流》五言律六韵。予诗于座上成之。……大会文士四十余人于罗近溪先生祠。①

这种规模和气象的文人结社自万历年间开始大量出现，当非偶然，其与主盟者借之以广声气有很大关系，但与当时社会经济的发展也不可分割。其时，由于张居正改革的措施得力，成效显著，不仅为趋向下坡的大明王朝注入了一针强心剂，而且为当时的朝廷积累了大量财富，为其后十余年的社会发展奠定了基础。《明史》称："自正、嘉虚耗之后，至万历十年间，最称富庶。"② 《明史纪事本末》则称："十年来海内肃清……力筹富国，太仓粟可支十年，囧寺积金，至四百余万。"③ 今人对张居正改革成果有较为详细的统计：

> 张居正在这一时期所积累的国库储备方面成就很显著。在他死前不久，北京粮仓有足够的存粮以满足此后九年的需要。不到紧急时刻不能支取的太仓库古老储藏室里的存款增加到600多万两银子。太仆寺保存另外400万两，南京的库房也藏有250万两储备。广西、浙江和四川的省库平均存款在15—80万两之间。这和16世纪平常的情况形成了似乎是不可能的对比，那时完全没有储备。④

文人结社之风的全面盛行显然离不开这种经济基础的有力支撑。

另一方面——也是更为重要的一个方面，城市经济的繁荣给人们的生活观念带来巨大冲击。奢靡享乐之习蔚然成风，秉持传统的

---

① （明）袁中道：《游居柿录》卷三，钱伯城点校：《珂雪斋集》下册，上海古籍出版社1989年版，第1150—1152页。
② 《明史》卷二二二，第5856页。
③ （清）谷应泰：《明史纪事本末》卷六一《江陵柄政》，中华书局1977年版，第958页。
④ 《剑桥中国明代史》上卷，第505页。

"俭德"反而遭到人们"诮让轻鄙"①。潮州"间阎殷富,士女繁华,裘马管弦,不减上国"②,福州"其民贱啬而贵侈"③,杭州"儇巧繁华,恶拘检而乐游旷"④,苏州"人情以放荡为快,世风以侈靡相高"⑤,南京"仕宦者夸为仙都,游谭者指为乐土"⑥,徽州"其民多仰机利,舍本逐末,唱棹转毂,以游帝王之所都"⑦,汴梁"士人游宦者少得清暇,以遂宴赏之乐"⑧,蒲州"俗尚多靡","朱门邃宇不下二百家,皆竞为奢华,士夫亦皆高大门庐,习为膏粱绮丽,渐染效法"⑨,就连两宋以降一直比较贫困的西北地区也是"饮酒皆用伎乐"⑩。社会风气过于尚侈趋靡,引起了朝廷官员的担忧。嘉靖九年(1530),御史周释就认为"今都城之中,衣轻乘肥,非贵戚之臧获,即貂铛之仆夫",并且为"远近效尤"⑪。嘉靖二十四年(1545),礼科给事中查秉彝还分析侈靡之风产生的原因,认为一方面是"世禄之家好作无益,崇尚虚靡",另一方面则是"四方罢闲无藉之徒,聚党游食"⑫。嘉靖二十七年(1548),礼科给事中姜良翰上疏,甚至认为当时天下之患皆源自"风俗侈纵"⑬。

上述说法都有一定道理,但还有一个重要方面,即皇室和朝廷

---

① (明)李乐:《续见闻杂记》卷八,明万历刻本。
② 《广志绎》卷四《江南诸省·广东》。
③ 《松窗梦语》卷四《商贾纪》,《续修四库全书》第1171册,第461页。
④ 《广志绎》卷四《江南诸省·浙江》。
⑤ 《松窗梦语》卷七《风俗纪》,《续修四库全书》集部1171册,第495页。
⑥ 《列朝诗集小传》丁集上,第462页。
⑦ (明)谢肇淛:《五杂俎》卷四《地部二》,明刻本。
⑧ (明)瞿佑:《归田诗话》卷下,乔光辉校注:《瞿佑全集校注》上卷,浙江古籍出版社2010年版,第477页。
⑨ 《松窗梦语》卷二《西游纪》,《续修四库全书》集部1171册,第435页。
⑩ 《四友斋丛说》卷一八,第160页。
⑪ 《明世宗实录》卷一一一"嘉靖九年三月乙未"条,第2616页。
⑫ 《明世宗实录》卷二九五"嘉靖二十四年闰正月己丑"条,5643页。
⑬ 《明世宗实录》卷三四〇"嘉靖二十七年九月庚子"条,第6199页。张居正在给皇帝讲解《通鉴》时,也提出作为人主应当崇尚"俭德","事时朴素",而"不可少萌侈心,以启无穷之害也"。见张居正《通鉴直解》卷二《商纪》。

的表率作用,正所谓"人主嗜好,所系甚重"。洪武之初,朱元璋就提出"处富贵者,正当抑奢侈,弘俭约,戒嗜欲,以压众心"①的治国策略,至宣德年间承平日久,习俗渐起变化,但宣宗尚能修明纲纪,起弊维风,一至晚明皇帝却开始求奢逐侈。比如采纳珍宝玩好之物,洪武时"宫禁中市物",厉行俭约,宣宗时也还能"罢闸办金银",至宪宗时开始"搜取珍玩,靡有孑遗",世宗时"采珠玉宝石,吏民奔命不暇",穆宗"承之,购珠宝益急",神宗初,内承运库太监崔敏请买金珠,因张居正阻挠未允,不久之后"帝日黩货,开采之议大兴,费以钜万计,珠宝价增旧二十倍"。再如采造之事也是"累朝侈俭不同","大约靡于英宗,继以宪、武,至世宗、神宗而极",到神宗末年,"内使杂出,采造益繁,内府告匮,至移济边银以供之",熹宗则"一听中官,采造尤夥",思宗时"始务厘剔节省,而库藏已耗竭矣"②。

受皇帝和朝廷的影响,京师北京的侈靡之风远较他地为甚。"百货充溢,宝藏丰盈,服御鲜华,器用精巧,宫室壮丽",享乐之风"渐染成俗,故今侈靡特甚"③。元宵节放灯时,"诸司堂属,俱放假遨游,省属为空",为了观灯官府运转都受到了严重影响,朝廷虽屡有禁止"而微服私观者"仍不乏其人,直至收灯之后人们游兴未消,都中士女仍然"倾国出城西郊所谓白云观者,联袂嬉游,席地布饮"④。既然"天下之根本,四方所取则"⑤的京师风气如此,全国各地也就纷纷效仿而犹恐不及了。

---

① 《明太祖宝训》卷四《戒奢侈》。
② 《明史》卷八二,第1994页。事实上,明朝的历代皇帝为防止民风流于奢侈,几乎都有过禁侈举措,这也从反面说明了明代奢靡之风的泛滥。参见龙文彬《明会要》卷一四《礼九·禁逾侈》,中华书局1956年版,第239—241页。
③ 《松窗梦语》卷四《百工纪》,《续修四库全书》集部第1171册,第455页。
④ 《万历野获编》补遗卷三,第898页、901页。
⑤ 《明会要》卷五一《民政二》,第949页。

第四章　中国古代文人结社的繁荣

这种侈靡的生活观念、享受的生活心态和游乐的生活方式，反映到文人士子身上就是聚游宴饮、狎妓赏曲、赛文赋诗，从而为结盟立社创造了前提条件和大量契机。以南京为例，早在弘、正之间，就有"顾华玉、王钦佩以文章立坛，陈大声、徐子仁以词曲擅场。江山妍淑，士女清华，才俊翕集，风流弘长"，嘉靖中期，又有朱子价、何元朗、金在衡、盛仲交、皇甫子循、黄淳父等人"相与授简分题，征歌选胜"①。隆庆元年（1567），梁辰鱼、莫是龙"与四方文学同志诸君结社于鹫峰禅寺，每集辄以觞咏共适，穷日乃罢"②。隆庆五年（1571）、万历元年（1573），陈芹两度结青溪诗社，"卜居笛步，置驿邀宾"，"轩车纷沓，唱和频烦"③。万历三十二年（1604），朱承绿开金陵大社，会海内名士，"百二十人"，秦淮妓女"四十余人"。万历三十四年（1606），曹学佺举金陵诗社"游宴治城，宾朋过从，名胜延眺"，"笔墨横飞，篇帙腾涌"④。万历三十七年（1609），袁中道东游金陵，举冶城大社，"大会文士三十人于秦淮水阁"，"词客三十余人，大会于秦淮水阁"，"大会文士四十余人于罗近溪先生祠"。又有茅坤之孙茅元仪举午日秦淮大社，"尽两岸之楼台亭榭，及河中之巨舰扁舟，无不倩也；尽四方之词人墨客，及曲中之歌妓舞女无不集也。分朋结伴，递相招邀，倾国出游"⑤。崇祯九年（1636），秀水姚瀚举国门广业社，"用十二楼船于秦淮，招集四方应试知名之士百有余人，每船邀名妓四人侑酒，梨园一部，灯火笙歌，为一时之盛事"⑥，直至明朝灭亡，姚瀚仍然"尽收质库所有私钱，载酒征歌，大会复社同人于秦淮河

---

① 《列朝诗集》丁集卷七。
② 《石秀斋集》卷三《怀友七首序》。
③ 《列朝诗集》丁集卷七。
④ 《列朝诗集》丁集卷七。
⑤ 《因树屋书影》卷二。
⑥ （清）余怀：《板桥杂记》下卷《轶事》，清瓣香阁抄本。

上,几二千人"①。南京作为明朝的开国之都和后来的陪京之城,是南方的文化中心,几历有明一代而社事不绝,中叶以后尤夥。清初钱谦益将明代南京社事发展梳理为"初盛"、"再盛"、"极盛"几个阶段,并指出出现这种盛况的原因是"海宇承平,陪京佳丽,仕宦者夸为仙都,游谭者指为乐土"②,人们都把南京作为"仙都"、"乐土"来享受!

其次,文人结社的兴盛与当时的政治局势密不可分。与经济发展不协调的是,明代中后期的政治是逐渐走向下坡,朝廷动荡不安,社会危机日益加深③。史评"明自正统以来,国势浸弱"④,是综合各种朝政表现所作的精炼概括。皇帝作为最高统治者却往往不思国务,倦怠朝事。武宗"耽乐嬉游,暱近群小",刘瑾、张永相继乱政。世宗"崇尚道教,享祀弗经,营建繁兴,府藏告匮",终致"将疲于边,贼讧于内","百余年富庶治平之业,因以渐替"。穆宗在位六年,从不接见大臣,"未能振肃乾纲,矫除积习",致使"柄臣相轧,门户渐开"。神宗初行新政,"国势几于富强",可惜后来"因循牵制,晏处深宫,纲纪废弛,君臣否隔",到了后期"邪党滋蔓"、"交相攻讦","小人好权趋利者驰骛追逐,与名节之士为仇雠,门户纷然角立",于是"溃败决裂,不可振救",史曰"明之亡,实亡于神宗",又说"明自世宗而后,纲纪日以陵夷,神宗末年,废坏极矣"。光宗在位一月,"措施未展,三案构争,党祸益炽"。熹宗庸懦,好弄斧具,魏忠贤窃政,"滥赏淫刑,忠良惨祸,亿兆离心"。思宗即位之

---

① (清)吴翌凤:《镫窗丛录》卷一,民国十五年铅印涵芬楼秘籍本。
② 《列朝诗集小传》丁集上,第462页。
③ 林金树撰有专文阐述明代中后期政局衰退与经济发展这种"奇特"现象的成因,参见《略论明中叶以后政治腐败与经济繁荣同时并存的奇特现象》,载《中国社会经济史研究》2002年第1期。
④ 《明史》卷一六,第213页。

初,尚能"沉机独断,刘除奸逆",可惜积习难挽,内忧外患纷沓而至,"在廷则门户纠纷,疆场则将骄卒惰",后来又信任宦官,"布列要地,举措失当,制置乖方","溃烂而莫可救"①,终致二百七十年基业毁于一旦。

皇帝自己不理政事,就只能将政事交由身边的人处理。在明朝皇帝身边的近臣主要是内阁和宦官两个集团,他们本来都是辅翊皇帝的,但是为了操纵朝政、掌握实权,二者之间经常处于对立状态,集中表现在"票拟"与"批红"的矛盾上,在互有消长的长期对立中,逐渐形成了"首辅权虽重,而司礼监之权又在首辅上"、乃至"批答章奏,阁臣不得与闻"的局面。史曰:"人主不亲政事,故事权下移,长君在御,尚以票拟归内阁,至荒主童昏,则地近者权益专,而阁臣亦听命矣。"② 皇帝担心阁臣擅权,想用宦官牵而制之,所以君权下移的结果是宦官弄权,此时皇帝又不能忍受宦官的独断专行、威慑君权,因此张居正以悲剧收场,刘瑾、魏忠贤也没有好的下场,至若崇祯一朝仅十有七年,却易相五十余人更为历朝所罕见。

最高决策中心的不稳定导致朝廷之中歧见叠出、门户角立,皇帝、内阁、六部、言官之间以及他们与太监之间,各种矛盾错综复杂,愈演愈烈,从"大礼仪"之争到"国本"之争,从"矿税使"之争到"庄田"之争,再到"梃击案"、"红丸案"、"移宫案",直至南明弘光时的"南渡三案",一直争讼不息。朝廷中各方势力的争执、倾轧,最终走向了拉帮结派、党同伐异,形成了激烈的党争局面。关于明代政治会党的情况及其对文人结社的影响后文有述。这里想着重指出,激烈的党派之争深深地触动了当时文人的心态:

---

① 《明史》卷一六、卷一八、卷一九、卷二一、卷二二、卷二一、卷二二、卷二四,第 90 页、99—100 页、101 页、110—111 页、113 页、111 页、114 页、121 页。
② 《廿二史劄记》卷三三"明内阁首辅之权最重"条。

要想出仕为官，就要加入一定的集团来扩大自己的名誉度和影响力，要么依靠朝中党团，要么自己结盟立社，从而推动了结社风气的扩散。赵翼就说"盖明中叶以后，士大夫趋权附势，久已相习成风。黠者献媚，次亦迫于避祸，而不敢独立崖岸"①，正道出了明代后期文人士子寻求结社的深层政治背景以及与此相关的心理动因。

与经济发展对结社的正面促进作用不同，"并不是治世政局一定给予社局正向影响，也有负向的；乱世政局也不一定都起着负向作用，甚至更多的是起着正向的作用"，"如果说永乐至正统年间是明朝的治世时期，政局是从正面促使文人结社向前推进，那么正德以后至明亡以迄，政局都是在从反面刺激着社局的发展，甚至激发了结社高潮的出现"②。典型的情况是，由于政治的昏暗，正直敢言之士多被罢官放黜，明哲保身之人自求归田远祸，但都借助结社活动来自遣怡情。正德初，刘瑾乱政，杨守随因抗疏为其所衔，传旨致仕，"与乡之耆旧以诗酒相娱"③，结社于甬上。刘麟因不谒刘瑾而被黜为民，流寓湖州，与吴玘、施侃、孙一元、龙霓"结社于苕溪"④。嘉靖中，严嵩弄权，张时彻上疏忤之，归里修社，领甬上风雅达二十余年⑤。张瀚亦因力劾严嵩而被削籍家居，与沈懋学、李彦明等人结湖南吟社，"明哲理道，雅善著作"⑥。至万历时，明朝已呈"将圮而未圮"之势，"其外窿然，丹青赭垩，未易其旧，而中则蠹矣"，"明兴二百余年，至嘉、隆之季天下之势有类

---

① 《廿二史劄记》卷三五"三案"条。
② 李玉栓：《明代文人结社兴盛的政治因素》，《安徽师范大学学报》2012年第1期，第62页、61页。
③ 《（康熙）鄞县志》卷一五。
④ 《明诗纪事》丁签卷七，第1227页。
⑤ （明）余有丁：《张司马先生时彻传》，《献征录》卷四二，第1761—1763页。
⑥ （明）张瀚：《奚囊蠹余》卷一，明隆庆六年刻本。

于此者多矣"①。张居正柄政期间,"褊衷多忌,刚愎自用"②,为推行自己的政治主张,多采用强制性乃至专制性手段,因而与之同朝的不少文人都或多或少受到打击。例如万历三年(1575),歙人汪道昆不满张居正引某人为上卿而"直摘其瑕",引起张居正不快,"遂上书陈情终养"③,并于万历八年(1580)解组归乡,然后与李维桢、屠隆、沈明臣等二十余人组织白榆诗社,社事之盛,"熏灼海内"④。又如万历五年(1577),夺情议起,张瀚因不听张居正嘱咐,被"嗾台省劾之,以为昏耄,勒令致仕"⑤。致仕后,张瀚亦"与同乡诸缙绅修怡老会,会几二十人,一时称盛"⑥。天启间,阉党乱政,顺德梁元柱因疏劾魏阉而被削职罢归,招邀朋旧,与陈子壮、黎遂球等人"开诃林净社"⑦。崇祯初期,思宗有过短暂的力除积弊、重振朝纲之举,但未能扭转朝政的颓败之势,在党派争斗、农民起义、满族入侵等内外因素的合力之下,明朝迅速走向衰亡。

政局的黑暗与动荡、朝廷的荒诞与无能最终导致社会的失控,人心浮荡,世风奔竞,文人士子纷纷结盟立社,或借以干政,或赖以延誉,或藉以怡情,使得明朝中期以后全国各地社盟林立,大江南北,无地无之⑧,出现了中国古代文人结社史上前所未有的繁盛景象。

---

① (明)张居正:《新刻张太岳先生文集》卷九,明万历四十年唐国达刻本。
② 《明史纪事本末》卷六一《江陵柄政》,第958页。
③ 徐朔方:《徐朔方集》第四卷《汪道昆年谱》,浙江古籍出版社1999年版,第55页。
④ 《列朝诗集小传》丁集中,第504页。
⑤ 《明史纪事本末》卷六一《江陵柄政》,第951页。
⑥ (明)张瀚:《武林怡老会诗集·序》,《丛书集成续编》第114册,第643页。
⑦ 《(宣统)番禺县续志》卷四〇。
⑧ 据笔者考订,明代后期(万历、天启、崇祯三朝)共有结社395家,足见晚明社事之盛。参见李玉栓《明代文人结社考》附录三《明代文人结社分期与分类统计表》,第612页。

最后,科举制度的完善推扬了结社之风。明代进一步完善了科举制度,考试的内容、格式和程序都高度定型化,在南北分卷的基础上形成区域配额取士的格局,学校被纳入科考体系乃至"科举必由学校"① 等等,并且自此以后"以为永制",科举制度发展至明代出现鼎盛。据统计,明代登科总人数为 24 831 人②,比唐朝时的三倍(8 245 人)还要多。因此,明代的文社不仅由科举催生,而且亦由科举兴盛。

这主要体现在:其一,科甲兴盛之地正是文社活跃之区。从全国范围来看,明代共行科举 89 科(含南北榜所多取的一榜),登科人员以南直隶(相当于今天的江苏、安徽和上海地区)和浙江为最,以进士为例,南直隶 3 667 人,浙江 3 391 人,占据着前两位③,若统计状元、榜眼和探花的三鼎甲,明代共有 267 人,其中南直 65 人,浙江 53 人,合占总数的四成以上④,可见两地科举人才之夥。而明代的文社也正是以此两地最为集中,其中南直隶有 270 多家,高居首位,浙江有 130 多家,位居第二⑤。这充分说明了科举制度推动着文社的发展,也说明了文社在培养科举人才方面起着非常重要的作用。

其二,科考之时正是结社之机。明代科考自洪武十八年(1385)以后,每三年一科,子卯午酉年乡试,次年丑辰未戌年会试,每次乡试、会试期间,大批士子集聚一地,这就为他们结盟立社提供了机会。就地点而言,如南京,"故都会也。每年秋试,则

---

① 《明史》卷六九,第 1675 页。
② 参见陈茂同《中国历代选官制度》第十章《明代状元、会元、登科人数一览表》,华东师范大学出版社 1994 年版,第 319—324 页。
③ 据《明清进士题名碑录》和《明清进士题名碑录索引》统计。参见方志远《明代城市与市民文学》,中华书局 2004 年版,第 52 页。
④ 据《明清进士题名碑录索引》统计。参见李树《中国科举史话·明代·从三鼎甲看地区文化教育的不平衡》,齐鲁书社 2004 年版,第 230—231 页。
⑤ 参见李玉栓《明代文人结社考》附录二《明代文人结社地域分布表》,第 608—610 页。

十四郡科举士及诸藩省隶国学者咸在焉,衣冠阗骈,震耀衢术。豪举者挟资来,举酒呼徒,征歌选伎,岁有之矣。"① 就社事而言,如崇祯年间的国门广业社,前后共有过五次集会,除最后一次由于国事变更的影响外,其余四次均为乡试之年,分别是崇祯三年(1630)、六年(1633)、九年(1636)和十二年(1639)②。

其三,登科士子多结社。从结社成员来看,登科士子是结社的主体。这种情况在文社中最为突出。例如,启、祯之际的应社,在可以确考的28位成员中,进士11人,举人5人,占一半以上,其余成员或为府县学生,或为贡生,也都与科举有着莫大关联③。诗社多布衣参与,但是登科士子也不在少数,如万历间白榆社,可考成员19人,其中进士9人,举人1人④。由于科考的成功,登科士子的声誉较布衣为高,由他们提倡或组织社事是非常自然的事情,所以许多结社的主盟者都是科举高中之人。而对那些同时科考中式的士子们来说,还具有一种"同年"关系更是非同寻常,他们常常有意识地借结社来维系和巩固这种关系,从而在客观上推动了社事的发展。

其四,科考程式成为结社程式。科举考试不仅促使结社数量增加,而且也影响到结社的内容与方式。自洪武开始,"专取四子书及《易》、《书》、《诗》、《春秋》、《礼记》五经命题试士"⑤,这就规定了文社研课的内容。例如,万历四十一年(1613),白绍光署常熟教谕,就是"立五经社,分曹课试"⑥,而应社在最初成立时

---

① (明)吴应箕:《楼山堂集》卷一七《国门广业序》,《续修四库全书》第1388册,第558页。
② 参余怀《板桥杂记》下卷《轶事》、黄宗羲《南雷文约》卷一《陈定先生墓志铭》等。
③ 参见朱倓《明季南应社考》,《国学季刊》民国十九年第2卷第3号。
④ 参见耿传友《白榆社述略》,《黄山学院学报》2007年第1期。
⑤ 《明史》卷七〇,第1693页。
⑥ 《牧斋初学集》卷四三《常熟县教谕武进白君遗爱记》,《续修四库全书》第1390册,第5页。

也是命名为"五经应社"。在结社的活动方式上，如天启二年（1622），吕维祺在新安立芝泉会，"每会以二三篇为率，或间会七篇及二三场，每季一试，第其文之高下，劝惩有差"，会文时会中成员"以初三、十八日寅刻至会所，候题至，静坐沉思，不宜喧哗聚谈、彼此易位及更往别所，违者会长、监会规正，不听者罚，再不听则纪过。每会以二三篇为率，或间会七篇及二三场，每季一试"①，这与正规的科举考试一般无二。诗社也是如此，万历三十七年（1499），袁中道东游金陵，举冶城大社，"大会词客三十余人于秦淮水阁"，先"与二三老词人同议诗题"，然后分题给参会人员，要求当场交卷，"有不能墨其楮者共罚之"②。这些做法无疑是从科举考试中借鉴来的。

二、政治会党的发展及其对结社的影响

"党"在明代不是一个固定、统一的概念，大致说来有三种情况。第一种是统治者为了维护皇权、扫除威胁而给那些"乱臣贼子"冠以的加罪之词，如洪武时的胡蓝之案、永乐时的建文遗臣，都被冠以"奸党"之名，其实他们根本不是什么"党"，甚至连"集团"都称不上。第二种是因争权夺利、攻讦异己而拉帮结派形成的官僚集团，如成化时的南党、北党，万历时的浙党、齐党，正德和天启时的阉党等等，这些集团往往因政见不合或一己之私就"一事而甲可乙否"，"一人而朝由暮跖"，"是非淆于唇吻"，"用舍决于爱憎"③，以致"分门标榜，遂成水火"④。第三种是一些学人因关心时事、品议朝政、宣讲见解而形成的士大夫集团，此以万历时的东林党为代表。我们这里所说的政治性会党主要是指那些参与

---

① （明）吕维祺：《明德先生文集》卷二一《芝泉会约二》，清康熙二年吕兆璜等刻本。
② （明）袁中道：《珂雪斋近集》卷三，明书林唐国达刻本。
③ 《新刻张太岳先生文集》卷三六《陈六事疏》。
④ （明）朱之瑜：《舜水先生文集》卷二二"林春信问曰：'崇祯年中巨儒鸿士为世所推者几人？愿录，示其姓名'"条，日本正德二年刻本。

或牵进党派争斗的文人团体。

由于明廷废除丞相、建置内阁、设立言官,准允宦官代行"批红"大权,科举考试实行南北分区,心学流布推动启蒙思潮汹涌以及经济发展削弱封建人身依附关系等错综复杂的原因,明代的党派斗争较此前历代更为私化、更为泛化、更为激化,伴随着党派斗争的演进产生了大大小小的会党。明代政治性会党的发展经历了三个阶段,其中中叶以后的第三阶段,是古代朋党史上会党数量最多、规模最大的时期。

洪武至景泰年间是为第一阶段。在这一阶段,尚未产生真正的朋党,"胡党"、"蓝党"姑且不论,洪武时期的李善长与刘基之间曾有过政治争斗,后人有所谓"淮西党"、"浙东党"之说,亦为妄测。李善长是安徽定远人,以他为首的淮西集团人数较多,包括胡惟庸、郭兴、汤和等,都与朱元璋是同乡,或可言党;而刘基是浙江青田人,他这一方根本没有什么成员,与他关系较为紧密的杨宪还是山西太原人,并不属于"浙东"之地,实无"党"可言。不过,李、刘二人之间的政治倾轧却首开明廷官僚争斗之习。正统时,宦官王振勾结官僚,擅权作威,致生土木之变,其时"党与未盛"①,仍未成党,但是明廷朝政由内阁辅助开始转向宦官辅助,宦官干政由此滥觞。

成化至隆庆年间是为第二阶段。在这一阶段,言路渐开,"自天子、大臣、左右近习无不指斥极言",往往"南北交章,连名列署",纠察官员们更是"振风裁而耻缄默",但当时公心犹在,官僚士大夫们尚能以"名节自励","上者爱国,次亦爱名",所以"门户未开"②,党派争斗虽偶有发生却未形成气候。

---

① 《明史》卷三〇六,第7833页。
② 《明史》卷一八〇,第1245页。

继王振之后，成化间又有汪直乱政。汪直为人便黠，深得宪宗宠信，提督西厂，屡兴大狱，许多内外大臣都曾遭到弹压。据当时的阁臣商辂说："朝臣无大小，有罪皆请旨逮问，直擅抄没三品以上京官。大同、宣府，边城要害，守备俄顷不可缺，直一日械数人。南京，祖宗根本地，留守大臣，直擅收捕。诸近侍在帝左右，直辄易置。"由是，汪直威势倾天下，每次出行"随从甚众"而"公卿皆避道"①，大臣们争相与汪直结纳，如左都御史王越、锦衣百户韦瑛、御史戴缙、千户吴绶、右副都御史陈钺、抚宁侯朱永等等。

汪直宠衰之后，朝廷中逐渐形成了南、北二党的争斗，或可为明代党争之始②。南党以万安为核心，主要成员有刘吉、彭华、尹直、李孜省、邓常恩等，北党以刘珝为核心，成员有尹旻、王越等。万安与刘珝本为同年，且曾共同奏劾汪直乱政，但二人性情不同，安"外宽而深中"，珝"性疏直"，因争宠于宪宗而多生牴牾。万安为内阁首辅时，"与南人相党附"，而刘珝"与尚书尹旻、王越又以北人为党"，双方"互相倾轧"，由于"珝疏浅"而"安深鸷"，所以"珝卒不能胜安"③。

弘治间，中书舍人吉人因为赈四川饥灾荐官而遭到监察御史陈景隆的弹劾，谓其"诋抗成命，私立朋党"，孝宗非常生气，令其"自引其党"④。据史料载，此案牵连甚众，被认为是吉人党人的至少有御史汤鼐、知州刘栗、主事李文祥、庶吉士邹智、知州董杰五

---

① 《明史》卷一七六、卷三〇四，第 4690 页、7779 页。
② 谢国桢据《明史》卷二二九《赵用贤传》，认为明代党争始于张居正死后，亦即万历十年（1582）以后。商传据《明孝宗实录》卷二三"弘治二年二月丁未"条认为明代党争始于弘治二年（1489）。分见《明清之际党社运动考》，上海书店2006年版，第 12 页；《从朋党到党社——明代党争之浅见》，载《学习与探索》2007年第1期，第 222 页。
③ 《明史》卷一六八，第 1174—1175 页。
④ 《明孝宗实录》卷二三"弘治二年二月丁未"条，第 529 页。

人，而曹璘、韩福、东思诚因"非其党"而未予治罪①。

正德间，武宗"耽乐嬉游，暱近群小"② 以致宦官刘瑾窃权。刘瑾"尝慕王振之为人，在孝庙时愤郁不得志，每切齿"③，与马永成、高凤、罗祥、魏彬、丘聚、谷大用、张永"并以旧恩得幸"，人号"八虎"，亦称"八党"（或去高凤而称"七党"），而瑾性"尤狡狠"，得掌司礼监，后又设内行厂，用酷刑树威。刘瑾"权擅天下，威福任情"，朝中列卿或因畏惧或图结纳而争先献媚，"内阁焦芳、刘宇，吏部尚书张䌽，兵部尚书曹元，锦衣卫指挥杨玉、石文义，皆为瑾腹心"，其中"焦芳以阁臣首与之比"，以致"司礼之权居内阁上"④，形成了中国历史上的第一个阉党。正德五年（1510）八月，刘瑾伏诛时言官劾其党羽，名单在列者六十余人，尚有十余人未列姓名，不可谓不众，其中也有康海、屈直等一些较为正直的文人：

> 内阁则焦芳、刘宇、曹元。尚书则吏部张䌽、户部刘玑、兵部王敞、刑部刘璟、工部毕亨、南京户部张濲、礼部朱恩、刑部刘缨、工部李善。侍郎则吏部柴昇、李瀚，前户部韩福，礼部李逊学，兵部陆完、陈震，刑部张子麟，工部崔岩、夏昂、胡谅，南京礼部常麟、工部张志淳。都察院则副都御史杨纶、佥都御史萧选。巡抚则顺天刘聪、应天魏讷、宣府杨武、保定徐以贞、大同张禴、淮扬屈直、两广林廷选，操江王彦奇。前总督文贵、马炳然。大理寺则卿张纶，少卿董恬，丞蔡中孚、张桧。通政司则通政吴钺、王云凤，参议张龙。太常则少卿杨廷仪、刘介。尚宝卿则吴世忠，丞屈铨。府尹则陈良

---

① 《明史》卷一八〇，第1241页。
② 《明史》卷一六，第99页、100页。
③ 《弇山堂别集》卷九五《中官考六》，《景印文渊阁四库全书》第410册，第443页。
④ 《明史》卷三〇四、卷三〇四、卷三〇六，第7788页、7790页、7833页。

器，府丞则石禄。翰林则侍读焦黄中，修撰康海，编修刘仁，检讨段炅。吏部郎则王九思、王纳诲。给事中则李宪、段豸。御史则薛凤鸣、朱袞、秦昂、宇文钟、崔哲、李纪、周琳。其他郎署监司又十余人。①

当刘瑾势焰之时，朝廷中也形成了一个反对刘瑾的官僚集团，被刘瑾称为"奸党"。正德二年（1507）二月，刘瑾召群臣跪金水桥南，"宣示奸党"，名单在列者亦有五十余人，这些人都是"海内号忠直者"②，对刘瑾弄权害国的行为有所不满，但在组织联系上、反对阉党的斗争方式上还不足以称"党"。

嘉靖间，世宗能够总揽大政，注意裁抑宦官权力，比较重视内阁的作用，因而没有发生宦官干政的现象。不过在其后期，却有奸臣严嵩专国二十年，窃权罔利，排除异己，流毒天下，所幸世宗最终能够"剪剔权奸，威柄在御"，不致皇权旁落。世宗期间，发生的"大礼仪"之争使得言路洞开，"舆论沸腾"，朝臣争斗渐多意气用事。隆庆间，由于穆宗"宽恕有余，而刚明不足"，又不能"振肃乾纲，矫除积习"，致使"柄臣相轧，门户渐开"③，为万历以后党派争斗的激化埋下了祸根。

万历至崇祯年间是为第三阶段。万历间，神宗长期怠政，"廷臣渐争门户"④，皇帝、内阁、六部、太监、言官以及在野士大夫

---

① 《明史》卷三〇六，第7839页。
② 《明史》卷三〇四，第7788页。刘瑾当时宣示的名单如下："大臣则大学士刘健、谢迁，尚书则韩文、杨守随、张敷华、林瀚，部曹则郎中李梦阳、主事王守仁、王纶、孙磐、黄昭，词臣则检讨刘瑞，言路则给事中汤礼敬、陈霆、徐昂、陶谐、刘蒞、艾洪、吕翀、任惠、李光翰、戴铣、徐蕃、牧相、徐暹、张良弼、葛嵩、赵士贤，御史陈琳、贡安甫、史良佐、曹闵、王弘、任诺、李熙、王蕃、葛浩、陆昆、张鸣凤、萧乾元、姚学礼、黄昭道、蒋钦、薄彦徽、潘镗、王良臣、赵佑、何天衢、徐珏、杨璋、熊卓、朱廷声、刘玉等。"
③ 《明史》卷一八、卷一九，第90页、101页。
④ 《明史》卷八九，第585页。

之间，各种矛盾错杂叠出，愈演愈烈，以癸巳（1593）京察为开端，党派争斗正式拉开帷幕。史评神宗、光宗间朝政云：

> 神宗冲龄践阼，江陵秉政，综核名实，国势几于富强。继乃因循牵制，晏处深宫，纲纪废弛，君臣否隔。于是小人好权趋利者驰骛追逐，与名节之士为仇雠，门户纷然角立。驯至憸、憝，邪党滋蔓。在廷正类无深识远虑以折其机牙，而不胜忿激，交相攻讦。以致人主蓄疑，贤奸杂用，溃败决裂，不可振救。故论者谓明之亡，实亡于神宗，岂不谅欤。光宗潜德久彰，海内属望，而嗣服一月，天不假年，措施未展，三案构争，党祸益炽，可哀也夫。①

万历八年（1580），顾宪成、魏允中、刘廷兰为反对当时的内阁首辅张居正夺情视事而团结起来，因为他们在各自乡试中都是中过解元，所以被称为"三元会"。三元会"日评骘时事"②，不仅反对张居正夺情，对张居正改革的一些措施、朝廷中的浑浊风气也提出了批评，在当时产生过不小的影响。

万历以后的党争都离不开一个重要的会党——东林党③。东林党的创始人就是三元会的首领顾宪成。万历中，时任吏部文选郎中的顾宪成因争国本一事触怒神宗，二十一年（1593）京察时，吏部会推阁臣，顾宪成又因荐王家屏、孙鑨忤旨，遂革职为民，次年回

---

① 《明史》卷二一，第110—111页。
② （明）顾与沐记略，（清）顾枢编，（清）顾贞观订补：《顾端文公年谱》卷上，清康熙何硕卿刻本。
③ 关于"东林党"是否为党，学界观点不一。具体可参樊树志《东林非党论》（《复旦学报》2001年第1期）、樊树志《东林书院的实态分析——"东林党"论质疑》（《中国社会科学》2001年第2期）、李庆《"东林非党论"质疑》（《中国典籍与文化》2004年第3期）、赵承中《东林是党非党问题研究综述》（《南京晓庄学院学报》2009年第1期）、刘军《东林党与东林学派辨析——关于东林是非为党的另外一种思路》（《石河子大学学报》2010年第3期）等。

到无锡,"偕同志修东林之社"①,并倡修东林书院,于三十二年(1604)落成,"偕同志高攀龙、钱一本、薛敷教、史孟麟、于孔兼辈讲学其中"②。同年,顾宪成与高攀龙、顾允成、安希范、钱一本、刘元珍、叶茂才等"东林八君子"召集东林大会,制定《东林院规》、《东林会约》等,"海内学者,云集响应"③,"每一集会,士大夫抱道忤时者,率退处林野,闻风响附"④。参加东林大会的多为清流,他们以声气相引重,裁量公卿,痛斥吏弊,遥执朝政,因声势浩大,造成了"海内闻风景附"⑤的盛况,被朝中大臣称为"东林党":"先是南北言官群击李三才、王元翰,连及里居顾宪成,谓之东林党。"东林党起初是由在野士大夫组成,后来也有相当一批朝中阁臣和地方官员加入,如叶向高、韩爌、赵南星、孙承宗、邹元标、李三才、李邦华、周顺昌等,他们对朝廷的施政决策具有很大的影响力,以致"东林"一词成为朝臣和宦官打压异己、清除清流的借口:"凡救(李)三才者,争辛亥京察者,卫国本者,发韩敬科场弊者,请行勘熊廷弼者,抗论张差梃击者,最后争移宫、红丸者,忤魏忠贤者,率指目为东林。"当天启初东林势盛之时,确实是"众正盈朝"、"罗天下清流",后来魏忠贤所罗织的《东林党人榜》共有三百人之多,《明史》也记载了阉党迫害东林人士,"毙诏狱者十余人,下狱谪戍者数十人,削夺者三百余人,他革职贬黜者不可胜计"⑥,在一定程度上反映出东林党的庞大规模。

与此同时,朝中大臣或为公或为私往往拉帮结派,形成若干个

---

① 《泾皋藏稿》卷一六《明故孝廉静余许君墓志铭》。
② 《明史》卷二三一,第6032页。
③ (清)高廷等辑:《(雍正)东林书院志》卷首,清雍正十一年刻本。
④ 《明史》卷二三一,第6032页。
⑤ (清)夏燮著,沈仲九标点:《明通鉴》卷七〇,中华书局1959年版,第2517页。
⑥ 《明史》卷二二四、卷二三一、卷二四三、卷二五六、卷三〇六,第1522页、6033页、6299页、6616页、7860页。

官僚团体，其中依地缘关系而结成的齐、楚、浙三党势力较大，尤以浙党为最。《明史》载：

> 台谏之势积重不返，有齐、楚、浙三方鼎峙之名。齐则给事中亓诗教、周永春，御史韩浚。楚则给事中官应震、吴亮嗣。浙则给事中姚宗文、御史刘廷元。而汤宾尹辈阴为之主。其党给事中赵兴邦、张延登、徐绍吉、商周祚，御史骆骎曾、过庭训、房壮丽、牟志夔、唐世济、金汝谐、彭宗孟、田生金、李徵仪、董元儒、李嵩辈，与相倡和，务以攻东林排异己为事。其时考选久稽，屡趣不下，言路无几人，盘踞益坚。后进当入为台谏者，必钩致门下，以为羽翼，当事大臣莫敢撄其锋。①

浙党的主要成员有大学士沈一贯、大学士方从哲、左都御史姚宗文、巡城御史刘廷元等，他们都是浙江人，故称浙党。万历后期的近二十年间，朝政都由浙党把持，直至万历四十八年（1620）移宫案爆发，东林党人杨涟、左光斗等人因护驾有功，被重新启用，浙党势力才被逐渐削减。齐党主要成员有给事中亓诗教、给事中周永春、御史韩浚等，他们都是山东籍官员。亓诗教为方从哲门生，方氏独相柄政时，诗教"势尤张"。楚党以给事中官应震、给事中吴亮嗣为首领，皆湖广籍官员。三党之间虽也有纷争，但在总体上是代表大地主集团的利益，其中以浙党势力最大，齐、楚两党尽皆依附，三党联合起来对抗代表中小地主阶级利益的东林党："齐、楚、浙三党鼎立，务搏击清流"②，以攻击东林、排除异己为职事。

同时，朝中还有其他一些小的党派。如以宣城人汤宾尹为首的宣党，以昆山人顾天埈为首的昆党等，这些小的派系也与齐楚浙党

---

① 《明史》卷二三六，第1587页。
② 《明史》卷二一八，第1486页。

联合起来排击东林人士：

> 祭酒汤宾尹谕德顾天埈各收召朋徒，干预时政，谓之宣党、昆党；以宾尹宣城人，天埈昆山人也。御史徐兆魁、乔应甲、刘国缙、郑继芳、刘光复、房壮丽，给事中王绍徽、朱一桂、姚宗文、徐绍吉、周永春辈，则力排东林，与宾尹、天埈声势相倚……诸人日事攻击，议论纷呶，帝一无所问，则益植党求胜，朝端哄然。①

东林党与这些党派的争斗，始自大礼议事件，继而国本、矿税、妖书、辽战、梃击、红丸、移宫等，可以说明中叶以后的一系列政治事件都最终演变成了他们之间的利益之争、意气之争，双方借六年一期的京察作为打击对方的契机和手段，整个争斗持续了数十年之久。史家对此多有所论，此不赘。

天启间，当东林党与齐楚浙诸党争斗得不可开交时，以魏忠贤为首的阉党悄然形成。魏忠贤进宫后与熹宗乳母客氏互为勾结，取得熹宗信任，先后执掌司礼监、东厂，交结权要，大兴党狱，生祠几遍天下，被称为仅次于皇帝的"九千岁"。魏忠贤大权在握，遍置死党，自内阁、六部至四方总督、巡抚，概莫能外。崇祯初，魏忠贤被诛，思宗钦定逆案六等，自旧辅以至庶僚列名阉党者凡有两百六十余人，内监有王体乾、李朝钦、王朝辅等，外廷有大学士顾秉谦、魏广微等，其中文臣崔呈秀、田吉、吴淳夫、李夔龙、倪文焕主谋议，号"五虎"。武臣田尔耕、许显纯、孙云鹤、杨寰、崔应元主杀戮，号"五彪"。其他又有"十狗"、"十孩儿"、"四十孙"等名号。魏忠贤得势时，齐楚浙诸党多投其门下，以故阉党势力甚盛，思宗曾慨叹说："忠贤不过一人耳，外廷诸臣附之，遂至于

---

① 《明史》卷二二四，第1522页。

此。"史家亦评曰:"明代阉宦之祸酷矣,然非诸党人附丽之,羽翼之,张其势而助之攻,虐焰不若是其烈也。"①

以魏忠贤为首、齐楚浙诸党依附而形成的阉党,对东林党进行了残酷打击,逮"六君子",害"七君子",造《点将录》、《同志录》,撰《三朝要典》,列东林名单,捕杀斥逐,极尽能事。思宗继位后,始能"沉机独断,刘除奸逆",后又"复信任宦官"②,以致东林党与阉党之争终明之世而未绝。崇祯一朝,承东林遗志继续与阉党余孽进行斗争的主要是复社成员,有"小东林"之谓。复社由最初的文社逐渐演变成古代文人结社史上规模最大的政治会社,是明季党社一体化的显案,也是最具有近代政党性质的古代文人社团。

明代中叶以后,政治会党的剧增、党派斗争的酷烈极大地影响了文人结社的发展,促使当时已经兴起的文人结社更加炽盛,社事的水平也更高。这主要表现在两个方面。

一是党派争斗促使文人结社的数量增加。明代涉及党争的文人结社概括起来有两种情形。一种是在党争中被削籍或乞归的官员进行结社。万历二十一年(1593),刑科给事中刘道隆论劾虞淳熙,吏部尚书孙鑨疏救失败,虞淳熙罢官归里,与冯梦祯、屠隆等结西湖胜莲社③;天启六年(1626),曹学佺因著《野史纪略》,与阉党《三朝要典》相悖,忤逆魏忠贤,被削籍归里,与陈衍、徐𤊹等修闽风楼诗社④;启、祯之际,刘宗周以忤魏阉削籍归,举证人社于塔山旁⑤,等等。另外一种情形是在党争中发展起来的结社。其中,有正直文人为匡扶正义、反对阉党而成立的社,如崇祯元年

---

① 《明史》卷三〇六,第 2008 页。
② 《明史》卷二四,第 121 页。
③ 《(雍正)西湖志》卷二一。
④ 《静志居诗话》卷一九,第 568 页。
⑤ 《明诗纪事》辛签卷四,第 2873 页。

(1628)，徐孚远、陈子龙等人立几社，"昌明泾阳之学，振起东林之绪，以上副崇祯帝崇文重道、去邪崇正之至意"①；崇祯二年（1629），掖县贡生赵士喆"倡山左大社，以应复社"②；崇祯十二年（1639），陈贞慧、吴应箕举国门广业社，"酒酣耳热，多咀嚼大铖，以为笑乐"等③。也有阉党成员为与清流抗衡而结成的社，如崇祯八年（1635）前后，正被废斥匿居的奸臣阮大铖迁怒于东林党人及其子弟，组织成立中江社，"网罗六皖名士，以为己羽翼，一以标榜声名，思为复职之地；一以树立党援，冀为政争之具"④。这些社事都是由于党派之争而产生的，它们在总量上增加了明代文人结社的数量，是社事高潮中的一股重要力量。

二是党派争斗还促使文人结社的性质有所转变。明代中期以前，文人结社多以宴饮赋诗、逞才怡情为主，一般较少涉及时事政务。即使到了嘉靖四十一年（1562），闽人祝时泰游杭州，与高应冕、方九叙结西湖八社，还是规定"会间清谈，除山水道艺外，如有语及尘俗事者，浮一大白"⑤。清雅所至，视时事政务为"尘俗事"。万历十三年（1585），张瀚在杭州组织怡老会仍然还是"闲谈山川景物之胜，农圃树艺之宜，食饮起居之节，中理快心之事"，而"若官府政治、市井鄙琐，自不溷及"⑥。其时，张瀚因张居正夺情事而被勒令致仕，结社背景的政治色彩已经非常浓厚，但由于当时党争之局尚未形成，党局对社局还没有多少渗透。随着党争的形成和愈演愈烈，文人结社的性质开始发生变化，文学色彩渐褪，

---

① （清）杜登春：《社事始末》不分卷，《丛书集成新编》第26册，第458页。
② （清）杨钟羲：《雪桥诗话》卷一，《丛书集成续编》第202册，第638页。
③ （清）黄宗羲：《南雷文约》卷一《陈定先生墓志铭》，《丛书集成三编》第53册，第353页。
④ 朱倓：《明季桐城中江社考》，《历史语言研究所集刊》民国十九年第1本第2分，第251—252页。
⑤ 《西湖八社诗帖·社约》，《丛书集成续编》第223册，第643页。
⑥ 《武林怡老会诗集·怡老会约》，《丛书集成续编》第114册，第644页。

政治色彩渐浓，社事活动不仅不再避谈俗事，而且以直接干预时政为务。张溥诸人即因对时局的不满："目击丑类猖狂，正绪衰息，慨然结纳，计立坛坫"，故而"倡燕台十子之盟"。几社起初只是"读书讲义"，"偷闲息影于东海一隅"①，后来也为时局所迫，"言皆机务"，而"绝不论文"了②。复社自崇祯元年（1628）初创，历十七年而亡，与崇祯一朝相始终，可以说崇祯年间的许多政治事件都与复社有关，举桃叶渡大会、贴《留都防乱公揭》、创国门广业社、倒温体仁下台、拥周延儒入阁等，都是复社成员借结社以参与党争、干预朝政的具体表现③。从最初的"一件读书人的雅集"最终"变成了一种社会上的运动"④，复社性质的演变轨迹清晰可见。

明代党争与结社的关系先后经历了"党社相分、党社并兴、党社融合"⑤的三个阶段，万历以后，党社之间逐渐融合，互为依凭，甚至"结社"就是"结党"，形成了党社一体的局面："朝之党，援社为重；下之社，丐党为荣。""野之立社"往往就是"朝之树党"⑥，党争常常表现为"社争"，党争日剧，社局日盛，党局的激化不断促动着社局的发展，无怪乎《社事始末》的作者杜登春在

---

① 《社事始末》，第458页、459页。
② （明）陈子龙著，（清）王澐续编：《陈忠裕公自著年谱》卷中，清嘉庆八年青浦何氏簸山草堂刻《陈忠裕公全集》本。
③ 复社与崇祯年间政治形势的关系错综复杂，可参阅吴伟业《复社纪事》不分卷，北京古籍出版社2002年版；陆世仪《复社纪略》四卷，清抄本；[日]小野和子《明季党社考》，上海古籍出版社2006年中译本。复社参与党争的具体行动，则可参阅陈鼎《东林列传》二十四卷、陈贞慧《书事七则·防乱公揭本末》、佚名《研堂见闻杂录》、吴应箕《楼山堂集》卷一五《与友人论留都防乱公揭书》、张廷玉《明史》卷二八八《张溥传》等。
④ 《明清之际党社运动考》，第108页。
⑤ 《明末清初文人结社研究》第二章，第91页。
⑥ （清）朱一是：《为可堂集·谢友人招入社书》。转引自《明清之际党社运动考》，第187页、188页。

对明清之际的社事研究之后慨叹道:"社局原与朝局相表里。"① 而明季的朝局主要呈现为党局。

三、文社极度繁盛

明代的文社经过明初几十年的沉寂至正统朝再度兴起,正、嘉两朝快速发展,隆、万以后则蔚然成风。依据现有资料进行统计,明代的文社共有 200 多家,其中万历、天启、崇祯三朝就有 180 余家②,约占十分之九,为中国古代文社结社史上所仅见。从范围上来看,明代后期的文社遍布全国各地,尤以江苏、上海、浙江和江西四个地区为夥。

明代后期的江南地区物质富庶,人文荟萃,社事活动也最为频繁。江苏地区以应天府、苏州府为中心。应天府作为明朝的开国之都和后来的陪都,一直是南方的政治与文化中心,加之三年一次的科举考试,研磨制艺的文社自然长兴不衰。苏州的文社出现较早,明代后期更为繁盛。万历初,嘉定徐允禄先后立有文章社、竺林院社③,而当时甲于吴下者则为常熟瞿纯仁组织的拂水文社。文社本由瞿氏的祖父为俾其读书而构建于拂水岩下,瞿氏与"一时能士秀民"结社其中,"相与摆落俗虑,读书咏歌","拂水之文社遂秀出于吴下"④。万历中后期,当地文士范文若、许士柔、孙朝肃与华亭冯明玠、昆山王焕如五人又在此结拂水山房社⑤,天启年间张溥、张采、杨彝、顾梦麟等人组织应社就"本于拂水山房"⑥。应

---

① 《社事始末》,第 465 页。
② 《明代文人结社考》附录三《明代文人结社分期与分类统计表》,第 612 页。
③ (明)徐允禄:《思勉斋集》文编卷六《文章社规序》、《题竺林院社艺》,清顺治刻本。
④ 《牧斋初学集》卷五五《瞿元初墓志铭》,《续修四库全书》第 1390 册,第 174 页。
⑤ 《南吴旧话录》卷二三。
⑥ (清)计东:《改亭文集》卷一〇《上太仓吴祭酒书一》,清乾隆十三年计滨刻本。

社始于天启四年（1624），张溥等十二人"分主五经文字之选"①，重在操持选政，故又称五经应社。其后，吴昌时、钱枏为推大社事，于是又有广应社，各地文社纷纷来投："上江之徽、宁、池、太及淮阳、庐、凤，与越之宁、绍、金、衢诸名士，咸以文邮致焉"，与"莱阳宋氏、侯城方氏、楚梅黄氏遥相应和"，于是应社之名"闻于天下"②。范围扩大之后，应社有南北之分："大江以南主应社者张受先、西铭、介生、维斗，大江以北主应社者万道吉、刘伯宗、沈眉生。"③崇祯元年（1628），吴䎖、吕云孚、吴允夏、沈应瑞诸人在吴江创立复社，次年由张溥调停，应社并入其中，成为复社中一股重要的力量。作为中国古代规模最大的文人结社，复社亦起源于苏州地区，与崇祯一朝相始终，在明季的政治、学术、文学等诸多方面产生了广泛的影响。

浙江地区以杭州府为中心。杭州因其风景秀美而历来为文人雅士所青睐，万历十三年（1585），潘之恒秋试落榜，就来到杭州读书，"武林之才士闻景升名，招入其社，以文学行谊相切劘"④。明代后期带动杭州文社发展的是余杭"三严"的小筑社。万历中后期，严调御、严武顺、严敕三人"欲绍振家学，兄弟自相师"，"择都人士订业小筑山居，武林社事之盛，实自此始"⑤。天启末，三严兄弟与闻子将、张天生、冯千秋等人创立读书社，实"本于小筑"，先后入社者三十余人。复社兴起后，严调御之子严渡"大合两浙同社于吴门"⑥，率读书社加入其中。崇祯十三年（1640）前

---

① 《静志居诗话》卷二一，第649页。
② 《复社纪略》卷一，第201—202页。
③ 《改亭文集》卷一○《上吴祭酒书一》。
④ 《大泌山房集》卷二六《芝云社稿序》。
⑤ 张吉安：《（民国）余杭县志》卷二六《严武顺传》，民国八年重刊本。
⑥ 《改亭文集》卷一○《上太仓吴祭酒书一》。

后严渡、严津、严沆与陆圻、陆培等人别创登楼社"以气节相尚"①，顺治初邹质士、高克临诸人又结碾禄社"逍遥琴樽杖席之间"②，皆为读书社之别支。随着清朝定鼎，社中成员或卒或禅或遁，顺治中期以后社事才逐渐消解。

上海地区在明时属于松江府。由于偏处东南一隅，战事纷扰较少，加之毗邻吴中，两地文士多有交往，松江府结社亦不在少数。隆庆初，林景旸等人举十人社，唐文献、董其昌等人举十八子社③。隆、万间，彭汝让"与同人结文会"④于金沙滩春藻堂。万历中，林景旸又"延文士与子有麟为同学"，"与其社者"⑤有张鼐、郑栋、杜乔林、杜士基、姜云龙、钱大忠、李绍文等人，杜乔林又与张鼐、李凌云、莫天洪、杜林结文会，"齐名一时"，号昙花五子，到万历四十四年（1616），杜乔林之子杜麟征与莫天洪之子莫俨皋又有"小昙花之约"，与十余位同乡"并以课业"⑥。崇祯元年（1628），杜麟征、夏允彝与张溥、周钟在京师"倡燕台十子之盟"，后下第诸人南还，"相订分任社事"，次年，杜麟征、夏允彝、周立勋、徐孚远、彭宾、陈子龙立几社，与复社并举，分主吴松社局。几社之役专注取友会文，虽明清易鼎仍相延不绝。

江西地区的社局以南昌府、抚州府为中心，形成了与苏、浙、沪争胜的局面。清初计东就说"时西泠严氏与金沙、娄东、吴门及江右之艾氏，皆鼎立不相下"⑦，所言皆为当时主衡文事之人和文

---

① ［朝鲜］佚名：《皇明遗民传》卷四，谢正光、范金民编：《明遗民录汇辑》，南京大学出版社1995年版，第470—471页。
② （清）黄宗羲：《南雷文定》四集卷三《高古处府君墓表》，清康熙二十七年靳治荆刻本。
③ 《南吴旧话录》卷二三。
④ （清）杨开第：《（光绪）重修华亭县志》卷一六，清光绪五年刻本。
⑤ 《南吴旧话录》卷二三。
⑥ 《社事始末》，第459页。
⑦ 《改亭文集》卷一○《上太仓吴祭酒书一》。

第四章 中国古代文人结社的繁荣

社兴盛之地。陈际泰也说"江右之结社多矣"①,其中尤以艾南英、罗万藻、陈际泰、章世纯为魁首,并称"豫章四子"。万历中,豫章社业初分三家,一家以管龙跃、傅友梅为首,一家以陈际泰为首,另一家则以罗万藻兄弟为首,名曰腾茂社,三十年后管、傅、陈的"族士门人"还结有"汝南明业之社"②。万历二十八年(1600),陈际泰"邀同人为社",社事持续二十多年,先后科考中第的有丘毛伯、游太来、曾隆吉、祝文柔、管龙跃、傅旋履等人,其中与陈氏"最亲厚者为艾千子、章大力、罗文止"③。万、天之际,瑞金杨以任屡试不第,"与同邑朱敬之、谢士芳、谢子起、杨汝基及汝基之叔某结社论文",号"赤水六隽"④。天启年间,瑞金杨兆隆等人先后组织赤水四友社、赤水六友社⑤。崇祯初,张采出知临川,立有合社,社中成员"年之相去自十三以至二十五而止,地之相去自二里以至二十里而止"⑥,南昌万时华、万曰佳、喻全祀"合十三郡能文者为豫章社于南昌"⑦,清河杨廷麟为豫章九子社"倡起古学",后又有禹门社、南州大社、瑞芝亭社、君子亭合社⑧、豫章名社⑨等,文社极为普遍,直至明亡前后艾南英还与同人吴逢因、年家子、叶孟候结有平远堂社⑩。

在江南的其他地区,南直隶的常州府、徽州府,浙江的嘉兴府,湖广的承天府、荆州府也都是文社活跃之地,而江北的文社也

---

① (明)陈际泰:《太乙山房文集》卷四《新城大社叙》,明崇祯六年刻本。
② (明)罗万藻:《此观堂集》卷四《汝南明业社序》,清乾隆二十一年跃斋刻本。
③ 《太乙山房文集》卷四《新城大社叙》。
④ (明)邹漪:《启祯野乘》卷七《杨学博传》,明崇祯十七年柳围草堂刻清康熙五年重修本。
⑤ (明)陈际泰:《己吾集》卷八,清顺治李来泰刻本。
⑥ 《太乙山房文集》卷四《合社序》。
⑦ 《复社姓氏传略》卷六。
⑧ 分见《太乙山房文集》卷四《豫章九子社序》、《禹门社序》、《君子亭合社序》。
⑨ 《此观堂集》卷一《豫章名社序》。
⑩ (明)艾南英著,(清)张符骧评点:《天佣子集》卷一四《平远堂社艺序》,清刻本。

不在少数，尤以北直隶和山东地区为多，真可谓大江南北，无地无之①。

四、结社促使文坛风气激变

如前所述，隆庆以后的相当长一段时间，明代文坛仍为后七子复古思潮所统治，苏州的王世贞、南京的张献翼诸人、徽州的汪道昆、豫章的余曰德等复古派成员频繁地开展结社集会活动，复古运动席卷全国："海内名能诗赋古文辞者，罔不以坛坫而奉琅琊（王世贞）、新都（汪道昆），盖觚翰之业未有能外二氏自为言者。"② 万历十八年（1590）、二十一年（1593），王、汪二人先后辞世，复古派失却领袖，加之拟古理论痼疾难除、流弊衍生，有识文人对其进行猛烈抨击，新的文学流派应运而生。

公安派是万历中期的一个文学流派，它是作为后七子复古主义的反对派而诞生的，核心人物为"公安三袁"，故曰"公安一派"③、"公安体"④。如同茶陵派一样，公安派的发展史就是该派的结社史，从形成到发展壮大公安派先后组织过二十余个结社⑤，依据这些结社活动在公安派发展过程中的作用，可以将其分为三个阶段。

万历十年（1582）至二十二年（1594）是公安派的兴起阶段。万历十年，袁宏道"年方十五六，即结文社于城南，自为社长"⑥，当时袁宏道年龄较小，社事的实际主盟者为三袁的舅父龚惟学：

---

① 谢国桢亦云："不但在大江以南，就是大河以北，也有结社的举动。"《明清之际党社运动考·大江南北诸社》，第152页。
② （明）顾起元：《具区先生快雪堂集序》，《明文海》卷二四九，第2603页。
③ 《列朝诗集小传》丁集中，第566页。
④ 《明史》卷二八八，第7398页。
⑤ 参何宗美《公安派结社考论》，重庆出版社2005年版。是书考订出公安派结社有21个。
⑥ （清）周承弼：《（同治）公安县志》卷六，清同治十三年修民国二十六年重印本。

"先生诛茆城南,号曰阳春社,一时后进入社讲业者如林。"① 除三袁外,入社的尚有多人:"先生与伯修、小修、李存斋、陕嗣宗、王以明、李子髯、吕又谷、侯豫亭、李秋实诸人结社。"② 阳春社开启了公安结社的先声,奠定了后来公安派发展的基础,可以视之为流派的萌芽。此后三袁结社之风大开,袁宏道、袁中道与"李元善、陕嗣宗、李存斋、王以明结六人社",又与"王以明先生结社城南之曲","每乘月夜,泛游石浦河,步长桥,醉啸南楼"③。袁中道、王承煃与王回等人结社课文之余画像为"壁上戏传其神"④,又"偕回及豪少年二十余人,结为酒社"⑤。袁中道"游武昌,与西陵丘长孺、大鄠潘庚生等结文酒之欢",九月九日"大会词客酒人于洪山"⑥。三袁外祖父龚大器致仕家居,"与诸子诸孙唱和,推为南平社长",三袁俱入之,"终日以讲学为乐"⑦。前期社事主要集中在公安县附近,属于地域性文人活动,并且当时复古之风仍炽,故而影响有限。

万历二十三年(1595)至二十八年(1600)是公安派的鼎盛阶段。十四年(1586)、二十年(1592),袁宗道、袁宏道先后登第,二十三年春,三袁聚首京师,与汤显祖、董其昌等人结社都门,"焚香展帙,清言弥日"⑧,公安派结社开始突破地域限制、走进全国的政治中心。二十六年(1598)冬,三袁再聚京师,复"与黄平倩、陶石篑、江进之、潘士藻、刘日升、顾天峻、李腾芳、吴用

---

① (明)袁宗道:《白苏斋类集》卷一〇《送夹山母舅之任太原序》,明刻本。
② 佚名:《袁中郎年谱》"万历十年壬午"条,民国间朱丝栏抄本。
③ 《袁中郎年谱》"万历十四年丙戌"条。
④ 《珂雪斋集》卷二〇《传神说》,第902页。
⑤ (明)袁中道:《珂雪斋前集》卷一六《回君传》,明万历四十六年刻本。
⑥ 《珂雪斋近集》卷六《寿南华居士序》。
⑦ 《珂雪斋前集》卷一五《龚春所公传》、卷一七《吏部验封司郎中郎先生行状》。
⑧ (明)袁中道:《潇碧堂集》卷一九《答董玄宰太史》,明万历三十六年袁叔度书种堂刻本。

先、苏惟霖结蒲桃社于城西之崇国寺"①。参与该社的人员都是京中要员,三袁之首袁宗道也正在翰林供职,他们频频举会,"凡燕中名刹名园,拣胜而游"②,"至则聚谭,或游水边,或览贝叶,或数人相聚,问近日所见,或静坐禅榻上,或作诗,至日暮始归"③。蒲桃社的活动扩大了公安派在全国范围内的影响,争取了大批文士的参与或支持,确立了继"后七子"之后的文坛领袖地位,它既是公安派鼎盛的促成因素之一,也是公安派鼎盛的重要标志。

万历二十九年(1601)以后公安派趋于维持与式微阶段。二十八年八月,袁宏道升任礼部主事,被差往河南,后请告回乡,袁中道随之离京。九月,袁宗道病逝,三位主将相继离去,京中社事开始衰落。三十年(1602),京中发生排佛事件,黄辉因"不遵孔子家法,而溺意禅教"为"当途所深嫉"④,不久即移病告归,陶望龄"虽不挂弹章,实在逐中",与"一二同志,皆相约携手而去",借典试南中之机离开京师,葡桃社事遂解⑤。此后,袁宏道、袁中道也多有结社,公安派活动持续了相当长一段时间,如集"东南名僧"⑥为香光社;"偕寒灰、雪照、冷云、诸生张明教入桃花源"⑦为青莲社;"立堆蓝社于玉泉祠"⑧,无迹老人、黄辉等人入之;"于三圣阁起华严会","三时念佛,二时诵《华严经》"⑨;于金粟园作社,"得十余人,屏去尘劳,共来聚首","参禅者参禅,念佛者念佛"。这些社事多属参禅诵经一类,反映出公安派后期思

---

① 《袁中郎年谱》"万历二十六年戊戌"条。
② 《珂雪斋集》下册,第1163页。
③ 《珂雪斋前集》卷一六《潘去华尚宝传》。
④ 《万历野获编》卷一〇,第270—271页。
⑤ (明)陶望龄:《歇庵集》卷一二《辛丑入都寄君奭弟书》,明万历乔君敏等刻本。
⑥ 《珂雪斋前集》卷一一《荷叶山房销夏记》。
⑦ 《潇碧堂集》卷二〇《德山暑谭小引》。
⑧ 《游居柿录》卷一〇,《珂雪斋集》下册,第1342页。
⑨ 《游居柿录》卷六,《珂雪斋集》下册,第1232页。

想的流变和风靡全国的佞禅之风。三十八年（1610），袁宏道去世，袁中道成为派中砥柱，他曾游武昌"阑入酒社"①，抵金陵举冶城大社"大会文士三十余人于秦淮水阁"②，入京师与钱谦益、韩敬"结社修业"③ 于城西极乐寺，与杨鹤、龙膺等人举诗会于戚畹园，号为"海淀大会诗"④，任职徽州府时还"大会松萝社诸君子"⑤。不过，袁中道的结社活动已属公安派之尾声，文坛地位渐为竟陵派主宰。

竟陵派是万历中后期的文学流派，代表人物钟惺、谭元春皆为湖广竟陵人，故以里籍名派。万历二十六年（1598），京山魏象先与王应翼应箕兄弟、谭如丝如纶兄弟等里中少年"为黄玉社，工苦为诸生业，兼称诗"⑥。黄玉社诸子与公安派的袁中道及其子祈年、竟陵派的谭元春咸相友善，成为两派因替的中介，竟陵派的一些重要文学思想即发端于此际⑦。三十六年（1608），钟惺游学南京，"与一时同志"为冶城社⑧，适逢袁中道东游，亦集"海内名士"⑨ 起冶城大社，二人首次会面，"彼此一见欢甚"⑩，两个文学流派由此正式建立了联系。钟惺为冶城社的主要召集人之一，藉此扩大了交游范围和个人声誉，先后与游者如林古度、商家梅、谢兆申等皆有时名，两年后谭元春也来到南郡，加入酬唱阵营，竟陵派

---

① 《珂雪斋前集》卷一八《金粟社疏》、卷一四《游洪山九峰记》。
② 《珂雪斋近集》卷三《东游日记》。
③ 《珂雪斋集》卷一一《徐田仲文序》，第517页。
④ 《游居柿录》卷一一，《珂雪斋集》下册，第1362页。
⑤ 《珂雪斋集》卷八《午日汶溪观竞渡，大会松萝社诸君子二律，用真韵》，第414页。
⑥ （明）钟惺：《隐秀轩集》之《隐秀轩文藏集·明茂才私谥文穆魏长公太易墓志铭》，明天启二年沈春泽刻本。
⑦ 关于竟陵派与黄玉社的关系可参陈广宏《竟陵派研究》第三章，复旦大学出版社2006年版，第144—154页。
⑧ （明）钟惺：《翠娱阁评选钟伯敬先生合集》文集卷三《赠唐宜之置颖上县事序》，明崇祯九年陆云龙刻本。
⑨ 《珂雪斋前集》卷一〇《翁承嫄文序》。
⑩ 《游居柿录》卷三。

初露头角，文坛风气的转向已现征兆。

万历三十八年（1610），钟惺中进士，同科韩敬、马之骐、马之俊兄弟、钱谦益、丘兆麟、陆梦龙、张慎言、冯汝京等皆为天下名士，这些"同籍兄弟""退食多暇"而聚于私人园第，"饮酒赋诗"，结社唱和，林古度、王嗣经、缪昌期等并非同科之人也多参与其中，就连原属公安派交游圈的龙膺、丘坦、谢肇淛、沈德符、胡潜等人也都与之交往，一时四方才俊毕集，"说者谓不让琅邪、历下诸子"①，其中李流芳、闻启祥、宋献、应举、朱之臣等人后来都成为竟陵派的忠实追随者或密切交往者。时值袁宏道告楚，携落第的袁中道再次离开京师，半年后即病逝，公安派的发展遭受重创，而钟惺于此时进入京师，频繁唱和，广交诗友，竟陵派崛起已成必然之势。

万历四十二三年间（1614、1615），钟、谭编选《诗归》行世，竟陵声誉渐广。四十六年（1618），钟惺考选仅得授工部主事，上疏改南，同年秋试谭元春再次落榜，亦弃去秀才之名，二人同聚南都、出游吴越，将竟陵派的活动推向高潮。是年中秋，后七子后期的中坚人物邹迪光游访南京，钟惺邀其与"后五子"之一的李维桢及诸多诗人同集俞园，赏月赋诗，显示了竟陵派的影响力。四十七年（1619）端午，在钟惺、谭元春等人的倡议下，唐宋派巨擘茅坤之孙元仪开午日秦淮大社："其命题则以五日秦淮社集而兼赋投诗赠汨罗，其限体则以五字，而曰古曰律曰长律，兼举分举者听"。这是一次规模盛大的社集活动："其人则自卿公大夫以至有道、都讲、隐流、游士、禅伯、女彦，其地则自吴、越、闽、楚以至土著之俊，其年则自八十、九十以至八岁之神童，靡不操牍而至"，当

---

① （明）丘兆麟：《玉书庭全集》卷一二《王枕崖先生诗集序》，明崇祯刻本。

时"客于金陵而称诗者靡不赴"①。借助如此盛大的集会，竟陵派开始领导南都文坛的风气，影响"巨大而深广"②。此后，钟惺、谭元春又数游茅元仪的乌龙潭新居，先后同游者有宋献、傅汝舟、冒愈昌、许延祖、潘之恒、林古度诸人。是年秋冬之际，钟、谭各自出游吴越，多与当地名流交游集会，其中谭元春游至杭州时，参与过闻子与创办的月会，"赋诗流传远迩"③，会中闻子与、李流芳、黄毓祺以及严调御兄弟皆为东南才俊，对于扩大竟陵派的影响意义重大，"钟伯敬体"声名远播。

天启四年（1624），谭元春应试入京，次年钟惺病逝，竟陵派进入谭元春独自主盟的时代。谭元春广泛交结京中人士，仅所立长安古意社中就有"桐乡钱仲远、山阴张葆生、平湖马远之、武进恽道生、公安袁田祖、兴化李小有、阆中徐公穆"④ 等人，竟陵派的文坛领袖地位得到进一步巩固。崇祯二年（1629），谭元春率领四个弟弟参加复社的尹山大会，后来谭元春第三次就试京师时，与复社魁目杨廷枢、陈子龙、夏允彝、吴昌时等人恰好邸舍同巷，还有过直接交往。六年（1633），包括张溥、张采在内的二十余位复社成员评点的《新刻谭友夏合集》刊行，将竟陵派的影响再度推向高潮。不过，谭元春加入复社的举动，是竟陵派发展的重大转折，一方面借助复社的巨大势力，竟陵派在其发展的后期影响更甚，出现了"海内靡然从之"⑤ 的盛况；另一方面随着政局、时局的变化以及复社势力的强大，社中不少成员如钱谦益、吴伟业、侯方域、陈贞慧、陈维崧、黄宗羲等人对竟陵派竞相展开批判，所谓"鬼趣"、

---

① （明）茅元仪：《石民四十集》卷一三《秦淮大社集序》，明崇祯刻本。
② 《竟陵派研究》第五章，第 275 页。
③ （明）闻启祥：《重订启》，（明）严武顺：《月会约》，《丛书集成续编》第 45 册，第 731 页。
④ （明）谭元春：《新刻谭友夏合集》卷八《长安古意社序》，明崇祯六年张泽刻本。
⑤ 《牧斋初学集》卷三一《刘司空诗集序》，《续修四库全书》第 1389 册，第 537 页。

"诗妖"、"孽于斯世"①、"诗坏于钟、谭"②、"不善学唐"③云云，成为竟陵派由盛转衰的重要原因。十年（1637），谭元春去世，此后竟陵派虽间有余声，已属流风残响。

复古思潮的第三次高潮导源于东林党，极盛于复、几二社。国危时艰的政治局面使得此次复古思潮不同于前两次，在"复古"的同时也关注现实，实学思想贯穿始终。东林党是一个理学宗派，倡导以程朱理学来修正当时社会上风行的王学左派和异端思想，以兴复"古学"来矫正"今学"，运思模式明显带有复古特征。东林党又是一个政治团体，论学重视"与世为体"，强调"视天下之安危为安危"，集会时"亦多裁量人物，訾议国政"④，这是经世思想的体现。在文学上，东林党人一般不以诗文著称，但对复古一派也稍有肯定："明诗自北地（李梦阳）、信阳（何景明）之外，其传与否，未有定论也。"⑤ 东林党的这些活动与主张成为此次复古运动的发端。

复社与东林一脉相承，几社是具有一定独立性的复社分社，两社成立后将此次复古运动推向高潮。崇祯元年（1628）春，太仓张采成进士，与娄东张溥、金沙周钟、华亭杜麟征、夏允彝及都门王崇简并游燕市，"目击丑类猖狂，正绪衰息，慨然结纳，计立坛坫"，于是"倡燕台十子之盟"⑥，很快就有二十多人入社。社中成员虽已不得尽知，但其试图通过兴复古学以救时弊的立社宗旨却已

---

① 《列朝诗集小传》丁集中，第 571 页、572 页。
② （清）侯方域：《壮悔堂文集》卷三《与陈定生论诗书》，《续修四库全书》第 1405 册，第 664 页。
③ （清）黄宗羲：《黄宗羲全集》第十册《姜山启彭山诗稿序》，浙江古籍出版社 2005 年版，第 61 页。
④ 《明儒学案》卷五八、卷六一、卷五八，第 1377 页、1490 页、1377 页。
⑤ （明）赵南星：《明十二家诗选序》，《明文海》卷二二七，第 2331 页。
⑥ 《社事始末》，第 458 页。

露端倪:"新天子(思宗)即位,临雍讲学,丕变斯民,生当其时者,图仰赞万一,庶几尊遗经,砭俗学,俾盛明著作,比隆三代,其在吾党乎?"① 次年会试,仅张采、徐汧得隽,杜麟征中副车,诸人南还之际申约立盟,"相订分任社事"②。张溥在入京应试之前,已与张采、杨廷枢、周钟等十余人在吴门成立应社,分主五经文字之选,后吴应箕之匡社和万应隆之南社加入其中,遂更名为广应社。崇祯二年(1629)张溥还吴之后,合广应社与吴䎖、吕云孚、吴允夏、沈应瑞诸人所创之复社为一事,"两社之人为前矛后劲之势"③。此后,各地文社相继来投,复社规模迅速扩大:"于时云间有几社,浙西有闻社,江北有南社,江西有则社,又有历亭席社,昆阳云簪社,而吴门别有羽朋社、匡社,武林有读书社,山左有大社,佥会于吴,统合于复社。"④ 这些社事皆"以复社为东林宗子","而总以东林为帜志"⑤。复社的宗旨以"兴复古学"与"务为有用"⑥ 相结合,实质就是复古与经世的统一,这既秉持了应社遗意,有"志于尊经复古"⑦,又承接了燕台余绪:"昌明泾阳(顾宪成)之学,振起东林之绪,以上副崇祯帝崇文重道、去邪崇正之至意",一言以蔽之:"复者,兴复绝学之意也。"

几社亦成立于崇祯二年,最初只是研文之会,是由杜麟征与夏允彝首倡。据杜麟征之子杜登春记述,当时杜、夏两人久困公车,为求举业有"动人处","遂敦请文会",适逢彭宾为杜家塾师,教授"古学",而周立勋、徐孚远其时无论古文、时文皆冠松江,五

---

① 《复社纪事》,第182页。
② 《社事始末》,第458页。
③ 《改亭文集》卷一〇《上太仓吴祭酒书一》。
④ 《静志居诗话》卷二一,第649页。
⑤ (清)汪有典:《史外》卷六《高忠宪传》,清乾隆十四年淡艳亭刻本。
⑥ 《复社纪略》卷一,第210页。
⑦ (明)张溥:《七录斋诗文合集》存稿卷三,明崇祯九年刻本。

人"同事笔砚,甚相得也",陈子龙年甫弱冠,闻讯后"奋然来归","遂成六子之数"。几社的宗旨如同复社一样,亦是崇尚古学:"几者,绝学有再兴之几,而得知几其神之义也","两社对峙,皆起于己巳(1629)之岁"①。在后来的发展中,为时局所迫,几社也开始关注"朝政得失,门户是非"②,由学术性渐渐转向政治性,陈寅恪就认为"几社之组织,自可视为政治小团体,南园之宴集,复是时事之坐谈也。"③ 陈子龙、许孚远还网罗明臣之文编成五百多卷的《皇明经世文编》。

文学上,复、几两社皆以复古自任,以后七子为宗。最早的燕台社就以"继七子之绩"④ 为旨归,几社六子集聚后,"心古人之心,学古人之学"⑤,所谓"古人",具体来说,"赋本相如,骚原屈子,乐府古歌繇汉魏,五七律断繇三唐,赞序班、范,诔铭张、蔡,论学韩、愈,记仿宗、元"⑥,"要以复王(世贞)、李(攀龙)之学"⑦。吴伟业在《致孚社诸子书》中说得更为明白:"弇州(王世贞)专主盛唐,力选大雅,其诗学之雄乎!云间诸子,继弇州而作者也。"⑧ 复社领袖张溥曾自言从少年时代就"好秦汉间文,于诗则喜建安以前","及得北地、琅琊(王世贞)集读之","泛泛然何其似古人也",并以其"去我世不远"⑨ 而决意效之。陈子龙也

---

① 俱见《社事始末》,第458—459页。
② 《社事始末》,第459页。
③ 陈寅恪:《柳如是别传》第三章,生活·读书·新知三联书店2001年版,第287页。
④ (清)王澐:《春藻堂宴集序》,《陈忠裕公自著年谱》卷上。
⑤ (明)姚希孟:《几社壬申合稿序》,(明)明杜麒征等辑:《几社壬申合稿》卷首,明末小樊堂刻本。
⑥ 《几社壬申合稿》卷首《张溥序》。
⑦ (清)杨钟羲:《雪桥诗话续集》卷一,民国求恕斋丛书本。
⑧ (清)吴梅村:《吴梅村全集》卷五四(《文集》卷三二),上海古籍出版社1999年版,第1087页。
⑨ 《仿佛楼诗稿序》,《陈忠裕公全集》卷二五。

认为继前后七子之后，张溥是能够"继大雅，修微言，绍明古绪"①的一代盟主②。为宣传复古主张，他们采用了集会和选文的方式。复社在崇祯二年、三年（1630）、六年（1633）和十五年（1642），分别在尹山、金陵、虎丘等地举行了四次规模较大的集会，前后入社者竟达三千多人，"以为三百年来，从未一有此也"，成为中国古代规模最大的文人社团。在数举大会的同时，复社还将社中之文选刻为《国表》，有一至六集刊行，在社会上产生了广泛影响："从来社艺亦未有如是之盛者"，"名魁鼎甲多出其中，艺文俱斐然可观"，以致"金阊书贾，由之致富"③。几社则另有一至五集《几社会义》选刻，后又有《求社会义》、《几社景风初集》等。陈子龙、李雯、宋征舆历时四年，专编《皇明诗选》，藉以宣扬自己的复古主张，所选多为前后七子之作，并将李梦阳、何景明奉为"国朝诗人之冠"④，而台阁派、茶陵派、唐宋派、公安派、竟陵派等的作品选录极少，如袁宏道仅录一首，徐渭仅录二首，台阁派则近乎阙如。

由此，文坛风气、社会思潮皆以复古为尊："一洗公安、竟陵之陋"，"北地、信阳、济南（李攀龙）、娄东（王世贞）之言，复为天下所信从"⑤，"海内争传古学复兴矣"⑥。四库馆臣对这种状况也有所论述："陈子龙倡几社，承王世贞等之说而涤其滥；溥与张

---

① 《七录斋诗文合集》卷首《七录斋集序》。
② 复社、几社在诗学上的复古理论，与"前七子""后七子"虽有渊源却不尽相同，既有继承也有发展，在强调他们同为"复古"的同时，不应忽视两者存有差异的一面。此可参廖可斌《明代文学复古运动研究》第十章，上海古籍出版社1994年版，第377—416页；李圣华《晚明诗歌研究》第九章，人民文学出版社2002年版，第283—326页；何宗美《文人结社与明代文学的演进》第六章，人民出版社2011年版，第495—504页。
③ 《复社纪略》卷二、卷一，第231页、211页。
④ （明）李雯：《皇明诗选》卷一"李梦阳"条，华东师范大学出版社1991年版，第45页。
⑤ 《安雅堂文集》卷一《尚木兄诗序》、《周釜山诗序》。
⑥ 《社事始末》，第460页。

采倡复社,声气蔓衍,几遍天下。"① 直至明鼎倾覆,复社解体,几社分裂,社中成员如顾炎武结惊隐诗社,侯方域结雪苑社,徐孚远结海外几社等,复古运动仍绵延未绝,进而成为清代复古思潮的源头。

五、结社与地域文学的繁荣

明代中后期,除却上述几个影响较大的诗文流派外,若以地域观之,尚有吴中、晋安、岭南、山左、甬上、松江等文人群体,坛坫并峙,或对立或融合,共同演绎了明末地域文学的繁荣。这些地域文学群体有的有强烈的流派意识,有的并无明确的派别观念,但在发展过程中都曾或多或少地借助于结社举会这种方式以激其创作、扬其旨趣或张其势力。

吴中自明初吴中四杰、北郭十子创立诗派、奠定派风之后,至明中叶而人文大盛,出现了吴宽、王鏊、黄省曾、沈周、祝颢、徐有贞、杜琼、刘珏、祝允明、唐寅、文徵明、徐祯卿等一大批文人才士,当时的长洲诗人陆粲就说:"吴中昔以文学擅天下,盖不独名卿材士大夫之述作炫赫流著,而布衣韦带之徒笃学修词者,亦累世未尝乏绝。其在本朝宪、孝之间,世运熙洽,海内日兴于艺文,而是邦尤称多士。"② 他们诗酒唱和,"甲于一时","彬彬称极盛"③。在众多文人中,始以吴宽、王鏊最著,两人长期在京为官,"以文章领袖馆阁",吴氏经常召举同年之会,"欢洽累日","更倡迭和"④,又与陈璚、李杰、吴洪、王鏊在南京立五同会,"坐以齿

---

① 《钦定四库全书总目》卷一八九,第2654页。
② (明)陆粲:陆粲《陆子余集》卷一《仙华集后序》,《景印文渊阁四库全书》第1274册,第588页。
③ (明)袁宏道著,钱伯城笺校:《袁宏道集笺校》卷一八《序姜陆二公同适稿》,上海古籍出版社1981年版,第695页。
④ 《家藏集》卷四四《同年三友会诗序》,《景印文渊阁四库全书》第1255册,第390页、391页。同书卷五七亦有《丁未岁(1487)作同年会请帖》。

定，谈以音谐"，"兴之所至，即形于咏歌"①，王鏊在京师亦常结文字之会，"或联句，或分题咏物，有倡斯和，角丽搜奇，往往联为大卷"，参与结会有的陈璚、周庚、徐源、赵宽、朱文、杨循吉、毛珵、陆完等，皆为"苏之仕于京者"，他们"花时月夕"，"退辄相过从"，所赋诗卷"传播中外，风流文雅，他邦鲜俪"②。吴、王两人在南北二京的结社交游扩大了吴地士人与文学在外地的声誉，也促使吴地本身文风趋于兴盛："吴中自吴宽、王鏊以文章领袖馆阁，一时名士沈周、祝允明辈与并驰骋，文风极盛。徵明及蔡羽、黄省曾、袁袠、皇甫冲兄弟稍后出。而徵明主风雅数十年，与之游者王宠、陆师道、陈道复、王穀祥、彭年、周天球、钱穀之属，亦皆以词翰名于世。"③ 其中，沈周、祝允明、唐寅、文徵明、徐祯卿领袖群伦，后四人还号为"吴中四才子"，以他们为核心形成了规模可观的文人群体，随意地雅集聚会，率性地宴饮酬唱。

天、成之间，吴中社事持续发展。长洲刘珏弃官归，引水为池，累石为山，"与客登眺以乐"，"所与倡和者，武功徐公、参政祝公及隐士沈石田数人"④；成化初，长洲祝颢年六十致仕，"归田之后，一时耆俊胜集，若徐天全、刘完庵、杜东原辈，日相过从，高风雅韵，辉映乡邦，历二十年"⑤；成化末，吴江莫震"择亲友之贤而有礼者"结为叙情之会，"每月会于一家"⑥；成、弘之际，吴县史鉴隐居，"一时名人云集，如同郡吴宽、文林、李应祯、沈

---

① 《家藏集》卷四四《五同会序》，《景印文渊阁四库全书》第1255册，第391页。
② 《震泽集》卷一〇《送广东参政徐君序》，《景印文渊阁四库全书》第1256册，第249页。
③ 《明史》卷二八七，第1889页。
④ 《家藏集》卷四四《完庵诗集序》，《景印文渊阁四库全书》第1255册，第397—398页。
⑤ 《列朝诗集小传》乙集，第207页。
⑥ （明）莫震：《石湖叙情会诗序》，《（弘治）吴江志》卷一六。

周,同邑尹宽、曹浮诸人"①;弘治中,文徵明、唐寅与祝允明"文酒倡酬,不间时日"②;长洲钱同爱"雅性阔达","好结纳","所与游皆一时高明亢爽之士",与唐寅、徐祯卿、文徵明同在庠序,故"会晤为数","见辄文酒宴笑,评骘古今"③;正德时,吴爟、文徵明、吴奕、蔡羽、钱同爱、陈淳、汤珍、王守、王宠、张灵与邢参举东庄会,被邢氏称为"东庄十友"④;正、嘉间,长洲陆师道与王宠、彭年、张凤翼、张献翼"往来文先生家",与文徵明之子文彭、文嘉"日相从,评骘文事","翛然竟日"⑤。

至成化、弘治、正德年间,吴中文人不仅数量众多,而且交游频繁,形成了"声景比附,名实彰流,金玉相宣,黼黻并丽,吴下文献,于斯为盛"⑥的繁盛景象。弘正之际徐祯卿、嘉靖年间归有光、嘉万之际王世贞相继出现,操持文坛,分别为前七子、唐宋派、后七子的领军人物。他们或在京师主盟社局,"讨论文艺,诵说先王"⑦,"以诗文相切劘"⑧,或在家乡开社举会,"饮酒谈笑,宽然有余"⑨,"以时文步古文之脉"⑩,成为明代复古阵营的有数名家。尤其是王世贞嘉靖四十年(1561)挂冠归里后,乡居近三十年,数为吟社,"一时士大夫及山人、词客、衲子、羽流,莫不奔

---

① 《(乾隆)吴江县志》卷三二《隐逸》。
② (明)文徵明:《甫田集》卷二三《题希哲手稿》,《景印文渊阁四库全书》第1273册,第168页。
③ (明)文徵明著,周道振辑校:《文徵明集》卷三三《钱孔周墓志铭》,上海古籍出版社1987年版,第756页。
④ 《明诗综》卷三八。
⑤ (清)姜绍书:《无声诗史》卷二《陆师道传》,清康熙五十九年李光映观妙斋刻本。
⑥ (明)陆师道:《袁永之文集序》,(明)袁袠:《胥台先生集》卷首,明万历十二年衡藩刻本。
⑦ (明)张治道:《翰林院修撰康公海行状》,《献征录》卷二一,第871页。
⑧ 《弇州山人年谱》"(嘉靖)二十九年"条,《续修四库全书》史部第553册,第78页。
⑨ 《梅花草堂集笔谈》卷四。
⑩ 《复社纪略》卷一,第199页。

走门下,""声华意气笼盖海内"。万历以后的诗坛则由王穉登操柄,《明史》评曰:"吴中自文徵明后,风雅无定属。穉登尝及徵明门,遥接其风,主词翰之席者三十余年。嘉、隆、万历间,布衣、山人以诗名者十数,俞允文、王叔承、沈明臣辈尤为世所称,然声华烜赫,穉登为最。"① 万历间顾宪成、高攀龙讲学无锡,结社东林,"东南之士翕然响应"②,继之复社倡复古学,务为今用,至明朝倾覆,"声气蔓衍,几遍天下"③。可见,自景、天以后,以迄明亡,吴中文风久盛不衰,其沿流衍变虽非"吴中一派"所尽能涵盖,但作为一种地域文学视之则自有其渊源承继,而在其长达两百年的发展、壮大与极盛的过程中,结社举会无疑起了巨大的凝结与扩张作用。

晋安诗派在明代的发展先后经历过元末明初、正嘉之间和隆万以后的三次兴盛。隆、万间闽县诗人邓原岳对该派的发展作过简单梳理:"余闽中之诗,唐世仅仅已其在。国朝大较,可得而言。洪、永之间,专谭兴趣,则林膳部、王典籍名其家。弘、正之时,气格为宗,则郑吏部擅其誉。至隆、万以来,人操风雅,家掇菁华,道古本之建安,掞操旁及三谢,取裁准之开元,寄情沿乎大历。典刑具存,风流大凹,一代声诗,于斯为盛矣。"④ 明代闽诗派的每一次兴盛都伴随着大量的结社活动,从而成为诗派形成、中兴和全盛的三个重要阶段。

元末明初,林鸿、高棅、王偁等闽中十子创立闽诗派:"国初林子羽、高廷礼以声律圆稳为宗,厥后风气沿袭,遂成闽派。"⑤ 正、嘉之际,闽中"作者云集",郑善夫、高瀔、傅汝舟等

---

① 《明史》卷二八七、卷二八八,第 1894 页、1896 页。
② 《顾端文公年谱》卷上。
③ 《钦定四库全书总目》卷一八九,第 2654 页。
④ (明)邓原岳:《西楼全集》卷一二《闽诗正声序》,明崇祯元年邓庆寀刻本。
⑤ 《列朝诗集小传》丁集下,第 648 页。

人标举闽派风雅:"郑吏部善夫实执牛耳,虎视中原,而高、傅二山人左提右挈,闽中雅道,遂曰中兴。"① 诸人结有鳌峰诗社②,社中有鳌峰十子:"少谷(郑善夫)居鳌峰北,从之游者九人,乡党目为十才子。"③ 又有林钺、郭波、林炫、张经、龚用卿、刘世扬等人,皆为"不世之才,灿然可观者也"④。

　　隆、万以后,率先奏响闽中诗派全盛乐章的是闽县人袁表,他"与诸名士结社嵩山乌石间,精研格律,为闽人所推"⑤。袁表诸人所结的诗社叫作玉鸾社,在当时影响很大:"今袁景从、赵仁甫、王汝存、吴子修、林天迪相与结社于嵩山、乌石之间,力追古始,泂泂乎几龙朔、开元之风,格调俱谐矣。"⑥ 袁表、马荧又于万历四年(1576)选刻《闽中十子诗》,正式追奉十子为诗派之首。接着,赵世显、邓原岳、徐𤊹、徐熥、谢肇淛、曹学佺等人续奏其响,重修鳌峰诗社⑦,结芝山社、鹿草社⑧,声气渐广,正如徐𤊹所云:"迄于今日……抱玉者连肩,握珠者踵武,开坛结社,驰骋艺林,言志宣情,可谓超轶前朝,纵横当代者矣。"⑨ 时有晋安七子、六子、五子、后五子之目⑩,人文不可谓不盛。谢肇淛曾将嘉、隆以后的福州作家逐一罗列:"嘉、隆以来,则有郭郡丞文涓、

---

① 徐𤊹:《红雨楼题跋》卷下《闽中诗选序》,清嘉庆元年郑杰刻本。
② 《课余续录》卷二。
③ 《明诗综》卷三八。
④ 《红雨楼题跋》卷下《闽中诗选序》。
⑤ 《列朝诗集小传》丁集上,第410页。
⑥ (明)蔡文范:《玉鸾社诗集序》,(明)赵世显:《芝园稿》卷首,明万历刻本。
⑦ 《课余续录》卷二。
⑧ (明)陈仲溱:《履吉先生行状》,(明)陈益祥:《陈履吉采芝堂文集》卷首,明万历四十一年刻本。
⑨ (明)徐𤊹:《幔亭集》卷一六《晋安风雅序》,万历二十九年刻本。
⑩ 陈益祥作有《晋安七子诗序》,陈荐夫作有《六子诗》,徐𤊹作有《五君咏》,谢肇淛作有《五子篇》、《后五子篇》等,所标举人员互有异同,皆为当时闽派的代表作家。分见《采芝堂集》卷一四、《水明楼集》卷一、《幔亭集》卷二和《小草斋诗集》卷六。

林明府凤仪、袁太守表，皆余先辈。陈茂才椿、赵别驾世显、林孝廉春元、邓观察原岳、陈山人仲溱、徐孝廉𤊟、𤊟弟熥、陈茂才价夫、孝廉荐夫、曹参知学佺、袁茂才敬烈、林茂才光宇、陈茂才鸣鹤、王山人毓德、马茂才歘、陈山人宏已、郑山人琰，皆先后为余友，皆有集行世。"① 嗣后，曹学佺从众多诗人中脱颖而出，与徐𤊟、谢肇淛等人主导闽中文坛，先后组织成立了芝社、瑶华社、邻霄台大社、红云社、泊台社、石君社、石仓社、春社、闻莺馆社等，直至启、祯间，社事仍未稍辍，如西峰社、菊社、洪江社、阆风楼诗社、三山耆社、梅社等等②，"闽中诗文，自林鸿、高棅后，阅百余年，善夫继之。迨万历中年，曹学佺、徐𤊟辈继起，谢肇淛、邓原岳和之，风雅复振焉。"③

同时，福建其他地区的结社也逐渐开展起来，尤以莆田为盛，有林简、余光等的硕社、红琉璃社、遗老社、七子社④，叶甲、周闻、方鲸等的响社⑤，就连偏远的漳州地区也有郑怀魁的霞中社，曹学佺还曾应邀入社⑥。借助这些结社活动，闽中诗派逐渐突破地域限制，由福州开始领导整个福建地区，又组织金陵社，进驻文坛中心，"游宴冶城，宾朋过从"，成为明代南京社事之"极盛"⑦，进而在全国范围内产生影响，终使"晋安一派，与历下、竟陵鼎足而立"⑧。

---

① 《小草斋诗话》卷三，第 3530 页。
② 李玉栓《明代福建文人结社考述》(《莆田学院学报》2011 年第 1 期)对明代福建地区的结社作了疏考，共得 26 家，闵丰《万历晚期闽中诗人结社研究》(浙江大学 2004 年硕士学位论文)则对万历晚期以来以福州为中心的闽中社集情况作了详细考订，均可参阅。
③ 《明史》卷二八六，第 1888 页。
④ (清)郑王臣：《莆风清籁集》卷三六，清乾隆三十七年刻光绪二十六年印本。
⑤ 石有纪：《(民国)莆田县志》卷二九、卷二六，福建图书馆藏抄本。
⑥ (明)曹学佺：《曹大理集》卷八《郑辂思招入霞中社》，明万历刻本。
⑦ 《列朝诗集》丁集卷七。
⑧ (清)魏宪：《百名家诗选》卷二五"范承谟兄弟"小引，清康熙间枕江堂刻本。

明代的岭南诗派也是先后经历了元末明初、嘉靖中期和崇祯后期三个比较活跃的阶段，每个阶段都曾有过一些结社活动，所谓"吾粤前明，诗社特盛"①，并非虚言。前两个阶段的情况已见前述。崇祯十一、十二年（1638、1639）间，陈子壮、黎遂球、欧主遇诸人复修南园旧社："五先生之后，其开社南园者为陈文忠子壮、黎忠愍遂球辈，凡十余人。"②《陈文忠公行状》载十余人姓名："（陈子壮）复修南园旧社，一时诸名流，区启图名怀瑞，曾息庵名道唯，高见庵名赉明，黄石庸名圣年，黎洞石名邦瑊，谢雪航名长文，苏裕宗名兴裔，梁纪石名佑逵，区叔永名怀年，黎美周名遂球，及公季弟名子升，共十二人，称南园后劲。"其实当时"后续入社者"尚有多人，为《陈文忠公行状》所未载。南园诗社之外，杨晋"与黎遂球、张家玉、梁朝钟结诗社于白云山寺"③，陈虬起"与萧奕辅、梁佑逵、黎邦瑊、区怀年等结诗社，名芳草精舍"，"陈子壮、子升、黎遂球、区怀瑞、怀年、高赉明、黄圣年、梁佑逵、黎邦瑊、谢长文、曾道唯诸人"④复结浮邱诗社等。适逢明季，由于时际变更，世事扰攘不定，"吴、越、江、楚、闽"等许多外地文人多避居岭南，"亦来入社"，社事一度"极时彦之盛"⑤。陈子壮等人的结社赋诗活动为明代岭南诗派画上了一个圆满的句号，也是一个大大的感叹号。

山左诗坛至弘治以后开始兴起⑥。清初王士禛尝有意辑录山左

---

① （清）郑梦玉：《（同治）南海县志》卷二五，清道光十五年修同治十一年刻本。
② 《南园后五先生诗》卷首《叙》。
③ 九龙真逸：《胜朝粤东遗民录》附录、卷二，《丛书集成续编》第253册，第652页、587页。
④ 《（宣统）番禺县续志》卷四〇。
⑤ 《胜朝粤东遗民录》卷二，《丛书集成续编》第253册，第567页。
⑥ 山左，山东旧时别称，因在太行山之东（左）而得名，又因在黄海、东海之西（右）而称海右。

明诗五十家,惜未成事,仅在《香祖笔记》中列有一份五十六人的名单①,后来张宗柟纂集《带经堂诗话》,依据《蚕尾续文》又补充六人,共得六十二人②,其中十分之八为嘉靖至明末的作者,仅万历以后就有三十多人,占据总数的一半以上,足见明后期山左文学之盛。作为齐鲁文化的发祥地,山左文坛渊源有自,不过就明代而言,直至弘、正时期历城人边贡的出现方始步入中心文坛。边贡列名前七子,是复古运动第一次高潮中的核心人物之一,又与李梦阳、何景明、徐祯卿、朱应登、顾璘、陈沂、郑善夫、康海、王九思等号十才子,他于弘治九年中进士,在南北二都都曾为官,"所交悉海内名士"③。嘉靖时同为历城人的李攀龙再度入京为官,与王世贞、徐中行等"结社赋诗"④,"相劘琢为古文辞"⑤,临清山人谢榛亦以布衣身份干谒其间,后七子中山东籍居二,他们共同倡导了第二次复古运动,人以"历下"、"太仓"并称李攀龙与王世贞,山左文风遂由此兴。王士禛即云:"吾乡风雅盛于明弘、正、嘉、隆之世,前有边尚书华泉,后有李观察沧溟。"⑥

山左文坛的发展同样离不开社局的推动。嘉靖十三年(1534)至十五年(1536)间,冯裕、石存礼、刘澄甫、陈经、黄卿、刘渊甫、杨应奎、蓝田等八人或丁忧,或致仕,或客居,优游林下,修海岱诗社以切磨诗艺。王士禛不无自豪地说:"吾乡六郡,青州冠盖最盛,明嘉靖、万历间,官至尚书者八九人,而世宗时,林下诸

---

① (清)王士禛:《香祖笔记》卷一〇,《笔记小说大观》第 16 册,江苏广陵古籍刻印社 1983 年影印本,第 48—49 页。
② (清)王士禛:《带经堂诗话》卷六《总集门三·题识类》,人民文学出版社 1963 年版,第 156—157 页。
③ 《明史》卷二八六,第 1887 页。
④ 《诗家直说》卷四。
⑤ 《弇州四部稿》续稿卷一一二《明故中宪大夫福建按察副使午渠余公墓志铭》。
⑥ 《香祖笔记》卷二,第 10 页。

老为海岱诗社，倡和尤盛。"① 四库馆臣认为，"八人皆不以诗名，而其诗皆清雅可观，无三杨台阁之习，亦无七子模拟之弊"，"盖山间林下，自适性情，不复以文坛名誉为事，故不随风气为转移"，"而八人皆闲散之身，自吟咏外，别无余事，故互相推敲，自少疵颣。其斐然可诵，良亦有由矣"②。后社中成员冯裕的曾孙冯琦将集会唱和之作编为《海岱会集》流播于世，清儒纂修《四库全书》时亦收录其中。嘉靖二十年（1541），章丘李开先罢官归里，主盟词社，先后入社者有二十余人，他们"每月相参作主，分题定韵，言志抒情，北曲南歌，长章小令，不两年充然成帙"③，成为明代中期山左文坛的一道独特风景。万历时，东阿于慎行在南京举瀛洲会以追"三杨"风雅，李修吾、倪雨田、黄澹庵、方仞庵等南都诸公相继与会④，诸城丁耀亢在苏州虎丘与陈元素、赵宧光共结山中社⑤，继续扩大山左文坛的影响。

万历四十四年（1616），时任兖州推官的吕维祺立山左大会，又名鲁社，"令二十七属各立文会，每月二次解卷，亲加评订，序次激权"，影响甚巨，"士子蒸然向风，渐及通省，冀北、淮南之士咸来就业"⑥。崇祯间，山左社事再盛，如新城王图鸿"约邑中名士二十余人为从社，一时业《春秋》者皆出其门"⑦，据《毕海州年谱》载，当时入社者有张宫玉、张文虎、张圣瑞、田完白、徐怡

---

① 《带经堂诗话》卷六《总集门三·题识类》，第158—159页。
② 《钦定四库全书总目》卷一八九，第2643页。
③ 《李中麓闲居集》卷五《东村乐府序》。
④ 参于慎行《谷城山馆诗集》卷一三《九日留都瀛洲会集呈诸馆丈》《南都诸公邀宴高座寺对雨》《祠部李修吾、驾部倪雨田、虞部黄澹庵邀登牛首》《方仞庵、陶兰亭二比部邀游栖霞寺》诸篇。
⑤ （明）丁耀亢：《逍遥游》卷二《江游·野鹤自纪》，清初刻丁野鹤集八种本。
⑥ （明）施化远：《明德先生年谱》卷一，《明德先生文集》附录。
⑦ 袁励杰、张儒玉：《（民国）重修新城县志》卷一六，民国二十二年铅印本。

怡、徐崐岑、徐小峦等人，"皆一时名士"①。其中，声誉最著者要数掖县赵士喆为响应复社而倡立的山左大社②，入社人数多达九十一人③，有五十多人后来都参加了复社。当时山左诗坛的名家大多参与社事，如姜垓、姜埰、赵士喆、左懋泰等，他们主张宏大雅正，倡导诗以用世，与复社遥相呼应，成为山左社局的一大盛事，由此缔造了山左诗坛与东南争胜的局面，并将这种局面延续至清初。

甬上④山水秀丽，风景绝佳，自宋代以来，一直是文人雅士集会开社的重要所在。清人全祖望《句余土音序》云："吾乡诗社其可考者，自宋元祐、绍圣之间。"自此，甬上社事虽偶有中辍，却一直不绝如缕。明代结社之风盛行，甬上也不例外。据全祖望称，明代甬上诗社自成、弘之际首开风雅之后，前后六度举社，直至明朝灭亡亦未消歇："明之诗社，一举于洪兵部，再举于屠尚书，三举于张东沙，四举于杨泂阳，五举于先宫詹林泉之集，是则杲堂序之详矣，六举则甲申以后遗老所会。"⑤

成、弘之际，"海内久治平"，洪常、卢瑀、金湜解组归田后，与甬上高士宋恢、张憬、李端等人结为高年诗会，"每值风日佳时，辄剪蔬供馔，欢共为集"。弘、正时，洪常等人相继捐馆，魏偁、屠浦、杨守随与张昺、黄隆、镏洪等人又续开诗社，魏偁因年岁最长，被推为祭酒，"重相燕集，唱酬历二十年"。嘉靖三十五年（1556）至万历五年（1577），张时彻致仕家居，"家有别墅在东皋曰茂屿草堂，在西皋曰武陵庄，时引上客共觞咏其间"⑥，领甬上

---

① 《（民国）重修新城县志》卷二六。
② （清）陈济生：《启祯遗诗》卷九，清顺治刻增修本。
③ 王丕煦：《（民国）莱阳县志》卷三之三，民国二十四年铅印本。
④ 甬，江名，在今浙江省东部，后为宁波市别称。
⑤ 《鲒埼亭集外编》卷二五。
⑥ 《甬上耆旧诗》卷五、卷六、卷八。

风雅达二十余年①。据屠隆《由拳集》卷一一《秋雨怀张司马公社中诸友十二首》诗,除张时彻、屠隆外,当时入社的还有包大炘、沈明臣、张邦仁、余寅、李生寅、沈九畴、汪礼约、闻龙、丰越人、杨承鲲、屠本畯等十余位诗人,而据《甬上耆旧诗》卷一五记载,先后在张时彻茂屿草堂或武陵庄唱和的还有沈汝璋、李生时、高瀛、李容、杨持载、李生源、张子瑫、张子中、倪珣、杨明等近二十人,可以想见当时集会之盛。嘉靖时,杨茂清澹于进取,遂力请老归,与戴鲸为耆老之会,"日相唱酬"②。万、天之际,全祖望的六世祖全天叙与周应宾、吴礼嘉、林祖述、丁继嗣、周应治、徐时进、万邦孚、施翰等人创立林泉诗社③,又名林泉雅会,"形于图画,一时传之"④,社中作品刻有墨本、石本行世。

除全祖望所记外,甬上社事尚多,如万历初有浙东十四子"结社赋诗"⑤,明季有甬东越社,立社者为甬上君子二十四人⑥,明清之际有屠本畯、张庚星、管櫄等人先后结社⑦,至若明亡之后甬上遗民所结社事亦不在少数,此待后述。

明代松江地区的社事亦有不少,晚明尤夥。最初兴起的是怡老会社,早在成化年间,蒋性中引归,"合乡之高年有行谊者八人,月一为酒食,客有常数,物有常品,名莺湖九老会"⑧,莫昊致政归,"日从耆英之社"⑨,曹时中乞归后,"杜门不谒守令,晚年集

---

① (明)余有丁:《张司马先生时彻传》,《献征录》卷四二,第1761—1763页。
② 《甬上耆旧诗》卷一三。
③ (清)全祖望:《鲒埼亭集》卷三八《林泉雅会图石本跋》,清嘉庆九年史梦蛟刻本。
④ 《甬上耆旧诗》卷二六。
⑤ 《明诗纪事》庚签卷一九,第2566页。
⑥ (明)王思任:《王季重先生文集》卷三《时文叙·甬东越社叙》,明崇祯刻本。
⑦ (清)全祖望:《续甬上耆旧诗》卷一八,民国国学保存会铅印本。
⑧ 《(同治)上海县志》卷三二。
⑨ 《云间人物志》卷二,《明清上海稀见文献五种》,第116页。

耆老十四人，为安耆会"①。此后文社渐起，弘治间有六人社、隆庆间有十人社、十八子社，万历间有竺林院社、昙花五子社、小昙花社，天启间有震社，社事相沿至清初的几十年里未曾断绝。诗社起于弘治间张世美"与诗人王良佐辈结社倡和为乐"②，此后一发不可止。弘、正间陆深、杨学礼"与曹宏济、滕奎等结诗社"③，正、嘉间，李霆"与孙文简、宋樗庵、苏一斋结社赋诗"④，嘉靖间李日宣"与里中高士结社，相与饮酒赋诗"⑤，何良傅乞归后"与金陵顾璘、关中马汝骥、同郡徐献忠、张之象以文艺欣赏，结诗社"⑥，朱大章"与张王屋、董子元、何元朗兄弟结社相倡和"⑦，万历间娄县宋旭游云间，与陆树声、莫如忠、周思兼"结社赋诗"⑧，张齐颜"联诸名公作七子偕游社"，陆从平"暇则结社赋诗"⑨，陈继儒"偕二三文士结社于栖霞禅室"⑩，唐汝询与十二乡人结雅社，"寄情高咏"、"托好千秋"⑪。明代松江较为著名的文人如顾清、董其昌、徐献忠、何良俊、陈继儒等都曾参与甚或主盟过结社。直至崇祯间，松江士人以陈继儒弟子陈子龙为首创立几社，集文社、诗社于一体，松江社事出现全盛局面，并成为孕育清代云间派的母体。

此外，徽州以汪道昆、王寅、潘之恒等为中心，越中以王思任、祁彪佳、张岱等为中心，江右以陈际泰、艾南英、张世纯、罗

---

① （清）陈其元：《青浦县志》卷一九，清光绪五年刊本。
② （清）谢庭薰：《（乾隆）娄县志》卷二二，清乾隆五十三年刊本。
③ 《（同治）上海县志》卷一八。
④ 《云间人物志》卷四，《明清上海稀见文献五种》，第259页。
⑤ 《云间志略》卷一四《李太学春楼公传》。
⑥ （清）韩佩金：《（光绪）重修奉贤县志》卷一一，清光绪四年刻本。
⑦ 《云间志略》卷二四《云间两异人传》。
⑧ 《（乾隆）娄县志》卷三〇。
⑨ 《云间人物志》卷四，《明清上海稀见文献五种》，第255页、238页。
⑩ （清）陈继儒：《捷用云笺》卷五，明末刻本。
⑪ （明）唐汝询：《西阳山人编蓬后集》卷一五《雅社约序》，明万历间刻清乾隆二十四年唐元素重修本。

万藻等为中心，在明代后期也都形成了一定规模的文人群体，他们会诗课文，宴饮赏曲，引领着当地文坛趋于繁盛，与上述各地争衡文事，鼎足而立，共同构成了明代后期文学发展的兴盛景象，同时也奠定了清初文坛的地域格局。

六、宗教结社盛行

如前所述，僧俗共社始于东晋莲社，经唐历宋，至明代取得进一步发展。

明太祖朱元璋尝于元末出家为僧，对佛教有着割不断的情愫。同时，出于对元末佛教内部的混乱以及元朝兴衰经验教训的总结，朱元璋在定鼎以后，制订了一系列制度法令，对佛教进行保护和整顿，后经成祖补充和完善，明代佛教政策基本定型，多为以后各朝所沿用。有明一代，除世宗、思宗等少数皇帝有过禁佛、排佛举措外，大多数都崇信佛教，在对佛教进行整顿和限制的同时更多的是对佛教的保护和提倡。

明代文人参与的宗教性结社出现在万历前期[1]，就与穆宗、神宗、孝定李太后等长期以来对佛教的大力扶持密不可分。神宗及其诸子出生，皆令"剃度童幼替身出家"[2]；汉经厂诵经作法，神宗益以宫女，"行香念经，若尼姑然"，逢神宗生辰，宫中举行藏传佛教法事以庆祝，"三四个时辰方毕"[3]；李太后则命人将明初以来所撰诸经补入《北藏》，并予以刊刻。上有所好下必效之，明代的许多高官重臣也都亲佛喜禅。开国文臣之首宋濂自称无相居士，参谒释梵琦和释崇裕，撰《龙门子无相剩语》一书求正，"尝三阅大藏，暇则习禅观"，太祖称赞他"每召对，辄与究论佛经奥义"[4]。官至

---

[1] 参见下文有关肇林社的内容。
[2] 《万历野获编》卷二七，第686页。
[3] （明）刘若愚：《酌中志》卷一六《内俯衙门职掌》，清道光二十五年潘氏刻海山仙馆丛书本。
[4] （清）彭绍升：《居士传》卷三七，清乾隆四十年长洲彭氏刻本。

礼部尚书兼文渊阁大学士的赵贞吉在翰林教习庶吉士时，要求他们课读《楞严经》："诸君齿亦长矣，不以此时读此经，更何待耶？"① 官至吏部尚书兼武英殿大学士的严讷尝应鹿亭上人之请，为重刻《乐邦文类》作序阐发唯心净土之旨。时人王元翰写信给释野愚称"其时京师学道人如林"，并例举"宰官有黄慎轩、李卓吾、袁中郎、袁小修、王性海、段幻然、陶石篑、蔡五岳、陶不退、蔡承植诸君"，他们与"达观、朗目、憨山、月川、雪浪、隐庵、清虚、愚庵诸公""声气相求，函盖相合"②。有些士大夫不仅自己"师事沙门"，还"帅其妻子妇女以称弟子于和尚之门"③。在朝廷上下的尊奉和扶持下，佛教经过宋代的鼎盛之后至明代又出现了"一个再生的阶段"④，尤其中叶以后，诸家诸宗皆得以长足发展，禅宗、净土宗自不必说，就连沉寂已久的华严宗、律宗，甚或几近失传的法相宗，都涌现出一些重要人物。被誉为"明代佛教四大家"的袾宏、真可、德清、智旭皆出现在这一时期，他们主张三教同源、诸宗融合，关注民生社会，积极践行大乘佛教精神，许多士大夫都与他们有所交往，在当时社会上影响极大。

佛教在发展过程中，逐渐与儒、道合流，特别在明中叶以后，由于社会矛盾的日益激化，越来越多的民众信拜宗教，因而佛教的世俗化程度也进一步加深，士大夫亲佛、佞佛之风非常普遍，居士佛教极为活跃。清乾隆年间彭绍升辑历代《居士传》，凡304人，其中明代107人，居历代之冠⑤，而据今人的统计，明代有居士名

---

① 《居士传》卷三九。
② （明）王之翰：《凝翠集》之《尺牍·与野愚和尚书》，《丛书集成续编》第147册，第201页。
③ （明）张履祥：《杨园先生全集》卷二七《愿学记（二）》，光绪甲辰武昌吕氏刊刻本。
④ 圣严法师：《明末佛教研究》第四章，宗教文化出版社2006年版，第84页。
⑤ 按，在这107人中，万历以前仅4人，其他正传67人、附传36人皆为万历以迄明亡间的人物，这也是明代佛教大兴于万历以后的另一佐证。

号的士人要超过 500 位①。

晚明士大夫的佞佛行为主要表现在三个方面。一是修持佛法。心学的创始人王守仁，在为官期间，遍求佛刹，访拜名僧，"出入于佛、老者久之"②，受佛教"明心见性"思想的启示，援佛入儒，创立"格物致知"之说。李贽出入佛儒之间，交结僧侣，酷好禅宗，晚年去冠薙发，他在任姚安知府时，"坐堂皇上"判决公事也常常"置名僧期间"，"簿书有隙，即与参论玄虚"，后来干脆"入鸡足山阅《龙藏》不出"③。公安三袁学禅于李贽，受其影响甚巨，袁宏道乡居期间"晨夕礼诵，兼持禁戒"④，袁中道开华严会"三时念佛，二时诵《华严经》各一卷"⑤。陆光祖（1529—1597）早年习儒，后究心佛乘，博求龙象，晚从释真可游，虔修三昧，卒前卧病，仍然"左手握心经，经旬不解"。庄广还拜谒释袾宏，受念佛法门，依教修行，日诵"南无阿弥陀佛"五万声⑥。据记载，万历时期缙绅士大夫中多有"捧咒念佛，奉僧膜拜，手持数珠以为戒律，室悬妙像以为皈依"之人，他们"不知遵孔子家法，而溺意于禅教沙门"⑦。二是撰写佛书。明代后期的著名文人许多都曾编写过有关佛教的著作，如钱谦益有《楞严经疏解蒙钞》三十六卷、《般若心经略疏小钞》二卷、《紫柏尊者别集》四卷，屠隆有《补陀洛伽山志》六卷、《佛法金汤录》三卷、《观音考〈观音大士颂〉》一卷、《补陀山灵应传》二卷、《戒杀放生文》一卷，袁宏道有《宗

---

① 参王红蕾《憨山德清与晚明士林》第一章，中国社会科学出版社 2010 年版，第 36 页。
② 《明儒学案》卷一〇，第 181 页。
③ 《珂雪斋近集》卷七《李温陵传》。
④ 《居士传》卷四六。
⑤ 《游居柿录》卷六，《珂雪斋集》下册，第 1232 页。
⑥ 《居士传》卷四〇、卷四二。
⑦ 《明神宗实录》卷三六九，第 6918 页。

镜摄录》十二卷、《西方合论》一卷，陶望龄有《宗镜广删》十卷，曹学佺有《蜀中高僧记》十卷，等等，仅据《明史·艺文志》记载，有明一代编写过佛书的就有50人、58种，在《卍续藏》中也有25人、42种①，这应当只是冰山一角。三是刊刻佛经。万历中，明惠王选侍王氏倡刻《永乐南藏》、《北藏》(《万历藏》)，陆光祖、钱谦益、周天成、吴崇宗等助刻其成。释真可募刻方册本大藏经(《嘉兴藏》，又名《径山藏》)，在陆光祖、冯梦祯、瞿汝稷、陈瓒等人的大力倡导下"远近响应，终以集事"②。这些文人居士因受佛教影响而协助刻经，又因刻经而对明代佛教的复兴作出过莫大的功德。

当佞佛之风与结社之风结合起来时，就出现了文人禅社。如戈以安"奉佛甚虔，与僧元素结春秋二社，为念佛会，诵《华严经》"，刘玉受"持《准提》唱于乡里，其后进之士，若杨子澄及其二子维斗公干、李子木、徐九一、刘公旦、姚文初诸贤，皆结准提社"，蔡惟立"与金正希、黄元公、钱启忠、萧士玮诸贤，订为密社，究竟大事"③等等。试以南直隶的徽州、湖广的荆州和浙江的杭州三地观之。

在徽州，万历十二年（1584），汪道昆建肇林社，作无遮大会，"延僧说法，一时称盛"④，好友戚继光亦来参会。万历三十四年（1606），潘之恒修复天都社，入社者皆为慧业文人，"是社以禅诵念佛称净业为常规"，并规定"结社原为静修，若会中子弟讲业延师"、"不得假此为馆"⑤，崇佛之意甚严，同时在法藏上人的提议

---

① 参圣严法师《明末佛教研究》第四章，宗教文化出版社2006年版，第224—227页。
② 《居士传》卷四〇。
③ 《居士传》卷四一、卷四七、卷五一。
④ 石国柱、楼文钊：《(民国)歙县志》卷一六，民国二十六年铅印本。
⑤ (明)潘之恒：《天都社记》附《同社规则》，(清)闵麟嗣：《黄山志定本》卷三，安徽丛书印清康熙间刻本。

下,潘之恒又倡修普门社,凡"愿附社中者,量出资若干,随一两至五两,皆得列名社中",入社之后,每日须行修炼,"每日三时,诵普门品一遍,或三遍、七遍,并诵佛号一百八遍"①。万历中后期,朱昆季"为广大教化"②,在黄山与白岳山之间的毘耶兰若修慧林社,由性仁上人主之。

在荆州,万历二十年(1592),龚大器致仕家居,为南屏社长,率诸子诸孙"论学二圣兰若","终日谭禅终日醉,聊以酒食为佛会"。万历三十二年(1604),袁宏道偕方外交"修莲社香光之业",释寒灰、释雪照、释冷云等"集于香光社者""皆东南名僧"③,之后又与诸衲往德山,结青莲社,"与诸衲极谈,庆快无量"④。万历三十九年(1611),袁中道立堆蓝社,与释度门"共作念佛因缘",黄辉、释无迹相继来入。此后,袁中道数起华严会,在三圣阁时"禅堂衲子宝方、怡山而下五六人,本寺戒僧本空而下数十人"、"三时念佛,二时诵《华严经》各一卷",在二圣寺时"宝方为首,合智者禅堂及本寺诸僧,共三十余人"⑤。万历四十一年(1613),苏惟霖购得袁中道金粟别业,"遂相与(释雪照)定为社,以招致静侣","但得十余人,屏去尘劳,共来聚首,参禅者参禅,念佛者念佛"⑥。

在杭州,万历二十八年(1600)前后,冯梦祯"时与僧莲池及邵重生、虞淳熙兄弟、朱大复诸公结放生社",此社又名胜莲社,司理徐桂、祠部屠隆等人"岁岁来湖上入放生社,赋咏甚富"⑦,俞策亦"约诸公结社西湖","钱塘门登舟,徐茂吴、臧晋

---

① (明)潘之恒:《普门缘起》,《黄山志定本》卷三。
② 《大泌山房集》卷一三〇《题慧林社卷》。
③ 《珂雪斋前集》卷一《寒食郭外踏青,便憩二圣禅林》、卷二三《答道甫》、卷一一《荷叶山房销夏记》。
④ 《潇碧堂集》卷一三《游德山记》。
⑤ 《游居柿录》卷六、卷九,《珂雪斋集》下册,第1224页、1305—1306页。
⑥ 《珂雪斋前集》卷一八《金粟社疏》。
⑦ 《(雍正)西湖志》卷二一。

叔、吴元瑞、虞长孺及孝廉、布衣在坐者十五人"①。后冯梦祯又应邀主盟澹社，"每会必选湖山最胜处及佳风日"，"每月一会，茗供寂寞，随意谈《楞严》《老》《庄》，间拈一题为诗"②。胜莲社重要成员虞淳熙尝从高僧袾宏习佛，他的女婿张岐然"丛林称为仁庵禅师"③，所创读书社本为崇尚古义、读书研理之社，因社中成员闻启祥、严调御、严武顺、丁奇遇、冯惊、邵洽诸人皆出自虞氏门下，后俱逃之于禅，故黄宗羲说"武林之读书社，徒为释氏之所网罗"，又称"僧西吾，牧斋（钱谦益）客也，凡社中之人，无不网罗以去"④。

在其他地区亦是如此。如京师有袁宏道等人所立的蒲桃社，"当入社日，轮一人具伊蒲之食。至则聚谭，或游水边，或览贝叶，或数人相聚，问近日所见，或静坐禅榻上，或作诗，至日暮始归"⑤，南京有焦竑立长生馆会，"每于月之八日，与客游栖，听僧礼诵"⑥，松江有释行恣"与冯开之、朱文宁、董遐周、尤仲弢辈结方外社"⑦，难以一一枚举。这些社事往往集僧俗于一体，儒佛合一，或者参禅论学，或者念佛诵经，间以徜徉山水、吟咏诗酒，是为典型的文人禅社。

不唯如此，文人们还纷纷仿效僧人进行结社。例如高僧袾宏建放生池于净慈寺，山中设放生所，救养飞鸟禽兽，自此明代放生类结社成为宗教类结社中非常独特的一支。除秀水冯梦祯在西湖所立的胜莲社外，崇祯八年（1635），山阴祁彪佳引病辞归，"筑别墅于

---

① （明）冯梦祯：《快雪堂集》卷五八，明万历四十四年黄汝亨朱之藩等刻本。
② 《武林梵志》卷三《澹社序》。
③ 《南雷文约》卷二《张仁庵先生墓志铭》，《丛书集成三编》第53册，第366页。
④ 《南雷文定》后集卷三《陈夔献墓志铭》、四集卷二《郑玄子先生述》。
⑤ 《珂雪斋前集》卷一六《潘去华尚宝传》。
⑥ 《隐秀轩集》卷八《长生馆诗引》。
⑦ 《静志居诗话》卷二三，第751页。

寓山，为终隐计，山下蓄水为池，立放生社"①，崇祯十四年（1641）前后，江西文人目睹"末世嗜欲愈多，嗜杀囚愈众"的现实而举放生大会，会中刘西佩作《放生赋》，李小有作《放生文》，陈际泰称当时参加集会的人员非常多，"地连数郡，人联百千众，一时贵介聪明才智之士与焉。"②直至明亡之后，新安朱孟因丧明之戚，"大生敬怖，益思广其教于同志，结放生社，每月一举行其事"③。这些社事已纯属俗家居士所立的宗教性结社，与前述文人禅社稍有不同，其宗教意味更为浓厚。

自晋慧远修莲社以来，历代都有一些士子与僧人共社的现象，不过社事的性质存在着一个逐渐演变的过程。社中成员由最初的半僧半俗、以僧为主到僧俗共主，再到以俗为主或者全部为世俗之人，到明代中期终于完成了这种转变。元代以前，宗教类结社多数都是文人参与僧人社事，结社的主体是僧人，在本质上尚属宗教结社，直到明代中期的肇林社仍是如此："洪吉、明理以下百余曹，以听法至；真海、觉怃以下十余曹，以修供至；缙绅学士至者，则定之、詹东图、陈仲鱼、方献成、方君在、方羽仲、郑夷吾、程子虚、吴无怀、吴延秋、吾弟仲淹、仲嘉、山人王仲房、吴仲足"④，听经者百人以上，入社缙绅学士仅有十余人。也就在明代中期，文人开始自行修结禅社，有时与释子共主，僧俗各半，显示出由"宗教性"向"文人性"过渡的特征。苏惟霖的金粟社即是与释雪照共同主事："社中沙门则雪照为主，宰官居士则云浦居士（苏惟霖）为主"，所招之人"无问沙门及宰官居士，有真心办道，

---

① （明）王思任：《祁忠敏公年谱》，《祁忠敏公日记》卷首。
② 《己吾集》卷四《放生大会序》。
③ （清）钱澄之：《田间文集》卷二七《放生社引》，清康熙斟雉堂刻本。
④ 《太函集》卷七五《肇林社记》。

愿入此社者，即列名于册"①。吴之鲸亦与释契灵"共订澹社，为无言清坐之会"，"友人胡休仲、卓去病闻而乐之，趣来同事，并集有韵衲子，每月一会"②。有时则纯为文人组织，社事主体中已无佛徒身影。万历二十六年（1598）至三十年（1602）之间，袁宏道等人在京师结蒲桃社，"往来者为潘尚宝士藻、刘尚宝日升、黄太史辉、陶太史望龄、顾太史天峻、李太史腾芳、吴仪部用先、苏中舍惟霖诸公"③，俱为重臣名俊，其他成员也都是世俗之人，文人禅社至此大兴。

七、讲学会社时起时伏

明代中后期，讲学与反讲学像是拧成绳索的两个单股，方向相反而又结合紧密。从正德后期开始，讲学愈炽，反讲学愈酷，两股势力此消彼长地缠斗至明季，致使讲学类结社的发展也是起伏不定，忽高忽低。

或因学术主张有别，或因政治利益不同，王守仁的心学思想从一开始就遭遇各种反对，即使在心学蓬勃发展的嘉靖年间，反阳明禁心学之声也是不绝于耳。嘉靖元年（1522），礼科给事中章侨上疏指阳明学为"异学之说"，要求禁革，礼部从之，拉开了明代禁学的序幕；嘉靖七年（1528），王守仁卒，次年吏部尚书桂萼召集廷臣议其功罪，世宗亲定其学为"邪说"："守仁放言自肆，诋毁先儒，号召门徒，声附虚和，用诈任情，坏人心术，近年士子传习邪说，皆其倡导"，结果不仅禁其学术，而且停其世爵恤典④；嘉靖十三年（1534），南京发生"党祸"，薛侃、魏良

---

① 《珂雪斋前集》卷一八《金粟社疏》。
② 《武林梵志》卷三《澹社序》。
③ 《珂雪斋前集》卷一六《石浦先生传》。
④ 《明世宗实录》卷一九"嘉靖元年"条、卷九八"嘉靖八年二月"条，第569页、2299—2300页。

弼等王门弟子被削职①；嘉靖十六年（1537），御史游居敬奏请禁毁王守仁、湛若水二人著作及其门人所创书院，世宗下旨令有司改毁书院并不许再有私创②；次年，吏部尚书许讚请毁书院，世宗从之③，书院之难自此发端；嘉靖二十年（1541），九庙灾后，诸臣进贤，王畿在列，世宗斥其为"伪学小人，专擅荐引"、"怀奸植党，欺君误国"④，邹守益亦于是年自疏解官；嘉靖四十三年（1564）刑部给事中张岳上疏，条陈时政，对徐阶柄政却常为讲学之会颇有微言，指责"讲学家以富贵功名为鼓舞人心之术"，"闻风争附者则以富贵功名横于胸中"，故而"剽窃浮词，谈虚论寂，相饰以智，相轨以势，相尚以艺能，相邀以声誉"，建议"塞其门，拒其户"⑤。穆宗继位后仍未有改观，隆庆四年（1571），礼科给事中胡价上疏请禁"督学宪臣聚徒讲学"，"务敦崇实行，毋倡为浮说"，穆宗从之⑥。

不过，由于心学发展的大势趋向和朝廷对社会实际控制力的降低，这些反学、禁讲并未能起到真正的效果，反而形成了"天下禁讲学，学会日盛"⑦ 的越反越学、愈禁愈讲的局面，虽然力禁却"终不能止"⑧。整个嘉靖时期讲学运动风起云涌般地席卷全国，儒士们随缘结会、随地立会，三五人商学、数十人会讲、数百人乃至

---

① （明）欧阳德：《欧阳南野先生文集》卷六《家书抄》七，明嘉靖三十七年梁汝魁刻本。
② 《明世宗实录》卷一九九"嘉靖十六年四月壬申"条，第4191页。
③ （明）王圻：《续文献通考》"嘉靖十七年四月"条，台北新兴书局1965年版，第3246页。
④ 《明世宗实录》卷二四八"嘉靖二十年四月乙亥"条，第4983页。
⑤ （明）余继登：《典故纪闻》卷一七，书目文献出版社1995年版，第1030—1033页。《明世宗实录》卷五四一"嘉靖四十三年十二月己巳朔"条亦载此疏。
⑥ 《明穆宗实录》卷四三"隆庆四年三月庚午"条，中研院历史语言研究所1968年校印本，第1075页。
⑦ 《明儒学案》卷五四，第1312页。
⑧ 《万历野获编》卷二四，第608页。

数千人聚讲比比皆是，到了隆庆年间，讲会虽不如前盛，但仍能沿着嘉靖末形成的高潮持续前进。隆庆元年（1567），嵊县周汝登（1547—1629）立八士会，以《功过格》作为会录，"每月次掌，岁无虚日"①，王时槐、陈嘉谟在庐陵县倡西原惜阴会，"一时称盛"②。隆庆二年（1568），王畿至南京国子监讲学，举鸡鸣寺凭虚阁大会，"观者如堵"，主讲于天心书院，"择其中质粹志真、终身可信托者八人，相与焚香对越，定为盟约"，抵姑苏，开竹堂会③，欧阳绍庆（1517—1574）则在京师"合馆院台省部寺诸同志数十人，偕灵济宫、西瓦厂二所"、"昕夕切劘"④。隆庆五年（1571），王畿赴新安福田会，罗汝芳周流天下，遍访同志，"大会南丰、大会广昌、大会韶州"、"大会刘仁山书舍"⑤。

万历初期，讲学运动再次受挫。万历元年（1573），兵科给事中赵息诚疏称王守仁"党众立异，非圣毁朱"，请罢其从祀⑥。万历三年（1575），张居正上《请申旧章饬学政以振兴人才疏》，主张"不许别创书院，群聚徒党，及号招他方游食无行之徒空谭废业"⑦。七年（1579），又拟旨诏毁天下书院，"田粮查归里甲，再不许聚徒游食，扰该地方"⑧，"尽改各省书院为公廨，凡先后毁应天等府书院六十四处"⑨，尤以王门讲学比较集中的赣、粤、皖、

---

① （明）周汝登：《东越证学录》卷九《题重修八士会录》，明万历间刻本。
② 《庐陵县志》卷一四《典礼·书院》。
③ 《龙溪王先生全集》卷五《南雍诸友鸡鸣山凭虚阁会语》、卷一五《天心授受册》、卷五《竹堂会语》。
④ （明）胡直：《衡庐精舍藏稿》卷二四《欧阳乾江先生行状》，《景印文渊阁四库全书》第1287册，第551页。
⑤ （明）杨起元：《明德夫子罗近溪先生墓志铭》，（明）罗汝芳：《近溪罗子全集》附集卷二，《四库全书存目丛书》集部第130册，齐鲁书社1997年版，第245页。
⑥ 《明神宗实录》卷一一，中研院历史语言研究所1968年校印本，第366—367页。
⑦ 《新刻张太岳先生文集》卷三九。
⑧ 《万历邸钞》"万历七年己卯卷"，扬州广陵古籍刻印社1991年版，第81页。
⑨ 《明通鉴》卷六七，第2614页。

浙、闽、湘等地为夥。但是一些王门学人仍然不畏时权而讲学不辍，讲会虽趋沉寂却并未灭迹。如罗汝芳，万历元年（1573）起复赴京，"名虽入京，实则联友共学"，沿途所过饶州、安庆、宁国、留都、扬州等地，"凡相知同志者"皆邀其会讲，"缙绅士友无日不会"①；万历二年（1574），自东昌归盱，"合郡中同志数百人，大会于盱之玄妙观，旬日始解"，接着"登华山，直诣乐安大会"，"昼饮联席，夜卧联榻，坐起咏歌，无非是学"②，讲学鳌溪，"城中各族留会者几一月"，开鳌溪书院，"集诸缙绅父老子弟于庭阶"，"通邑内外，扶携骈至"③；万历四年（1576），在云南腾越"合缙绅士民会讲于来凤山堂"；万历五年（1577）奉贺入京，终日以讲学为事，"同志毕集，日为会"④，招致江陵不满，遂致仕归。王畿则于万历三年（1575）会讲斗山书院，"聚同志大会于法堂，凡十日而解"；万历五年（1577），赴水西、斗山之会，寓径桐川，召集"远近诸友凡百余人，大会于复初书院"，之后又与太平九龙会、"赴阳羡之会"；万历八年（1580），再"赴云间之会"⑤。他如欧阳绍庆，万历二年（1574）偕胡直过青原，"会四方同志"⑥，宋仪望（1514—1578）倡会于灵济宫，"四方缙绅及诸挟册士云集阙下"，并有王守仁从祀之议⑦，耿定力（1541—？）亦在京师"倡率为会"⑧，邹德

---

① （明）罗汝芳：《盱坛直诠》卷下，台北广文书局1976年版，第334页。
② 《盱坛直诠》卷下，第317—318页。
③ 《罗明德公集》卷一《乐安讲会题名序》。
④ 《盱坛直诠》卷下、卷下，第328页、345—346页。
⑤ 分见《龙溪王先生全集》卷七《新安斗山书院会语》、卷二《桐川会约》、卷一三《桐川会约》、卷一三《书贞俗卷序》、卷一七《重修惠民桥碑记》。
⑥ 《衡庐精舍藏稿》卷二四《欧阳乾江先生行状》，《景印文渊阁四库全书》第1287册，第551页。
⑦ 《泉湖山房稿》卷二二《华阳宋公墓志铭》。
⑧ （明）刘元卿：《邹聚所先生言行录》，（明）邹德涵：《邹聚所先生外集》，《四库全书存目丛书》集部第157册，第437页。

涵则于万历三年（1575）在京师"爰结里仁之会"①，李材辞官归里后"合乡县士友大会于石龙"②，胡直万历五年（1577）建求仁书社，讲学之外"立为条约，岁之期会"③，李登于是年教谕崇仁，倡立熟仁会④，等等。

由于学禁严厉，讲学"渐成避忌"⑤，尤其是万历七年（1579）诏毁天下书院之后，讲学之风趋于衰息。万历十年（1582），张居正去世，邹元标奏请恢复书院，神宗颁旨，凡天下书院，俱准复之，各地书院和讲会方才陆续恢复。万历十二年（1584），在沈鲤、申时行疏请下，王守仁、陈献章、胡居仁得以从祀孔庙，儒学发展迎来新一轮契机。次年，罗汝芳即"大会同志于江省"，万历十四年（1586）在南京与焦竑辈"谈学于永庆寺，随举会于兴善寺，又大会于鸡鸣山之凭虚阁"，"届一月，殆无虚日"，又"大会芜湖、大会泾阳、大会宁国，缙绅士民一时云集"，万历十五年（1587）至建阳，"大会数日"⑥。王时槐万历十五年（1587）在庐陵县设西原会馆，建体仁堂为会讲之所，并置田供会，"每岁集同志士友讲学于堂中，月必三日，而季秋之月，必集九邑及门者，为会五日"⑦。耿定向、杨起元则分别于万历十五年（1587）、万历十七年（1589）在京师举会于灵济宫⑧，等等。不过，嘉靖四十一年（1562）、万历十一年（1583），邹守益、王畿先后去世，王学发展

---

① 《邹聚所先生文集》卷五《赠张惺庵》，《四库全书存目丛书》集部第157册，第366页。
② （明）李材：《见罗先生书》卷一七《门人问答》，明万历刻本。
③ （清）梁弓复：《求仁书院序》，《泰和县志》卷八，清同治十一年修光绪四年刻本。
④ 《明德先生文集》卷一《崇邑熟仁会序》。
⑤ 《龙溪王先生全集》卷一二《与沈宗颜书》。
⑥ 《盱坛直诠》卷下，第352页、352—353页、361页、361页、363页。
⑦ （明）王时槐：《塘南王先生友庆堂合稿》卷三，《四库全书存目丛书》集部第114册，第241页。
⑧ （明）耿定向：《耿天台先生文集》卷七，《四库全书存目丛书》集部第131册，第200—201页。

失去两位主将，王守仁从祀孔庙虽使王学获得了更高的地位，但被朝廷收编后的王学并未能进一步发展，反而开始走向衰落。尽管一些王学的再传、三传以及及门弟子如罗汝芳、王时槐、邹元标、周汝登等仍在极力地维持，但是像嘉、隆年间的讲会盛况已不复存在，而像灵济宫大会、青原会、水西会、惜阴会等规模大、历时长的讲会更是难以再现。在外部打压和内部分化的合力之下，以讲习王学为主要内容的讲学类结社渐趋沉寂，万历二十年（1592）以后逐渐从历史记载中消失，最终为风起云涌的其他各种文人结社所取代。

　　王学的泛滥致其流弊纷生："顿悟之教炽，而实修之学衰"、"信虚语而卑实践"、"视居敬为拘囚，目穷理为学究"，一词以蔽之曰"空谈"。为救王学末流之弊，东林诸子起而矫之，"心程、朱而脉孔、孟"①，他们出于王学而归于朱学，和合朱、陆而主宗程、朱。如前所述，万历二十二年（1594），顾宪成回到无锡，此后讲学十年，筑同人堂"月集诸从游者会焉"②，并倡修东林书院，同时高攀龙亦在无锡城东的乐志堂"偕四郡同志会讲"。在东林八君子、无锡六君子的倡领下，明代儒学发展再现新机，讲会随之复增。万历三十二年（1604），东林书院落成，顾宪成、高攀龙、吴桂森（1565—1632）先后主讲其间，远近辐辏，"每年一大会，或春或秋"、每会十日，"每月一小会"、"会各三日"，书院落成后第一次举会，"上至京口，下至浙江以西，同志毕集"、"远近绅士及邑之父老子弟或更端而请，或环聚而观，一时相传为吴中自古以来未有之盛"，到后来"集友士为会，至者尝千人，东林讲学之盛遂甲天下"③。顾宪成还仿白鹿洞学规制订《东林会约》，具体规定会

---

① 《（雍正）东林书院志》卷一六《东林景逸高夫子论学语序》。
② （清）徐永言：《（康熙）无锡县志》卷七，清康熙二十九年刻本。
③ 《（雍正）东林书院志》卷二《会约仪式》、卷一五《重修东林书院碑记》。

主、会期、会仪等问题，是为成员共同遵守的会章。

围绕着东林书院，在吴中地区迅速掀起了一股讲学之风。无锡邹期桢"设讲席洞虚宫"，"岁以为常，特著文行社，社约三章"。吴桂森与兄弟"为五经会，召一邑崇门名家共相参订"，"集一门子姓尊卑长幼数十人轮讲五经"，三年之后五经会解散，"复仿义门郑氏家会"①。常熟的虞山书院"诸缙绅先生、青衿文士约为文会、为讲会"②，"月之三群多士课艺其中，月之九会大众讲道其中，四方负笈来从，一时桥门观听者盖趾相错焉"③。宜兴的明道书院"讲期定于朔望"，"一时名贤学士云集"④。武进的龙城书院（经正堂）"诸贤讲学其中"⑤，推钱一本主盟，与"顾宪成辈分主东林讲席"⑥。还出现了兼负道德教化和经济互助两种功能的同善会，据记载此会较早为万历二十八年（1590）杨东明创建于河南虞城⑦，万历三十四年（1606），钱一本"倡同善会于毗陵，其会岁以季举"⑧，后得高攀龙、施旷如、高世泰等人相继踵行，计举八十余次⑨。

几乎与此同时，关中、江右、徽州、京师等地的书院和讲会也纷纷兴复。在关中，万历二十四年（1596），"关西夫子"冯从吾即偕诸同志讲学于宝庆寺，订《宝庆寺学会约》⑩，凡农、工、商、

---

① 《（雍正）东林书院志》卷一一《邹经畬先生传》、卷九《吴觐华先生墓志铭》。
② （明）张以诚：《虞山书院志序》，（明）孙慎行：《虞山书院志》卷首，明万历刻本。
③ （明）黄家谋：《虞山书院月讲义约序》，《虞山书院志》卷一〇《艺文》。
④ （清）阮升基：《（嘉庆）增修宜兴县旧志》卷四《书院》、卷九《名胜》，清嘉庆二年刊本。
⑤ （清）于琨：《（康熙）常州府志》卷一五《书院》，清康熙三十四年刻本。
⑥ 《（雍正）东林书院志》卷八《钱启新先生传》。
⑦ ［日］夫马进：《善会、善堂的开端》，《日本中青年学者论中国史》，上海古籍出版社1995年版，第420页。
⑧ （明）高攀龙：《高子遗书》卷九上《同善会序》，《景印文渊阁四库全书》第1292册，第560页。
⑨ 参《（雍正）东林书院志》卷四《高汇旃先生传》、卷一一《施旷如先生传》。
⑩ （明）冯从吾：《少墟集》卷六，《景印文渊阁四库全书》第1293册，第127页。

贾中有志向者咸来听讲，学者日众，至寺不能容，于万历三十七年（1609）建关中书院，冯氏讲学其中十余年，四方从游者五千余人，订《关中士大夫会约》以作会讲制度。在江右，万历十年（1582）张居正去世后，邹元标即疏请回复文江书院，经扩建后更名为仁文书院，邹氏于此主持会讲三十年，"从游者日众，名高天下"①。在徽州，万历二十二年（1592），还古书院建成，邹守益、王艮、钱德洪等皆曾主讲于此，数度召开六邑大会，每会十天，"环听千人，辩难不生"②，成为王学后期的重要活动中心，直至天启元年（1621）大会时还有邀请高攀龙前来主盟之举③。在京师，万历十七年（1589）冯从吾登进士后，"即与杨起元、孟化鲤、陶望龄辈立讲学会"，天启二年（1622）又"与邹元标共建首善书院，集同志讲学其中"④，高攀龙、华允诚等人也曾主讲其中，因与东林书院遥相应和而成为"继东林者"⑤。万、天之际，以东林书院为发端，逐渐形成了一个书院网络，"自万历甲辰（1604）顾、高倡学梁溪，于是前乎此者以东林为应求，后乎此者以东林为宗主"⑥。而书院的结群联动促使讲会再次兴起，与讲会高度融合的各种文社、文会以及地方性的乡会组织也被一并带动兴盛起来。

在王学发展的末期和东林讲学兴起之前，朝中恶学禁讲之人大有人在。杨时乔"最不喜王守仁之学，辟之甚力，尤恶罗汝芳"，万历二十六年（1598）上疏指斥罗氏"踰闲荡检，反道乱德"，"敕

---

① 《明史》卷二四三，第6303页。
② （清）施璜：《还古书院志》卷一一，道光二十三年刻本。
③ 按，高攀龙因虑其"会讲大旨，非良知莫宗"，并且"久归依越学"，必定"难以口舌争"，故而并未应邀赴会，仅撰《教言》十五则寄于会中同志。事见《还古书院志》卷一一《会纪》，天启元年汪佑按语。
④ 《明史》卷二四三，第6316页。
⑤ （清）王昶：《天下书院总志》卷一，清抄本。
⑥ 《（雍正）东林书院志》卷下《东林或问》。

所司明禁，用彰风教"①。余继登的态度则更为激进，那些罢闲官员、山人方士、学佛学仙者都可以"听其于山林空寂之处，各修其业"，而"于通都大邑中聚徒至数十人者"、"不由抚按具题、擅立书院祠宇者"，却应当"即行驱逐"、"即行禁约"②，极为严厉。熹宗即位后，宦官魏忠贤逐渐得势，朝臣附之，羽翼成党，与东林清流争斗不休，终由党派之争而祸及书院讲学。天启四年（1624），主盟或支持讲学的高攀龙、邹元标、冯从吾、叶向高、赵南星等人先后罢官，次年七月首毁首善书院，八月"毁天下东林讲学书院"③，御史张讷疏诋邹元标、孙慎行、冯从吾、余懋衡等人，"请毁其讲学书院"，四人俱被削夺，而"东林、关中、江右、徽州及天下一切诸书院皆毁"④。书院被毁，讲学渐辍。不过，由于此次禁毁是由阉党发起的，一些正直士人和地方官员怀有抵触情绪，如河南新安吕维祺（1587—1641），天启元年归乡和亲，次年"在新安，立芝泉讲会"⑤，时"珰焰方炽，指为东林党人，毁书院，去程朱位，维祺祀伊洛七贤其中，与李日暄辈讲诵不辍"⑥。

崇祯初，钦定逆案，阉党获诛，经倪元璐、刘士佐疏请，诏令兴复天下书院，明代毁书院禁讲学之举才算终结，各地讲学之会也逐渐恢复并延至清初，如浙江山阴刘宗周（1578—1645）崇祯四年（1631）举证人社于塔山旁，"率同志大会于石篑（陶望龄）先生祠，缙绅学士可二百余人"⑦，清初黄宗羲续修社事，"约吴越中高

---

① 《明史》卷二二四，第5909页。
② （明）余继登：《淡然轩集》卷二，《景印文渊阁四库全书》第1291册，第800页。
③ 《明史》卷二二，第304页。
④ （清）傅恒：《御批历代通鉴辑览》卷一一三，《景印文渊阁四库全书》第339册，第623—624页。
⑤ 《明德先生年谱》卷一，《明德先生文集》附录。
⑥ （清）陈鼎：《东林列传》卷六，《景印文渊阁四库全书》第458册，第248页。
⑦ （清）刘汋：《先君子蕺山先生年谱》"崇祯四年辛未"条，刘宗周：《刘子全书》卷四〇上，清道光四年刻本。

材生六十余人，共侍讲席"①。但是，经天启一劫，讲学类结社元气大伤，加之明廷内忧外患、天下扰攘不定以及清初学人对空疏学风的深批痛斥，此类结社的发展再也没有更大的起色。

八、怡老结社由高潮到衰落

明代的怡老类社团承接唐宋遗绪而来，在怡情娱老的活动宗旨、"序齿不序官"的活动规则、简朴率真的活动主张等方面没有多大改变，但在社事规模、社员年龄、活动内容和组织结构等方面也有新的发展，表现出自身所独有的特点。

明代以前，老年人结社人数都比较少，一般都是按人数命会，如唐代白居易的九老会，宋代张好问的九老会、杜衍的五老会、郎简的六老会、卢革的十老会等，规模稍微大一点的是元丰年间文彦博的耆英会和嘉定年间刘爚的尊老会，分别有十二位（或说十三位）和十三位成员，算是人数比较多的了。明初的怡老社团也还保持着这种规模，如林原缙的九老会、陈亮的九老会、漏瑜的九老会等，即使到了正统年间，结会人数也不是很多，"三杨"的真率会只有七人，杭州的耆德会仅有六人，会文社有八人。景泰、天顺以后，老年人结社的人数逐渐增加。景泰初，张思安举耆英社有十二人②；天顺时，杭州有恩荣会③，会凡十三人；成化中，吴璲创续耆英会有二十四人④；成、弘间，曹时中修安耆会有十四人⑤；弘治初，泉州致仕老人组成的逸乐会有十七人⑥；弘治末，杭州归田乐会初时十四人，后复增十四人，合有二十八人⑦；正德中，湖州

---

① 《鲒埼亭集》卷一一《梨洲先生神道碑文》。
② 《锡金识小录》卷四。
③ 《西湖游览志余》卷二一，第314—315页
④ （清）陶元藻：《全浙诗话》卷三九，清嘉庆元年怡云阁刻本。
⑤ 《云间志略》卷九。
⑥ 《蔡文庄公集》卷四《逸乐会记》。
⑦ 《（雍正）西湖志》卷四六。

的乐天乡社有二十二人①；嘉靖中后期，唐枢发起岘山雅社，有十七人入会②，后姚一元作逸老续社，与者竟达四十人③，到万历中许孚远绍举社事时，先后入会者亦达四十余人④。此后，老年人结社的人数在十人以上的情况非常普遍，张瀚结武林怡老会有近二十人⑤，王正国修澹逸会有十一人，李登结白社、经社、游社、长干社有四十人⑥，孙询修耆英文会有十二人⑦，刘衍祚举崇雅会有十二人⑧，钟羽正举真率会则有三十人⑨。老年人结社动辄十余人、二十余人，甚或三十余人、四十余人，这在明代以前实属罕见，而数量如此众多的大规模结社在明代以前更是没有。

　　明代怡老社团规模的扩大，一方面反映了在整个社会努力之下，老人们的生活比较优裕安定，老人的数量有所增加，人们的寿命也有所增长，另一方面也与入社年龄的限制降低有关。唐代的香山九老会，人均年龄超过81岁，可以确定的五位成员中年龄最小的是白居易，也有七十四岁，另外两人据记载，可能是李元爽和僧如满，分别是一百三十六岁和九十五岁，都是真正的"耆老"，即使是狄兼谟和卢真，两人也都将近七十岁，而且因为"年未七十，虽与会而不及列"。也就是说，当时老年人结社的年龄下限是七十岁。宋代一般也是以七十岁为限，宋代的怡老类社团并不在少数，在这些社团中很少有低于七十岁的，像吴兴六老会中的范锐只有六十六岁，洛阳耆英会中的司马光只有六十四岁，那也是"用唐狄兼

---

① 《吴兴备志》卷二九、《（同治）湖州府志》卷九四。
② （明）徐献忠：《长谷集》卷五《岘山雅社集序》，明嘉靖刻本。
③ 《全浙诗话》卷三九。
④ 《岘山志》卷四《岘山逸老堂社田记》。
⑤ 《武林怡老会诗集》，《丛书集成续编》第114册，第643—644页。
⑥ 《金陵通传》卷一八《李登传》。
⑦ 《（光绪）重修嘉善县志》卷三五、《浙江通志》卷二八〇。
⑧ 《（乾隆）洛阳县志》卷二四。
⑨ （清）王士禛：《古夫于亭杂录》卷五，《丛书集成续编》第90册，第407页。

谟故事"①，方可入社，而且偶尔才会有一两个。明代老年人结社的年龄有所降低，综合各种记载来看，当时多数是以六十岁为限，如吕维祺的父亲在六十四岁时"与同志仿香山、耆英，结社以乐天年"②。

这种情况在明代很普遍。福建莆田的逸老会：

> 莆田有逸老会，皆乡邦之望，都宪林茂达年七十五，宪副吴希由、逸士林嘉绩俱年六十七，御史林季琼、知县宋元翰俱年六十五，宪副林有年年六十四，侍郎郑岳年六十三，侍郎林富、寺丞李廷梧亦几六十。③

会中九人，仅一人年龄超过七十岁，还有两个人只是"几六十"，说明连六十岁都不到。河南洛阳的八耆会也很相似：

> 都指挥佥事詹栋之椿年七十六，户部员外郎李叔重天伦七十五，户部尚书孙文宿应奎七十三，四川保宁府同知于子野淳七十二，中书舍人刘汝思六十七，霍邱县知县李季勉天成六十四，兵部尚书王维贤邦瑞六十四，山西按察司佥事戴汝材楩六十八，凡五百四十有八岁。④

八人中只有四人超过七十岁，其余四人都是六十多岁。六十岁的限定也不是固定不变的，常常可以被突破，有的时候甚至是以五十岁为标准。天顺、成化之际，昆山延龄会为"取娱高年，祝难老年"，就规定"非五十以上者弗预"⑤。崇祯间，耿克励"仿昔贤老人

---

① 《齐东野语》卷二〇，第367页、368页。
② 《明德先生文集》卷一六《仁孝卷》。
③ 《徐氏笔精》卷七。
④ 《（乾隆）洛阳县志》卷二四。事实上，仔细辨别这则材料是有问题的，依照记载的原则应当是以齿论序，戴楩年龄不应大于王邦瑞，而且与"凡五百四十有八岁"之语相抵牾，假如前面七人年龄无误的话，戴的年龄应为五十七岁，这里很有可能是误记。
⑤ （明）顾鼎臣：《朋寿图诗序》，《（光绪）昆新两县续修合志》卷四三，（清）金吴澜、李福沂修，光绪七年刻本。

会"、"与里之年八十下至五十者盟"①。显然只要达到五十岁,就可以被称为"高年"、"老人",就可以参加怡老社团了。年龄标准如此之低,使得许多所谓的怡老社团更像是"中年结社",或者是老年、中年甚至是青年的组合结社。比如王正国的惇谊会:

> 与会侍郎王柱峰正国年六十九,副使刘西塘赟六十八,参政刘后锋衍祚七十一,知府杨沚泉士廉、侍郎董李村尧封六十四,知县王同野职六十三,主事史善言、山人胡竺西怀玉四十七。②

会中竟没有一人超过七十岁,甚至还有不到五十岁的。他如汪翁善的苕溪社、刘麟的湖南崇雅社、秦瀚的碧山吟社等也是如此,严格说来它们都不能算作真正意义上的怡老社团。

明代老年人结社的活动内容也与以前稍有不同。唐宋时期的老年人结社主要目的是怡情娱老,安享晚年,活动内容也比较单纯。白居易九老会"放纵诗酒之乐"③,徐祐九老会"寓诗以高其趣"④,杜衍五老会"吟醉相劝"⑤,章岵九老会"置酒合乐""属而和之"⑥,都无外乎"诗酒"二字,所谓"酒社诗坛"⑦ 正是此等结社的最好概括。明初的怡老社团也大都如此,林原缙九老会"酒酣,取少陵'迟日江山丽,春风花草香'之句,分韵赋诗"⑧,陈亮九老会"以诗酒为乐"⑨。

---

① (明)谭元春:《谭元春集》卷三一《耿九克励六十序》,陈杏珍标校,上海古籍出版社1998年版,第841页。
② 《(乾隆)洛阳县志》卷二四。
③ 《齐东野语》卷二〇,第366页。
④ 《中吴纪闻》卷二,《丛书集成新编》第95册,第30页。
⑤ 《渑水燕谈录》卷五,《景印文渊阁四库全书》第1036册,第496页。
⑥ 《中吴纪闻》卷四,《丛书集成新编》第95册,第56页。
⑦ 《(民国)杭州府志》卷一七三。
⑧ 《(嘉庆)太平县志》卷一四《九老会序》。
⑨ 《明诗纪事》甲签卷一〇,第231页。

这种情况到了正统年间有所变化。当时明朝国势正劲,当朝要员多为耆旧,因而"三杨"修举真率之会就多了一些歌颂圣恩、咏唱太平的意味:"明时优老圣恩深"、"海宇升平民物遂",在"文雅风流"之外,还增加了"道义相发"① 的内容。这为以后的老人结社所继承,天顺时的恩荣会其名"恩荣",是因为"某等优游湖山,聊以卒岁者,皆朝廷宽假之恩也"②。成化初期的斯文会则要"丰而适理"、要"合乎时宜"③,归荣雅会也是诸人荣归故里,"觞咏迭会于西湖山水之间",故"号归荣雅会"④。

到了成化中后期,无锡秦旭结庐惠山之麓,会十老于碧山吟社,就不仅认为"歌吟太平,以形容国家之盛,此分内事耳",而且应当"以德义相劝,过失相规",惟有"言无妄诞,行无诡随",方可"不愧于古人,无愧于后进",否则"吟咏虽工"也会被后人"訾议"⑤。这种对"道义"、"德义"的重视,随着怡老会社的发展,逐渐成为会社活动的主要内容之一。弘治间,泉州的逸乐会要求"凡我在会之人,有善相劝,有过相规"⑥。南京的五同会也要求"以正道相责望,以疑义相辨析"⑦。到了万历年间,许孚远续修逸老社,就将道义的内容正式写进了《社约》中:"我辈宜以道义自重",应当"以崇齿德,以明礼让,以端表准,以扬风雅",并且认为"若止流连光景,尊酒盘桓,逞辩于谈锋,滥觞于谑浪,于我辈联社谛盟初意迢迢万里矣"⑧,明确界定了优游吟咏、饮酒谈谑与道义相发的关系,传统的活动内容被具有浓厚伦理色彩的内容

---

① 《玉堂丛语》卷七,第232页。
② 《西湖游览志余》卷二一,第315页。
③ 《(光绪)昆新两县续修合志》卷四三《斯文会觞咏图序》。
④ 《(雍正)西湖志》卷二〇。
⑤ (明)张恺:《碧山吟社记》,《修敬诗集》附录。
⑥ 《蔡文庄公集》卷四《逸乐会记》。
⑦ 《家藏集》卷四四《五同会序》,《景印文渊阁四库全书》第1255册,第391页。
⑧ 《岘山志》卷四《社约补定》。

所替代,这与唐宋时期的老人结社已大不相同。

与以往相比,明代怡老社团的最大不同是组织性更强,发展水平更高,这主要体现在会社的章程上。文人结社定有规约,最早当数宋代文彦博的耆英会。据记载,耆英会的《会约》共有七条,规定了:"序齿不序官"、"为具务简素"的活动准则,召客约会的方式,燕饮的器具、果品、酒馔等,还制定了"违约者每事罚一巨觥"的罚则。耆英会的会约对后世影响很大,尤其是对怡老类结社的影响尤深,是文人结社发展到一定阶段才有可能出现的产物,但与后世的文人社约相比,它还是比较简单的。

明代文人结社订约者甚多,怡老类结社中较早订约的是成化年间秦旭的碧山吟社。据张恺《碧山吟社记》记载,秦旭曾经与唱和诸友约定:

> 吾侪幸生圣明之世,重荷文明之化,既无公卿士大夫之责,又无农工商贾之劳,惟歌吟太平,以形容国家之盛,此分内事耳。然饱食终日,无所用心,圣人所戒。自今务以德义相劝,过失相规,言无妄诞,行无诡随。期不愧于古人,无愧于后进,斯幸矣。不然,吟咏虽工,宁免将来之訾议乎?①

这种会约所订的内容比较宽泛,确切地说只是对结社宗旨进行阐述,并没有什么细则可供遵循,而且仅仅是口头约定,尚未形成书面文字,因此就发展水平来说,它还不如耆英会的《会约》。

明代怡老社团会约比较规范的是岘山逸老会。嘉靖时,刘麟等制定《逸老堂社约》,分为"陈辞"、"交期"、"会期"、"仪节"等几个部分,对约会、社时、迎宾、座席、用餐、饮酒、赋游、宿寝乃至送宾等都作了详细规定。例如,在对"会期"的规定中,举会

---

① 《修敬诗集》附录。

的时间、召客的程序、续会的方式等都有具体说明：

> 每季为会者一，春秋用仲月，余会用孟月，皆以朔后一日为期。主者先三日具书遍告同会，会者即以来书位号下书知字还报。主者有故，许易期，虽易期不得过三，□则不赴者听。若会者有故，不易也。无故，虽风雨必赴。宾不再远，以某岁某月某日皆赴于太古居为会之始，次某次某，遂循环而成序。①

这比洛阳耆英会的相关规定要详细得多。万历时，许孚远续修此会，再增订社约若干，其中对会中作诗有了明确说明："诗不拘工拙，亦不必和韵，每社各赋一诗，限半月内送至，会者刻于社约之后。"② 后来又有《社约补定》、《张玄中郡公仪约二条》、《承庵姚先生参订社约》等，各项细则逐渐完善起来。可以说，岘山逸老会的会约代表着明代老年人结社订约的最高水准，也是中国古代文人结社史上最为完备的社约。不过因其是仿照《蓝田吕氏乡约》和《范益谦座右戒》制订而成，规定虽详，却绝类乡制，不少内容已经脱离老人结社的本质目的。

此外，能够体现明代怡老社团发展水平的还有社事的持续时间。唐代香山九老会的结会时间主要是在会昌五年（845）的春、夏之际，以后是否再有续会未见明载。宋代的怡老社团多数也是如此，持续时间就在一两年之内，即使把文彦博参与的五老会（元丰三年，1080）、耆英会（元丰五年，1082）、同甲会（元丰六年，1083）算作同一社事，前后也不过三四年。而明代有些怡老社团的持续时间要长得多，泉州的逸乐会始于弘治四年（1491），至十四

---

① 《岘山志》卷四《逸老堂社约·会期》。
② 《岘山志》卷四《社约》。

年（1501）仍有活动，历时十载，"而未尝有一会之旷"①。小瀛洲十老社始于嘉靖二十一年（1542），直至三十一年（1552）徐咸将会所捐为邑仓方止，亦历时十年有余②。岘山逸老会起于嘉靖二十二年（1543），迄于三十四年（1555），历时十三年③，如果再算上其前身湖南崇雅社（活动于正德中期）、后身逸老续社（在嘉靖末、万历初和万历后期都有活动），前后相沿几近百年，时间不可谓不长。而在有些地方，如湖州、甬上、无锡、洛阳等地，社名虽不尽相同，怡老社事却不绝如缕，其中最典型的要数杭州，正统时有耆德会、会文社，天顺时有恩荣会、朋寿会，成化时有归荣雅会，弘治时有归田乐会，万历时有武林怡老会，几乎历朝都有此类结社。社事持续的时间越长，越能说明社团的稳定性更好，组织性更强，发展水平也就更高。

隆庆以后，怡老类社团继续发展。隆庆二年（1568），洛阳朱用创修惇谊会，"原名敦谊，改从心，不从文，有深意存焉"④。三年（1569），莆田郑弼、柯维骐等人为耆老会，会凡八人，故又称八仙会，"每一月一会"⑤。到万历年间，此类结社再次出现高潮。十年（1582），偃师冯启昌约里中诸公"为同志雅会，乘时燕集，登临访胜"⑥。十二年（1584），偃师高诗解组归田"与邑中耆硕数人为洛下会，林壑徜徉，诗酒自娱"⑦。十三年（1585），仁和张瀚致仕后"与同乡诸缙绅修怡老会"，"食饮啸歌，各率其性"⑧。十

---

① 《蔡文庄公集》卷四《逸乐会记》。
② （清）沈季友：《檇李诗系》卷一一《小瀛洲社十老诗》，清康熙四十九年敦素堂刻本。
③ 《长谷集》卷五《岘山雅社集序》。
④ 《（乾隆）洛阳县志》卷二四。
⑤ 《（民国）莆田县志》卷三四。
⑥ 李献奇、郭引强：《洛阳新获墓志》，文物出版社1996年版，第368页。
⑦ 《洛阳新获墓志》，第372页。
⑧ 《武林怡老会诗集·序》，《丛书集成续编》114册，第643页。

七年（1589），洛阳刘贽归田后与少时同学"相就为社"，命曰初服会①。万历中期，无锡施策"结茅大池山中，与林居胜流为希古会"②，洛阳王正国继初服会后复修澹逸会，"兴会者十一人"③，上元李登"与姚汝循起白社、经社、游社、长干社，同社者旧四十人"④，嘉善孙询致仕后"约里中斑白知礼让者十二人"，为耆英之会⑤，常熟连心泉"结九老社于虞山之下，月一晏集"⑥。二十四年（1596），嘉善知县章士雅"延人之耋耄者为耆英胜会"，"结彩列绮，筵张声乐"⑦。三十一年（1603），洛阳刘衍祚继澹逸会后又举崇雅之会，"与会者十有二人"⑧。万历后期，洛宁田理结五老会"徜徉于山水之间"⑨。

天启以后国势衰微，崇祯年间朝政动荡，大明王朝走向没落，老人结社的诸多条件不复存在，社事骤减，文献记载者仅见少数几例。如吕孔学"结社以乐天年"⑩，钟羽正"举真率之会"⑪，丁哲初"寻香山洛社之胜事"⑫，耿克励"仿昔贤老人会"⑬，曹学佺举三山耆社⑭等，寥若晨星。入清以后，在众多遗民结社中还有一些怡老社团，但伴随着文人结社的整体衰落，尤其是清政府颁布禁盟政策以后，此类结社在数量、规模或气象等方面都不能与以前相比。

---

① 《（乾隆）洛阳县志》卷八。
② 《梁溪诗钞》卷九。
③ 《（乾隆）洛阳县志》卷二四。
④ 《金陵通传》卷一八。
⑤ （清）江峰青：《（光绪）重修嘉善县志》卷三五，民国七年重印本。
⑥ （明）邵圭洁：《北虞先生遗文》卷五，明万历刻本。
⑦ 《（光绪）重修嘉善县志》卷三五。
⑧ 《（乾隆）洛阳县志》卷二四。
⑨ 贾毓鹗：《（民国）洛宁县志》卷六，民国六年铅印本。
⑩ 《明德先生文集》卷一六。
⑪ 《古夫于亭杂录》卷五，《丛书集成续编》第90册，第407页。
⑫ （明）蔡献臣：《清白堂稿》卷六，明崇祯刻本。
⑬ 《谭元春集》卷三一，第841页。
⑭ （明）曹学佺：《石仓诗稿》卷三三，清乾隆十九年曹岱华刻本。